W0191362

Fabian Lenk
Die Zeitdetektive im alten Rom

Fabian Lenk

Die Zeitdetektive
im alten Rom

Mit Illustrationen von Almud Kunert

Ravensburger Buchverlag

Bibliografische Information der Deutschen Nationalbibliothek

Die Deutsche Nationalbibliothek verzeichnet diese Publikation in der
Deutschen Nationalbibliografie; detaillierte bibliografische Daten
sind im Internet über **http://dnb.d-nb.de** abrufbar.

Einmalige Sonderausgabe

Diese Sonderausgabe enthält drei Bände der Serie „Die Zeitdetektive",
erschienen im Ravensburger Buchverlag:
„Das Feuer des Druiden" (Band 18, erstmals erschienen 2010),
„Die Brandstifter von Rom" (Band 6, erstmals erschienen 2006) und
„Der rote Rächer" (Band 2, erstmals erschienen 2005).

MIX
Papier aus verantwor-
tungsvollen Quellen
FSC
www.fsc.org   FSC® C014496

Das für dieses Buch
verwendete FSC®-zertifizierte Papier liefert
Arctic Paper Mochenwangen GmbH

1 2 3 14 13 12

© 2005, 2006 und 2010 Ravensburger Buchverlag Otto Maier GmbH
Umschlag und Innenillustrationen: Almud Kunert

Printed in Germany

ISBN 978-3-473-36974-4

www.ravensburger.de
www.fabian-lenk.de
www.zeitdetektive.de

Inhalt

Kim, Julian, Leon und Kija – die Zeitdetektive

Die schlagfertige Kim, der kluge Julian, der sportliche Leon und die rätselhafte, ägyptische Katze Kija sind vier Freunde, die ein Geheimnis haben …

Sie besitzen den Schlüssel zu der alten Bibliothek im Benediktinerkloster St. Bartholomäus. In dieser Bücherei verborgen liegt der unheimliche Zeit-Raum „Tempus", von dem aus man in die Vergangenheit reisen kann. Tempus pulsiert im Rhythmus der Zeit. Es gibt Tausende von Türen, hinter denen sich jeweils ein Jahr der Weltgeschichte verbirgt. Durch diese Türen gelangen die Freunde zum Beispiel ins alte Rom oder nach Ägypten zur Zeit der Pharaonen. Aus der Zeit der Pharaonen stammt auch die Katze Kija – sie haben die Freunde von ihrem ersten Abenteuer in die Gegenwart mitgebracht.

Immer wenn die drei Freunde sich für eine spannende Epoche interessieren oder einen mysteriösen Kriminalfall in der Vergangenheit wittern, reisen sie mithilfe von Tempus dorthin.

Tempus bringt die Gefährten auch wieder in die Gegenwart zurück. Julian, Leon, Kim und Kija müssen nur an den Ort zurückkehren, an dem sie in der Vergangenheit gelandet sind. Von dort können sie dann in ihre Zeit zurückreisen.

Auch wenn die Zeitreisen der Freunde mehrere Tage dauern, ist in der Gegenwart keine Sekunde vergangen – und niemand bemerkt die geheimnisvolle Reise der Zeitdetektive ...

Das Feuer des Druiden

Inhalt

Der Zungenbrecher

„Arme, arme Römer!", rief Leon lachend, während er mit Kim und Julian das Kino von Siebenthann verließ. Sie hatten sich zusammen den neuen Asterix-Film angesehen und waren restlos begeistert.

„Ja", sagte Kim, „die haben wirklich ziemlich einen auf den Helm bekommen. Vor allem von Obelix! Tja, aber leider sah die Wirklichkeit vollkommen anders aus. Soviel ich weiß, wurden die *Gallier* schnell von *Caesar* unterworfen. Gegen die perfekt organisierten römischen Truppen hatten sie einfach keine Chance."

Julian blieb stehen und griff in einen Fünf-Liter-Eimer mit Popcorn, der noch nicht ganz leer war. „Ganz so war es nicht. Es gab großen Widerstand gegen Caesar!"

Auch Leon nahm sich eine Handvoll Popcorn. „Ach, das glaube ich nicht. Die Geschichten von den unbeugsamen Galliern, die in ihrem Dorf am Meer wohnen und regelmäßig *Legionäre* verhauen, haben sich doch nur die genialen Comic-Zeichner ausgedacht."

Julian schüttelte den Kopf. „Nein! Es gab mal einen berühmten Anführer der Gallier, der sich große Schlachten mit Caesar geliefert hat. Dieser Mann hatte einen komplizierten Namen – dummerweise komme ich gerade nicht drauf."

„Kein Wunder, der Mann hat nicht existiert!", sagte Leon grinsend.

Julian zog abrupt den Eimer an sich. „Leon, du nervst! Ich schau gleich morgen in unserer Bibliothek nach und werde dir beweisen, dass es diesen Anführer gegeben hat!"

„Okay, ich bin dabei, das interessiert mich!", rief Kim.

Leon hob die Schultern. „Na gut, ich komme auch mit. Aber wenn du deinen strahlenden Helden nicht findest, Julian, ist ein Eisbecher im Venezia fällig. Mindestens!"

Nun lächelte Julian. Er war sich sicher, dass er diese Wette gewinnen würde. Und als Lohn winkte eine köstliche Eiskreation in der besten Eisdiele der Welt!

„Geritzt, die Wette gilt!", sagte er also schnell.

In der Bibliothek im Benediktinerkloster St. Bartholomäus wurden seit Jahrhunderten Bücher gesammelt. Aber in den vergangenen Jahren war dort auch ganz allmählich die neue Technik eingezogen und so gab es mehrere PC-Arbeitsplätze mit Internetzugang.

Und genau dort saßen Kim, Julian und Leon am nächsten Tag. Die drei hatten sich nach dem Mittagessen und den Hausaufgaben in der Bibliothek getroffen, die jetzt für den normalen Publikumsverkehr geschlossen war. Aber Julian besaß ja einen Schlüssel. Begleitet wurde das Trio von der anmutigen Kija. Die goldbraune Katze hatte ihren Lieblingsplatz auf der Fensterbank eingenommen und schaute den Freunden aus halb geöffneten smaragdgrünen Augen zu. Ihr entging nichts.

„Ha, ich hab's euch doch gesagt!", rief Julian wenig später. „Hier ist der Name: *Vercingetorix*!"

Leon erhob sich von seinem Platz und kam zu Julian. „Werzi-was?"

„Ver-cin-ge-to-rix!", wiederholte Julian langsam. „Kapiert?" Leon boxte gegen seine Schulter. „Schalt mal 'nen Gang runter!"

Auch Kim kam jetzt zu ihnen und schaute auf Julians Bildschirm. „Hm, Julian hat Recht. Da steht, dass Vercingetorix – was für ein Zungenbrecher – ein berühmter Anführer der *Kelten* war und Caesar bei *Gergovia* eine große Niederlage beibrachte!"

Leon zog die Stirn kraus. „Kelten? Haben wir es nicht mit den Galliern zu tun?"

„Das verstehe ich auch nicht ganz", gab Julian zu. „Wartet, ich recherchiere das mal eben." Er rief eine Suchmaschine auf und tippte *Gallier* ein. Umgehend waren sie schlauer. „Gallier ist ein Oberbegriff für keltische Stämme", las Julian laut vor. „Zu Gallien gehörten damals das heutige Frankreich, Belgien und Teile der Schweiz. Caesar unterwarf Gallien zwischen den Jahren 58 und 51 vor Christus."

„Dann war dieser Warzikaltorix also ein waschechter Gallier. Und dieser Mann leistete wirklich Widerstand?", fragte Leon.

„Ver-cin-ge-to-rix, Leon!", riefen Kim und Julian im Chor.

Leon feixte. „Weiß ich doch. Vercingetorix. War ja nur ein kleiner Test, ob ihr es auch wirklich begriffen habt."

Julian verdrehte die Augen. „Lassen wir das!" Er schaute wieder auf den Bildschirm. „Vercingetorix war der Anführer eines Stammes namens *Arverner*. Ihre Hauptstadt hieß Gergovia."

„Wo liegt diese Stadt?", fragte Leon.

„Moment, das haben wir gleich", erwiderte Julian. Nur Sekunden später wurden die Gefährten fündig.

„Etwas südlich von *Clermont-Ferrand*, ziemlich im Herzen von Frankreich, am Fuß des *Zentralmassivs!*", rief Julian und deutete auf eine Bildergalerie. „Schaut nur, dieser gewaltige Vulkan! Das ist der *Puy de Dôme*. Er liegt ganz in der Nähe von Gergovia. Und genau dort brachten die Gallier den Römern 52 vor Christus eine schwere Niederlage bei."

„Wie das?", wollte Kim wissen. „Die Römer waren den Galliern doch bestimmt haushoch überlegen." Sie sah, dass Kija zu ihnen kam. Die Katze sprang auf den Schreibtisch, blinzelte kurz zum Monitor und begann dann, ihr Fell zu putzen.

Die Gefährten versuchten herauszufinden, wie es Vercingetorix gelungen war, den großen Feldherrn Caesar zu schlagen. Aber sie stießen weder im Internet noch in Geschichtsbüchern auf entscheidende Hinweise. Auch über den offenbar außergewöhnlich mutigen Vercingetorix erfuhren die Freunde nur wenig. Es schien so gut wie nichts über ihn bekannt zu sein.

„Trotzdem, Leon: Du lädst mich zu einem Eisbecher im Venezia ein", rief Julian.

„Na gut", grummelte Leon.

„Fein", sagte Julian, „aber über diesen Vercingetorix hätte ich gern mehr erfahren!"

„Ich auch", meinte Kim schließlich. „Wie hat er es nur geschafft, den großen Caesar zu besiegen? Na ja, vielleicht hatte er ja einen *Druiden*, der ihm und seinen Kriegern einen Zaubertrank gebraut hat."

Leon schaute sie nachdenklich an. „Ein Zaubertrank wird es wohl kaum gewesen sein. Andererseits waren die Druiden sehr mächtig und verfügten über viele Geheimnisse."

„Stimmt", sagte Julian. „Über die Druiden habe ich schon mal etwas gelesen. Sie waren Priester und Lehrer, Sterndeuter und Rechtsgelehrte, galten als Zauberer, hatten Kontakt zu den Göttern und trugen meistens weiße, wallende Gewänder. Leider haben die Druiden fast nichts Schriftliches hinterlassen. Sie gaben ihre Geheimnisse nur mündlich weiter."

Julian lehnte sich in seinem Stuhl zurück. Sofort schnappte sich Kija die Maus und schob sie zwischen ihren Pfoten hin und her.

„Kija!", ermahnte Julian sie.

Doch es war zu spät. Irgendwie hatte die Katze eine Taste berührt, und der Computer fuhr herunter.

„Mist!", murmelte Julian und wollte den Rechner erneut starten.

Da sprang Kija vom Tisch und lief auf Tempus, den rätselhaften Zeit-Raum, zu.

Kim lachte. „Leute, ich glaube, da hat jemand eine kleine Zeitreise im Sinn!"

Leon blickte seine Freunde erwartungsvoll an. „Warum nicht? Wir haben drei gute Gründe, nach Gergovia zu reisen. Erstens: Wer war dieser Vercingetorix? Zweitens: Wie gelang es ihm, Caesar zu besiegen? Und drittens: Wie mächtig waren die Druiden, konnten sie wirklich zaubern?"

Julian klatschte in die Hände. „Das sind wirklich drei gute Gründe. Auf geht's!"

Keine zwei Minuten später hatten die Freunde den geheimnisumwitterten Zeit-Raum erreicht. Tempus lag verborgen hinter einem hohen Bücherregal, das auf einer Schiene zur Seite geschoben werden konnte. Die Gefährten zogen das schwarze, mit düsteren Symbolen bemalte Tor auf und traten ein. In Tempus herrschte das übliche blaue Zwielicht. Der Nebel, der durch den endlosen Raum mit den Tausenden von Türen waberte, machte eine Orientierung fast unmöglich. Der Boden pulsierte heftig im Rhythmus der Zeit. Er pumpte von unten gegen die Füße der Freunde, die sich suchend umsahen. Über welcher Tür stand die Zahl 52 vor Christus?

Doch die Türen waren nicht geordnet, Tempus schien keine Gesetze und keine Logik zu kennen. Er hatte keinen Anfang und kein Ende. Sein Herz war uralt und dennoch rastlos und kräftig.

Kim sah zu Kija. Die Katze hatte den Schwanz aufgestellt und lief einfach los. Sie hielt sich links, flitzte an den ersten Türen vorbei und verschwand im blauen Nebel.

„Kija, nicht so schnell!", rief Kim.

Doch die Katze war schon verschwunden.

„Ihr nach!", sagte Kim zu Leon und Julian.

Das Trio rannte über den schwankenden Boden. Türen schlugen in ihren Angeln und flogen plötzlich ganz auf. Geräusche ergossen sich wellenförmig in den Zeit-Raum, eine verwirrende Mischung aus Wohlklängen und beängstigendem Lärm: eine fröhliche Klaviermelodie, das helle Zwitschern eines Vogels, das geifernde Bellen eines großen Hundes.

„Da, da vorn ist Kija!", rief Kim.

Die Katze hockte vor einer schmucklosen braunen Holztür, die jedoch geschlossen war.

Kim schaute hoch. Über der Tür stand in roter Schrift: 52 vor Christus.

Wie hatte Kija in diesem Chaos genau die richtige Tür finden können? Kim lächelte. Diese Katze würde ihnen noch viele Rätsel aufgeben – und genau das fand sie einfach wunderbar.

Leon wollte die Tür aufstoßen. Aber sie bewegte sich keinen Zentimeter. Sie war abgesperrt!

„Das gab es ja noch nie!", entfuhr es Julian. „Ob das ein Zeichen ist, dass wir diesmal keine Zeitreise unternehmen sollen?"

„Ach was", winkte Leon ab und rüttelte ungeduldig an der Klinke.

In dieser Sekunde schlug etwas mit großer Wucht von innen gegen die Tür, sodass sie im Rahmen erbebte.

„Was … was war das?", stammelte Julian.

Unwillkürlich rückten die Freunde dichter aneinander. Kim nahm Kija auf den Arm.

Wieder ein Schlag von unsichtbarer, mächtiger Hand. Das Holz splitterte und bekam Risse. Gleißendes Licht brach hindurch wie die Strahlen der Sonne zwischen düsteren Gewitterwolken.

Geblendet wichen die drei Gefährten einen Schritt zurück.

Ein Bersten, ein Krachen, dann flog die Tür aus den Angeln und polterte auf den Boden.

Warmes, weiches Licht flutete den Freunden entgegen, wie ein Teppich aus funkelndem Gold.

„Kommt", hauchte Kim.

Die Freunde fassten sich an den Händen und konzentrierten sich ganz fest auf Gergovia. Denn nur so konnte Tempus sie an den richtigen Ort bringen. Dann machten sie den einen, aber entscheidenden Schritt durch den Türrahmen – und stürzten ins Nichts.

Die Nacht der schwarzen Zauberer

Fahles Mondlicht fiel auf die Lichtung. Die Äste der gewaltigen Eiche, durch deren breiten Stamm Tempus die Gefährten ins Reich der Gallier geschickt hatte, schienen nach den funkelnden Sternen zu greifen. Es herrschte himmlische Ruhe. Die Luft war mild und würzig. Es mochten an die zwanzig Grad sein.

„Wir … wir sind da, glaube ich", flüsterte Kim, als fürchtete sie, den Frieden zu stören.

„Sieht ganz so aus", sagte Leon ebenso leise. „Die Eiche müssen wir uns merken – wegen der Rückreise, ihr wisst schon! Und soweit ich das erkennen kann, hat uns Tempus wieder bestens ausgestattet."

Er und Julian hatten feste Lederschuhe an, die ihnen bis über die Knöchel reichten, sowie eng anliegende, braune Hosen. Dazu trugen sie langärmelige hüftlange Hemden aus kariertem Stoff und breite Gürtel. Kim hatte ein knöchellanges Kleid an. Es bestand aus weinrotem Stoff und wurde mit einem hübschen, etwa handgelenkbreiten Lederband gegürtet. Außerdem trug das Mädchen einen bronzenen Halsschmuck, der aus fünf einfachen Ringen bestand, die hinten offen waren, um sie jederzeit ablegen zu können. Über Kims Schultern lag ein feines, goldgelbes Tuch, das mit zwei *Fibeln* am Kleid befestigt war.

Kim schaute sich suchend um. Die Lichtung war nahezu kreisrund und von dicht stehenden Bäumen umgeben – eine undurchdringlich wirkende, schwarze, unheimliche Wand.

„Wo sind wir hier eigentlich?", fragte Kim, immer noch im Flüsterton.

Julian seufzte. „Ich hoffe, dass Gergovia nicht allzu weit entfernt ist. Da drüben scheint ein Weg zu sein. Den sollten wir nehmen."

„Okay, aber in welche Richtung?", warf Leon ein und schaute zu Kija, in der Hoffnung, dass die schlaue Katze vielleicht eine Idee hatte.

Der grazile Körper der Katze war gespannt wie ein Bogen. Kijas Augen waren weit aufgerissen. Ihr Schwanz zuckte hin und her.

„Mist, hier stimmt was nicht!" Leon sah in die Richtung, in die Kija schaute – und erstarrte. Er deutete zitternd auf zwei mächtige Blutbuchen. „Da hat sich was bewegt!"

Kim und Julian rückten dichter an Leon heran.

„Jetzt sehe ich es auch", hauchte Kim atemlos. „Dort sind irgendwelche Leute. Und sie kommen auf uns zu! Lasst uns abhauen!"

Ohne eine Antwort abzuwarten, flitzte sie los. Die anderen folgten ihr und rannten den Weg hinunter. Nur weg von hier!

Im Laufen wandte sich Kim um. Entsetzt stellte sie fest, dass die Gestalten ihnen nachsetzten, lautlos, mit federnden Schritten. Im Mondlicht erkannte das Mädchen, dass die Verfolger alle vermummt waren. Was wollten die Kerle von ihnen?

Mit jagendem Atem stolperten die Freunde durch die Nacht. Hinter ihnen brandete Gelächter auf.

„Ihr könnt uns nicht entkommen, wir werden euch holen, wann immer wir wollen!", höhnten die Vermummten. „Denn ihr seid in unserer Macht. Und dann wird euch auch euer Gott *Taranis* nicht mehr helfen!"

Die Freunde hetzten weiter, ohne Plan und Ziel.

Unvermittelt war der Weg versperrt. Zwei große Gestalten in weiten, wehenden Mänteln standen dort, die Schwerter gezückt, die Kapuzen dicht ins Gesicht gezogen.

Jetzt ist alles aus!, dachte Kim voller Panik. Jetzt sitzen wir in der Falle!

„Na, ihr kleinen Gallier?", erklang eine drohende Stimme. „Ts-ts, so spät allein unterwegs. Habt ihr euch etwa verlaufen? Oder wollt ihr zurück in eure Stadt?"

Die Freunde schwiegen ängstlich.

Der zweite Vermummte lachte leise. „Ja, bestimmt wollt ihr nach Gergovia. Dorthin, wo Vercingetorix und die anderen Aufrührer sitzen. Diejenigen, die gegen Rom in die Schlacht ziehen wollen. Was für ein irrsinniger Plan, was für eine Dummheit!"

Der Mann machte einen Schritt auf die Freunde zu. „Heute ist die Nacht der schwarzen Zauberer, die Nacht der bösen Feen. Kurzum, es ist *unsere* Nacht. Nichts ist, wie es scheint, und überall lauert der Tod. Er ist nah, so furchtbar nah. Merkt euch eins, kleine Gallier: Jeder Widerstand gegen Rom bedeutet den Tod. Wir werden euch laufen lassen. Aber nur, damit ihr diese Botschaft in eure Stadt tragt. Widerstand heißt Tod, ein Besuch im Reich von *Nantosuelta*, der Göttin des Todes. Habt ihr das verstanden?"

Die Gefährten nickten.

Der Mann gab den anderen Vermummten ein Zeichen. Dann verschwanden sie im Wald, lautlos wie ein Spuk.

„Das geht ja gut los", stieß Leon hervor.

„Allerdings", sagte Kim. „Wer waren die überhaupt? Etwa Römer?"

Leon schüttelte den Kopf. „Das glaube ich nicht. Schließlich wissen wir, wie Legionäre aussehen – und diese Schreckgestalten trugen keine römischen Uniformen. Hinzu kommt, dass ..."

„Psst, sei mal still!", bat Julian. „Ich höre Gesang."

„Oh nein, kommen die Kerle etwa zurück?" Kims Stimme zitterte.

Doch diesmal war es eine helle, klare Frauenstimme, die näher kam. Und schon tauchte ein vierrädriger Karren auf, der von einem Pferd gezogen und von einer Laterne in warmes Licht getaucht wurde.

„Da kommt wohl eine Frau", raunte Kim. „Lasst uns nach dem Weg fragen."

Auf dem Kutschbock saß tatsächlich eine Frau. Als sie die Freunde erblickte, brachte sie den Karren zum Stehen, griff nach der Laterne und hielt sie hoch über den Kopf. „Wer seid ihr denn?"

Wie immer übernahm Julian das Vorstellen. Sie würden aus einem Ort weit im Norden stammen, seien arme Waisenkinder und auf der Flucht vor gefährlichen Räubern. Dabei hätten sie sich im Wald verirrt.

Während Julian sprach, musterte Kim die Frau. Sie mochte etwa dreißig Jahre alt sein und hatte flammend rotes Haar, das im Nacken zu einem Zopf gebunden war. Ihr dunkelgrünes, ärmelloses Kleid hatte ein hübsches Karomuster. Darunter trug sie ein einfaches, weißes Hemd ohne Kragen. Die Füße steckten in Lederschuhen, die Kim an Mokassins erinnerten. An den nackten Knöcheln und den Handgelenken blitzten feine Ringe.

„Soso." Die Frau schmunzelte. „Dann will ich euch mal mit nach Gergovia nehmen. Es ist nicht mehr weit. Vielleicht könnt ihr dort irgendwo einen Unterschlupf finden. Ich heiße übrigens Vesuna und bin eine *Vates*."

„Eine was?", fragte Kim, während sie mit Leon, Julian und Kija auf den Wagen kletterte. Dort waren einige Kisten und Truhen sowie ein paar Käfige gestapelt, in denen mehrere Tauben gurrten.

Vesunas Lachen klang hell durch die Nacht. „Oh, ihr Ahnungslosen! Eine Vates ist eine Wahrsagerin! Ich reise von Dorf zu Dorf, von Stadt zu Stadt und biete meine Dienste an. Und mein nächstes Ziel ist Gergovia. Meine Tauben helfen mir bei den Vorhersagen."

„Die Tauben?", fragte Leon ungläubig.

Die Frau schnalzte dem Pferd aufmunternd zu und der Wagen setzte sich rumpelnd in Bewegung. „Ja, ich lasse sie aufsteigen und beobachte ihren Flug. Daraus kann ich lesen, welche Überraschungen das Leben für uns bereithält."

Die Gefährten sahen sich an. Kim grinste.

Doch Julian blieb ernst. Er berichtete der Vates von den Vermummten.

Als er fertig war, drehte sich Vesuna zu ihm um und sah ihn bestürzt an. „Das ist kein gutes Zeichen! Ihr müsst wissen, dass heute die Nacht vor *Beltane* ist, dem Fest des Lichts! Damit feiern wir den Beginn der warmen Jahreszeit und vertreiben die Geister des letzten Winters. Aber böse schwarze Zauberer und Feen treiben in dieser Nacht ihr Unwesen. Offenbar habt ihr gerade einige von ihnen kennengelernt ...“ Die Wahrsagerin sah sich hektisch um und senkte unwillkürlich die Stimme. „Sind sie noch in der Nähe?“

„Sie sahen aber nicht wie Geister, sondern eher wie Menschen aus“, erwiderte Leon.

Vesuna schnaubte verächtlich. „Pah, das glaubst auch nur du! Diese Hexer können jede Gestalt annehmen, beim *Lugh*! Sie täuschen dich und ehe du dich versiehst, bist du ...“, Vesuna fuhr sich mit der Handkante über den Hals, „... mausetot!“

Leon schluckte. Waren es wirklich keine Menschen gewesen, sondern Dämonen? Nein, an so etwas glaubte er eigentlich nicht. Andererseits: Sie waren hier nicht im beschaulichen Siebenthann, sie waren in einer Welt, die zweitausend Jahre zurücklag ...

Die folgenden zehn Minuten zuckelten sie schweigend dahin. Dann wich der Wald zurück und vor ihnen erhob sich ein Hügel, auf dem eine von einer Mauer umgebene Siedlung kauerte. Hier und dort waren Lichter zu sehen.

„Seht nur – das ist Gergovia!“, rief Vesuna begeistert.

Kurz darauf hatten sie eines der vier Tore in der etwa sechs Meter hohen Stadtmauer erreicht. Vesuna sprach einen der beiden Wachmänner an. Die Soldaten waren mit zwei Meter langen Lanzen bewaffnet und trugen Kettenhemden, topfähnliche Helme sowie ovale, anderthalb Meter hohe Schilde.

Währenddessen betrachtete Kim die beeindruckende Befestigungsanlage. „Die Mauer ähnelt unseren Fachwerkhäusern in Siebenthann", flüsterte sie ihren Freunden zu und zeigte dabei auf das Gerüst aus Balken, das von großen Eisennägeln zusammengehalten wurde.

„Stimmt", erwiderte Julian. „Ich habe mal irgendwo gelesen, dass die Gallier diese Gerüste mit Steinen und Erde auffüllten."

Nach außen war die Mauer mit behauenen Kalksteinen verblendet. Oben verlief ein hölzerner Wehrgang mit Zinnen. Das Tor zur Stadt war nach innen versetzt, wie eine Schleuse. Man konnte es durch einen etwa zehn Meter langen Gang erreichen. Über diesem Gang thronte ein spitzgiebeliges Haus, in dem die Wachmannschaft untergebracht war.

Jetzt schoben die Soldaten das Tor auf und ließen den Karren hindurch. Vesuna führte das Pferd am Zaumzeug.

Schon nach wenigen Minuten erkannte Leon, dass Gergovia eine ziemlich große Stadt sein musste. Von Vesuna erfuhr er, dass hier rund zwanzigtausend Menschen lebten.

Sie liefen durch enge Gassen und kamen an großen, rechteckigen Häusern vorbei, aus denen gedämpfte Stimmen erklangen.

Schließlich gelangten sie zu einem besonders stattlichen Haus, das sich am Rande eines großen, freien Platzes im Zentrum Gergovias befand. Wie die anderen Häuser bestand es aus Holz, Flechtwerk und Lehmputz. Das Strohdach reichte bis einen Meter über den Boden. Nur an der Tür war es auf zwei Meter Höhe zurückgestutzt worden. Im Haus wurde offenbar heftig gestritten. Die Freunde vernahmen einen erregten Wortwechsel, konnten aber nicht verstehen, worum es ging.

„Das ist bestimmt das Haus von Vercingetorix", rief Vesuna.
„Ich hoffe, er gewährt uns Unterschlupf."

In dieser Sekunde flog die Tür auf, Vesuna wurde gepackt und wie eine Puppe in die Luft gehoben. Sie schrie auf.

„Beim *Teutates*, wer schleicht hier rum und will zerquetscht werden wie eine Laus?", dröhnte ein mächtiger Bass.

Ein Streit

„Ich bin's doch nur, die Seherin Vesuna, lasst mich runter, edler Fürst!", rief die Vates angsterfüllt.

„Hhm", grunzte der Riese und setzte die Frau ab. „Ich habe Stimmen gehört – und da habe ich gleich mal nachgesehen. Man kann ja nie wissen in diesen stürmischen Zeiten. Schließlich ist es die Nacht der schwarzen Zauberer. Komm rein. Eine Seherin kann man immer gebrauchen. Gleich morgen sollst du uns die Zukunft vorhersagen. Wohnen kannst du im Gasthaus."

Vesuna deutete mit dem Daumen auf die Gefährten. „Ich bin nicht allein …"

Der Fürst der Arverner kniff ein Auge zu. „Was? Drei Kinder und eine Katze? Wo hast du die denn aufgegabelt?"

Die Seherin erzählte es ihm und Vercingetorix hörte ihr aufmerksam zu. Der etwa dreißigjährige Mann hatte einen Schnauzbart und lange, blonde Haare, die zu einer Igelfrisur geformt waren und ihn noch größer machten, als er war. Er trug weinrote Hosen, ein hellblaues Hemd und einen dunkelblauen, leichten Stoffüberwurf, der über der rechten Schulter mit einer Fibel zusammengehalten wurde und mit Goldfäden durchwirkt war.

Um seinen Hals lag ein schöner Reif aus geflochtenen Golddrähten. Wie bei Kims Halsschmuck war der Reif an einer Stelle durchbrochen, sodass man ihn zum An- und Ablegen ein wenig aufbiegen konnte. An diesem Durchbruch befanden sich zwei dicke, große Ringe mit Blumenornamenten. Auch sie waren aus Gold. An seinem breiten Ledergürtel trug der Mann einen Dolch.

„Nun ja", grummelte Vercingetorix, als die Seherin fertig war. „Ich habe gerade kluge Männer in meinem Haus. Vielleicht wissen sie, was wir mit den Kindern machen sollen."

Mit klopfenden Herzen betraten Leon, Kim und Julian das Gebäude, das vom flackernden Schein eines Feuers erhellt wurde und nur einen großen Raum hatte. An den Längsseiten waren mit Holzgerüsten und Stoffbahnen mehrere kleine Abteile abgetrennt worden, die – so vermutete es Julian zumindest – als Schlafzimmer dienten. Die Feuerstelle in der Mitte des Raumes bestand aus einem niedrigen quadratischen Metallgestell, auf dem die Scheite brannten. Drum herum hatte man Felle ausgebreitet, auf denen zwei weitere, bärtige Männer saßen. Der eine mochte Mitte vierzig sein. Er war ebenfalls groß und kräftig und mit einem weißen, wallenden Gewand bekleidet. Der Mann wirkte ernst.

„Das ist unser Druide Brân", stellte der Fürst ihn vor.

Einer dieser mächtigen Zauberer!, durchfuhr es Julian. Was für ein Glück, dass sie ihn kennenlernen durften!

Dann deutete Vercingetorix auf den anderen Mann, der honiggelbe Hosen und ein rotes Hemd trug. Er war eher klein, etwas dick und ein wenig jünger als der Druide.

„Und das hier ist unser *Barde* Brunnix."

Brunnix nickte den Neuankömmlingen kurz zu. Er schien sehr angespannt zu sein.

Julian spürte, dass die Stimmung im Haus des Fürsten gereizt war. Worüber hatten die Männer wohl gestritten?

In diesem Moment lief Kija, ohne zu zögern, auf den Druiden zu und strich ihm um die Beine. Brâns Gesicht hellte sich auf. Er nahm die Katze auf den Schoß, wo sie ausgiebig zu schnurren begann.

„Offensichtlich mag sie mich", sagte der Druide, nun wieder ernst. Dann schaute er Kija in die Augen. Er zog die Brauen hoch. „Von dir, kleine Katze, geht etwas Merkwürdiges aus, etwas Geheimnisvolles, das spüre ich. Mir scheint, du bist keine normale Katze ..."

Die Freunde wechselten besorgte Blicke.

„Doch, sie ist ganz normal", widersprach Julian schnell. Er hatte Angst, dass der Druide Kija für sich beanspruchen könnte.

Brân lächelte weise. „Nein, das ist sie nicht, beim *Esus,* und ihr scheint es auch nicht zu sein. Aber keine Angst, ich will euch die Katze nicht wegnehmen. Doch sagt mir: Wer seid ihr?"

Julian erzählte erneut seine Geschichte und berichtete anschließend von den Vermummten.

„Gut", sagte Brân, „ich sehe, ihr braucht Hilfe. Ich habe ein großes Haus, in dem ich bereits ein Waisenkind beherberge und unterrichte. Melia ist ein besonders feinfühliges, kluges Mädchen. Ich will sie zur Druidin ausbilden. Was haltet ihr davon, wenn ich auch euch schule?"

Julians Augen wurden groß. „Das ... das wäre einfach fantastisch!"

Der Druide hob die Hände. „Freut euch nicht zu früh. Ich werde euch vorerst nur zur Probe aufnehmen und prüfen, ob ihr wirklich das Talent habt, das ich bei euch zu spüren glaube. Denn eigentlich bilde ich immer nur ein Kind aus. Und dann …"

„Genug", unterbrach Vercingetorix ihn, „wir haben jetzt Wichtigeres zu besprechen!"

„Ja, richtig", pflichtete Brunnix ihm bei. „Deine Verstärkung ist immer noch nicht da …"

Vercingetorix runzelte verärgert die Stirn. „Wieso *meine* Verstärkung? Es ist unsere Verstärkung! Wir Gallier planen einen Aufstand gegen Caesar, und das Volk der *Haeduer* unter seinem Anführer *Litaviccus* wird uns unterstützen!"

„Ja, wenn sie denn kommen!", erwiderte Brunnix skeptisch. „Dieser ganze Aufstand ist der reinste Wahnsinn! Und jetzt tauchen auch noch schwarze Zauberer auf. Das ist ein schlechtes Zeichen!"

Vesuna nickte. „Das ist es, in der Tat …"

„Und nebenbei bemerkt", fuhr der Barde fort, „haben wir gegen Caesars Legionäre nicht den Hauch einer Chance!"

„Quatsch!", blaffte der Fürst ihn an. „Du bist ein verdammter Feigling, Brunnix!"

Der Barde sprang auf. „Das lasse ich mir von dir nicht bieten! Du überschätzt dich. Der Sieg über den großen Caesar soll dir Ruhm und Ehre einbringen – aber in Wirklichkeit wirst du uns alle ins Verderben führen!"

Vercingetorix starrte den Barden fassungslos an. Auf seiner Stirn schwoll eine Zornesader. „Was hast du da gesagt? Deine Aufgabe ist es, unseren Kriegern mit deinem Gesang Mut zu

machen! Und was tust du? Du winselst wie ein altes Weib! Ich habe es satt! Du bist die längste Zeit unser Barde gewesen. Ich werde einen neuen suchen. Einen, der Mumm hat!"

Aus Brunnix' Gesicht war jede Farbe gewichen. „Das kannst du nicht tun! Damit habe ich alles verloren!"

Vercingetorix verschränkte die Arme vor der breiten Brust. „Doch, das kann ich. Raus mit dir!"

Der Barde ging mit großen Schritten an ihm vorbei zum Ausgang. „Das wirst du noch bereuen, Vercingetorix! Ich verfluche dich und deinen Hochmut!"

Dann war Brunnix verschwunden.

An einem heiligen Ort

„He, ihr Langschläfer, aufwachen!"

Leon schoss von dem Strohsack hoch, der ihm als Lager gedient hatte. Vor ihm stand ein Mädchen in einem knöchellangen, dunkelblauen Kleid. Es mochte im gleichen Alter wie die Gefährten sein, hatte Sommersprossen, eine Stupsnase und große, braune Augen. Seine schulterlangen blonden Haare wurden mit einem schmalen Stirnband aus dem Gesicht gehalten.

Es lachte. „Ich bin Melia und führe Brâns Haushalt. Außerdem bin ich seine Schülerin."

Leon lächelte zurück. „Ja, das haben wir gehört. Aber als wir gestern Abend ins Haus kamen, hast du schon geschlafen." Er rüttelte Julian und Kim wach.

Kija sprang hinter dem Vorhang hervor, der das Schlafabteil vom Hauptraum abgrenzte, und begann mit ihrer morgendlichen Fellpflege.

„Kommt! Wir müssen gleich zum Unterricht!", rief Melia. „Und vorher müsst ihr vier euch noch ein wenig stärken."

„Gern. Wo ist Brân?", fragte Leon gähnend.

„Oh, er ist kurz in den Wald gegangen, um irgendwelche Kräuter zu holen. Aber er wird garantiert pünktlich mit dem Unterricht beginnen."

Zum Frühstück gab es frisches Gerstenbrot, Schafsmilch, Waldbeeren und Obst. Während Leon kaute, schaute er sich um. Jetzt, bei Tageslicht, konnte er viele Details erkennen. Brâns Haus war rund und hatte zwei Eingänge, die genau gegenüberlagen. Der eine war etwas breiter und wahrscheinlich der Haupteingang.

In der Nähe des Hinterausgangs hing unter einem Loch im Dach ein großer Kessel an einer Eisenkette. Die Stützen, die das Dach trugen, bildeten einen inneren Ring im Haus. Dahinter befanden sich wie bei Vercingetorix kleine Abteile, die Brân mit Tüchern vom Hauptraum abgetrennt hatte. Und in einem dieser Zimmerchen hatten die Freunde übernachtet.

Nun saßen sie in der Mitte des Hauses an einem grob gezimmerten Tisch auf zwei Bänken, die mit Fell bezogen waren, und ließen es sich schmecken.

Nach dem Frühstück führte Melia Julian, Kim und Leon durch Gergovia.

„Brân unterrichtet am liebsten im Freien", erklärte sie. „An einem Ort, an dem uns niemand belauschen kann."

Leon sah sie fragend an. „Du hast ja gar nichts zum Schreiben dabei. Machst du dir keine Notizen?"

Melia lachte. „Nein, das darf ich nicht. Druiden vermitteln ihr Wissen immer nur mündlich. So können sie ihre Geheimnisse besser wahren."

„Und wie lange dauert die … äh … Ausbildung?", fragte Leon.

„Etwa zwanzig Jahre", antwortete Melia unbekümmert.

„Wie bitte?", entfuhr es Leon.

„Ja, zwanzig Jahre. Um ein Wahrsager zu werden, muss man zwölf Jahre lernen. Und die Barden haben eine siebenjährige Lehrzeit."

Leon schnaufte. Die Vorstellung, zwanzig Jahre lang in Siebenthann auf die Schule zu gehen und sich noch nicht mal etwas aufschreiben zu dürfen, war nicht gerade verlockend.

Staunend folgten die Gefährten ihrer neuen Freundin. Jeder Meter der Stadt schien in irgendeiner Form genutzt zu werden. An die meisten Häuser schloss sich neben einem kleinen Vorratshaus ein Pferch an, in dem Schweine oder Rinder gehalten wurden. Ein Junge in ihrem Alter trieb eine Herde Schafe durch die Gassen.

Zudem gab es zahlreiche Werkstätten. Sie sahen einen Schuster, der vor seinem Haus saß und ein Paar grobe Lederschuhe mit einer dicken Metallnadel zusammennähte, und einen Kunstschmied, der einen hübschen Reif aus Bronze fertigte. Dann kamen sie bei einem *Wagner* vorbei, der gerade dabei war, die Naben eines Rades miteinander zu verdübeln. Neben ihm lag die Werkstatt des Schmieds, der offenbar Hand in Hand mit dem Wagner arbeitete.

„Seht nur, er formt gerade einen Metallreifen für das Rad!", rief Melia.

Die Freunde blieben stehen, um zuzuschauen, aber Melia hatte es eilig. Sie lief in die Richtung des Stadttores, durch das die Gefährten Gergovia betreten hatten.

Unterwegs konnte Kim noch einen Blick auf eine ältere Frau erhaschen, die aus Birkenrinde kleine Schachteln herstellte. Als Klebstoff diente Harz. Auch hier wäre sie zu gern stehen geblieben, aber dann hätte sie Melia zwischen all den

Menschen, die sich durch die engen Gassen drängten, aus den Augen verloren.

Wenig später sah Kim dann jedoch etwas, was sie noch mehr begeisterte: einen gewaltigen Vulkankegel unter strahlend blauem Himmel. „Schaut, Jungs, da hinten ist der Puy de Dôme!", flüsterte sie Leon und Julian zu, während sie versuchten, mit Melia Schritt zu halten.

Diese zeigte im Vorbeilaufen auf ein Gasthaus. „Da ist Vesuna untergekommen. Neben einer Wirtschaft gibt es hier ein paar Gästezimmer."

Kurz darauf erreichten Melia und die Gefährten in unmittelbarer Nähe des Stadttores ein umzäuntes Gärtchen mit einer großen Buche – und genau hier erwartete sie der Druide. Sofort stürmte Kija auf ihn zu. Lachend hob Brân sie hoch.

„Das scheint unser neues Klassenzimmer zu sein", sagte Leon leise.

„Willkommen im Garten des Wissens", begrüßte der Druide sie und deutete auf ein paar Holzstümpfe. „Nehmt Platz und spitzt die Ohren."

Dann folgte ein einstündiger Monolog, in dem Kim, Leon, Julian und Melia einiges über den Glauben der Gallier erfuhren. Sie hörten unter anderem von Brigantia, der tapferen Göttin des Sieges und von Grannus, dem Gott der heißen Quellen. Jedes Ding habe eine Seele, sagte Brân außerdem. Die Natur sei heilig.

„Götter leben in Brunnen, Flüssen und Seen, in Quellen und Bäumen, in Felsen und Bergen", führte er aus. „Die Natur gibt uns alles und ist voller Geheimnisse, beim *Cernunnos*."

Er deutete auf einen Lederbeutel an seinem Gürtel. „Und einige dieser Geheimnisse habe ich immer dabei."

„Genau!", rief Melia dazwischen. „Das sind die heiligen Kräuter."

„Ach, wirklich?", erklang eine Stimme vom Zaun.

Die Kinder drehten sich um. Dort stand Vesuna.

„Helfen die Kräuter auch gegen die schwarzen Zauberer, Brân?"

Ärgerlich winkte der Druide ab. „Das war gestern, Vesuna, es ist vorbei. Und heute feiern wir Beltane, das Fest des Lichts."

„Es ist nicht vorbei", widersprach die Seherin. „Die Kraft der schwarzen Zauberer ist nicht zu brechen. Sie kommen wieder, immer wieder."

Leon lief ein Schauder den Rücken hinunter.

„Unsinn", sagte der Druide barsch. „Mit deinem Gerede verunsicherst du nur alle, Vesuna!"

„Nicht nötig", gab sie zurück. „Das Volk ist längst verunsichert. Es hat Angst."

„Wovor?"

„Vor dem, was kommt", sagte die Seherin unheilvoll. „Die Götter sind gegen uns – und gegen diesen Aufstand."

„Lass uns allein", herrschte Brân Vesuna an.

„Wie du meinst …", sagte die Seherin nur und ging weiter.

Der Druide fuhr mit dem Unterricht fort.

„Jetzt werde ich euch unsere neue Spezialwaffe gegen die römischen Truppen erklären", sagte er mit einem Leuchten in den Augen. „Das unlöschbare Feuer!"

„Das was?", platzte Leon heraus.

„Das unlöschbare Feuer", wiederholte Brân. „Es handelt sich um eine ganz besondere Mischung, die nur wir Druiden kennen. Grob gesagt besteht sie aus Baumharz, Schwefel und gebranntem Kalk. Man kann sie zu Klumpen oder einer Paste formen, anzünden und mit einem Katapult oder einem Pfeil auf den Feind schießen. Und niemandem wird es gelingen, dieses Feuer zu löschen, beim *Belenus*!"

Leon musste schlucken – was für eine Furcht einflößende Waffe! Aber womöglich war das unlöschbare Feuer entscheidend für Vercingetorix' Sieg über Caesar. Schon bald würden sie es wissen. Der Gedanke an die Schlacht ließ ihn frösteln.

„Heute werden wir es auch noch mit Feuer zu tun haben, und zwar bei unserem Fest des Lichts", sagte der Druide jetzt. „Wollt ihr dabei sein?"

„Na klar!", riefen die Kinder wie aus einem Mund.

„Gut", sagte Brân. „Aber zuerst werden wir in den Tempel gehen, beten und etwas opfern."

Und so führte der Druide seine Schüler kurz darauf zu einer abgelegenen Stelle innerhalb der Stadtmauern.

Es handelte sich um einen rechteckigen Platz, etwa fünfzig mal zwanzig Meter groß. Um ihn herum war ein vier Meter breiter Graben gezogen worden, dahinter erhob sich eine Palisade, hinter der ein spitzgiebeliges Holzdach hervorragte.

An einer Stelle waren Holzbohlen über den Graben gelegt worden, die zu einem breiten Durchlass in der Palisade führten, der Richtung Osten zeigte. Überrascht stellte Leon fest, dass es kein Tor gab. Bisher hatte er nur Tempelanlagen gesehen, bei denen zumindest der innere Bereich geschützt gewesen war. Doch dieser Tempeleingang wurde nur von zwei drei Meter hohen Steinsäulen flankiert. Die Säulen bestanden aus je zwei grob behauenen, rechteckigen Steinblöcken.

„Auch wenn wir es wollten, so könnten wir unsere Götter nicht einsperren", sagte Brân, der die fragenden Blicke der Gefährten bemerkt hatte. Dann schritt er würdevoll über die Bohlen.

Leon folgte ihm gespannt und schaute sich dabei die linke Steinsäule genauer an. Abrupt blieb er stehen. Seine Nackenhaare sträubten sich. In die Säulen waren Vertiefungen geschlagen worden – und aus diesen Löchern im Gestein starrten ihn Totenschädel an.

„Ach, du Schande", flüsterte Leon. Er spürte Kim und Julian hinter sich. Kija strich ihm unruhig um die Beine.

„Das sind die Schädel unserer Feinde", sagte Melia leise, als könnte sie die Toten stören.

Der Druide wandte sich um. „Ja, wir glauben, dass die Kraft und der Geist unserer Feinde auf uns übergehen, wenn wir das Wichtigste von ihnen bei uns behalten – ihre Köpfe. Es ist eine Ehre für sie, dieses Heiligtum zu schmücken. Deswegen nehmen wir auch nur die Köpfe besonders mutiger Männer."

Dann ging er weiter. Leon wandte schaudernd seinen Blick von den leeren Augenhöhlen ab und folgte Brân zusammen mit den anderen.

Nun befanden sie sich innerhalb der Palisade. In der Mitte des Platzes ruhte ein quadratisches Bauwerk auf sechzehn Holzstämmen. Der Tempel hatte keine Wände, war also nach allen Seiten offen. Weder Dach noch Säulen wiesen Verzierungen auf.

Leon dachte an die reich geschmückten Kirchen in Sieben-thann. Im Vergleich dazu war dieser Tempel unglaublich ein-fach und nüchtern. Vielleicht sollte nichts vom Glauben an die Götter ablenken. Wahrscheinlich konzentrierte man sich hier ganz automatisch auf das Wesentliche.

Der Druide führte sie hinein.

In der Mitte des Tempels erblickte Leon eine quadratische Vertiefung, die mit klarem Wasser gefüllt war. Der Teich mochte etwa drei mal drei Meter groß sein. Daneben waren zwei Löcher im Boden.

„Was haben diese Löcher für eine Bedeutung?", fragte Leon.

Der Druide hob eine Augenbraue. „Das sind unsere Opfer-schächte. Nicht alle Schädel dürfen unseren Tempeleingang schmücken. Die meisten kommen hier hinein."

Leon beugte sich vorsichtig über eins der Löcher. Er sah unzählige Knochen und Schädel.

„Es sind auch viele Knochen von Opfertieren darunter", sagte Brân beruhigend. „Durch diese Schächte können wir Esus etwas opfern. Er ist der Gott der Böden und der Bäume. Er lässt die heiligen Eichen wachsen und an ihnen die *Mis-teln*."

Er schritt zum Wasser und schaute hinab. „Kommt", sagte er leise.

Die Freunde traten neben ihn.

Nun kniete sich der Druide hin. Aus dem Lederbeutel an seinem Gürtel zog er drei kleine Dinge aus Holz hervor.

Das Erste war eine kunstvoll geschnitzte Menschenfigur. Brân legte sie aufs Wasser und murmelte dann mit gefalteten

Händen: „Schütze uns, großer Esus, schütze unser Volk vor Krankheiten, vor Hunger, vor Dürre und vor Sturm."

Als Nächstes ließ er einen kleinen hölzernen Schild ins Wasser gleiten und schließlich ein winziges Schwert. „Lass unsere Waffen stärker sein als die der Feinde, gib uns Kraft und Mut."

Leon bemerkte, dass auch Melia die Hände gefaltet hatte, und tat es ihr rasch nach. Julian und Kim folgten seinem Beispiel.

Unterdessen beobachtete Kija fasziniert ihr Spiegelbild im Wasser, durch das jetzt kleine Wellen zogen, die von den Opfergaben verursacht worden waren.

Der Druide erhob sich. Mit geschlossenen Augen murmelte er noch einige Beschwörungsformeln. Leon versuchte zu verstehen, was Brân sagte, aber der Druide sprach zu leise.

Dann wandte sich Brân ab und verließ gemessenen Schrittes den heiligen Ort. Wie bei einer kleinen Prozession liefen die Gefährten und Melia hinter ihm her.

Das Fest des Lichts

Am frühen Nachmittag war es so weit – das Fest des Lichts begann. Auf dem Platz vor Vercingetorix' Haus hatten sich unzählige Gallier versammelt. In der Mitte des Platzes waren zwei je drei Meter hohe Holzhaufen aufgeschichtet worden, zu denen alle Zuschauer gebührenden Abstand hielten. Daneben befand sich ein weiterer Holzhaufen, der jedoch nur etwa einen Meter hoch, aber drei Meter breit war. Es wurde gemurmelt und getuschelt. Außerdem war das Muhen von Kühen, das Grunzen von Schweinen und das Blöken von Schafen zu hören.

Leon schaute sich um. Er hatte Volksfeststimmung erwartet, aber davon war nichts zu spüren. In den meisten Gesichtern lag eine nervöse Anspannung. Die Arverner schienen verunsichert zu sein.

Ob das an den Vermummten lag?, überlegte er. Oder an dem angekündigten Aufstand gegen Caesar? Oder daran, dass die Verstärkung von diesem Litaviccus und seinen Truppen noch nicht eingetroffen war?

Auch Vercingetorix machte ein sehr ernstes Gesicht. Der Fürst saß gleich neben dem Eingang zu seinem Haus auf einem einfachen Thron aus Holz. Er starrte nachdenklich auf die Scheiterhaufen.

Dann sah Leon auch Brunnix. Er trieb sich mit verkniffenem Gesicht in der Menge herum. Es war ein seltsames Schauspiel. Ganz egal, wohin der Barde auch ging: Die Gallier wandten sich von ihm ab. Es schien, als habe Brunnix eine ansteckende Krankheit. Leon wurde klar, dass der Barde ein Geächteter war, einsam inmitten der Masse. Brunnix' Miene verfinsterte sich zusehends und schließlich lief er mit geballten Fäusten davon.

„Alle halten ihn für einen Feigling", sagte Melia, der die Flucht des Barden ebenfalls nicht entgangen war. „Oh, jetzt geht es los!"

Ein junger Mann trat neben Vercingetorix und begann zu singen. Seine Stimme klang hell und zart.

„Das ist der neue Barde", erklärte Melia den Freunden.

Sobald der Gesang des Barden verstummt war, trat der Druide zu den Holzhaufen. Alle Blicke waren auf Brân gerichtet. Der Mann in dem weißen Gewand hob die Arme zum Himmel.

„Beim Belenus!", rief er. „Herr des Feuers! Du hast die Macht, Dunkelheit und Kälte zu vertreiben. Du bringst uns Wärme und hoffentlich gute Ernten. Vertreibe die schwarzen Schatten, bring uns Licht und Fruchtbarkeit. Schütze uns, unsere Tiere und Felder."

Nun blickte auch Leon zum Himmel. Er war jetzt düster und verhangen. Ein frischer Wind zerzauste Leons lockige Haare.

Um Brâns Mund lag ein harter Zug, als er in den Beutel an seinem Gürtel griff und zwei Hölzchen hervorzog. Er bückte sich neben dem ersten Scheiterhaufen und rieb die Hölzchen so lange, bis Flammen aufzüngelten. Dann entzündete der Druide auch den zweiten und dritten Holzhaufen.

Gedämpfter Beifall wurde laut.

Brân gab zwei Männern ein Zeichen, die daraufhin einen Sack heranschleppten und ihn vor dem Druiden ausleerten.

Leon wäre fast schlecht geworden. Vor Brân lag der abgetrennte Kopf eines Pferdes.

Entsetzt wandten sich die Gefährten ab.

„Das muss so sein", sagte Melia. „Wir müssen Belenus opfern. Der Kopf wird verbrannt."

Anschließend wurde von jeder Tierart dasjenige geopfert, das in diesem Jahr zuerst geboren worden war. „Das Fleisch essen wir nachher beim Fest", sagte Melia. „Aber vorher müssen wir uns noch reinigen."

„Reinigen?", fragte Leon.

„Ja, passt auf, es geht gleich los."

Die Gallier bildeten eine Gasse. Dann wurden Rinder, Schafe und Schweine zwischen den beiden hohen Scheiterhaufen hindurchgetrieben.

„So werden die Tiere gereinigt und vor Krankheiten geschützt", sagte Melia. „Und gleich sind wir dran!"

Leon glaubte sich verhört zu haben. „Wir?"

„Klar, wir!" Melia lachte und deutete auf das kleine Feuer. „Da springen wir durch!"

Tatsächlich begannen die Gallier, durch das Feuer zu springen. Vercingetorix machte den Anfang.

„Ach, du Schande!", entfuhr es Julian. „Das packe ich nicht!"

„Du musst!", rief Melia. „Sonst wirst du noch krank." Sie

schob ihn mit Leon und Kim in die Schlange vor dem kleineren Feuer. Nur Kija gelang es, sich zu verkrümeln.

Leon war als Erster der Gefährten dran. Er schätzte, dass die Flammen mindestens zwei Meter hochzüngelten. Würde seine Kleidung Feuer fangen? Er starrte auf die Wand aus Hitze, Glut und Licht. Und plötzlich sah er einen grellen Schein im Zentrum des Feuers, einen Teppich aus funkelndem Gold – genau das, was sie im Zeit-Raum Tempus gesehen hatten!

„Lauf!", feuerte Melia ihn an.

„Verdammte Hacke", murmelte Leon, während er beschleunigte.

Dann war es da – das Feuer! Schon spürte er die Hitze auf der Haut, schon umhüllte ihn ein Mantel aus versengender Glut. Aber Leon war schnell, schneller als die heißen Zungen des Feuers. Er sprang hindurch, eine Rauchfahne hinter sich herziehend.

„Geschafft!", brüllte Leon zum Himmel.

„He, wie war's?", rief Julian auf der anderen Seite des Holzhaufens. In seiner Stimme klang Angst mit.

„Super!", erwiderte Leon ganz locker. „Ich stelle mich gleich noch mal an!"

Und so sprangen auch Julian und Kim durch das Feuer. Nach und nach waren alle Arverner an der Reihe. Niemand wurde verletzt und die Stimmung wurde allmählich ausgelassener.

Als auch der Letzte die Flammen durchquert hatte, rief Brân: „Bürger dieser Stadt, hört mich an: Ich weiß, dass der geplante Angriff auf den Mann, der uns unterjochen will, manchem von euch Angst macht. Ich weiß auch, dass so manches Herz schwer von Sorge ist. Aber noch heute Abend werde ich in die Wälder gehen, um etwas zuzubereiten, was uns allen Kraft geben wird. Etwas, was uns unbesiegbar macht, beim Esus!"

Arme wurden in den Himmel gereckt, Jubel brandete auf.

Leon sah, dass Vercingetorix strahlte. Aber er sah auch, wie Brunnix, der wieder aufgetaucht war, die Szene misstrauisch beäugte.

„Was wirst du denn zubereiten?", fragte Leon den Druiden.

Jetzt lachte Brân. „Das werde ich dir jetzt noch nicht auf die Nase binden. Aber was hältst du davon, wenn ich dich und deine Freunde mitnehme?"

Leon nickte eifrig.

Dann half er mit, Tische und Bänke um die allmählich niederbrennenden Feuer herum aufzustellen.

„Oh, Vesuna will auch noch etwas sagen", rief Kim plötzlich.

Die Seherin trug einen ihrer Käfige in die Mitte des Platzes.

„Lasst die heiligen Vögel zu uns sprechen!", rief sie den Menschen zu.

„Ja, ich will wissen, wie die Ernte dieses Jahr wird!", ließ sich ein stämmiger Bauer vernehmen.

„Und ich, wie der Kampf ausgeht!", brüllte ein Krieger.

Unter den neugierigen Blicken der Gallier öffnete Vesuna den Käfig. Eine Taube kletterte auf ihre ausgestreckte Hand und hob ab. Die Seherin schaute ihr nach. Kurz darauf war der Vogel verschwunden.

„Und?", erklang es aus vielen Mündern gleichzeitig.

Vesuna kostete die Aufmerksamkeit ein wenig aus. Dann sagte sie: „Die Taube flog Richtung Osten. Ein gutes Zeichen für unsere Ernten. Denn im Osten geht die Sonne auf. Und die Sonne ist das Symbol für das Licht und die Furchtbarkeit, bei Belenus!"

Wieder gab es allgemeinen Jubel, auch wenn Vesuna nichts über den Ausgang des drohenden Krieges gesagt hatte. Dann setzten sich alle an die Tische. Das Opferfleisch wurde gebraten und verzehrt, während das Bier in Strömen floss.

Kurz darauf brachen die Gefährten mit Brân auf. Kija sprang aufgeregt um die Beine des Druiden herum.

Melia komme nicht mit, erklärte der Druide, weil sie ihn das letzte Mal begleitet habe. „Diesmal seid ihr an der Reihe!", sagte er lächelnd.

Sie schlüpften durch eines der Tore und liefen auf den nahen Wald zu, der die Stadt umschloss.

Keine Frage, dachte Leon, Gergovia war gut zu verteidigen. Zwischen den ersten Bäumen und der Befestigung lagen überall mindestens zweihundert Meter. Jeder Angreifer, der sich aus dem Wald hervorwagte, würde sofort entdeckt werden.

Brân ging zügig voran und wählte, sobald sie den Waldsaum erreicht hatten, einen verschlungenen Pfad.

Leon fragte sich, ob sie die imposante Eiche sehen würden, durch die Tempus sie ins Reich der Arverner geschickt hatte. Vor allem aber fragte er sich, was Brân in diesem düsteren Wald suchte.

Unvermittelt blieb der Druide stehen.

„Psst", mahnte er eindringlich.

Die Gefährten hielten den Atem an. Leon schloss die Augen und lauschte in den Wald. Etwas raschelte. War das nur der Wind in den Ästen gewesen? Da spürte er etwas an seinen Beinen. Aber es war nur Kija, die sich an ihn drängte.

Brân deutete stumm auf die breiten Stämme links des Weges. Offenbar sollten sie sich dort verstecken.

Mit klopfenden Herzen gehorchten die Freunde. Leon verbarg sich hinter einer Buche. Was hatte der Druide gesehen? Wollte sie jemand angreifen? Leon starrte zurück zum Weg. War da ein Schatten gewesen? Der Junge war sich nicht sicher. Er bekam einen trockenen Mund.

Nun sah er, wie sich Brân aus der Deckung hervorwagte. Leon biss sich auf die Unterlippe. Das weiße Gewand des Druiden leuchtete regelrecht!

Und plötzlich waren sie da, wie aus dem Nichts: römische Legionäre mit ihren kurzen Schwertern! Sie stürmten auf die Gefährten und Brân zu.

Leon schrie auf, wandte sich um und rannte los. Ein großer, kräftiger Römer stellte sich ihm in den Weg und breitete grinsend die Arme aus. Leon schlug einen Haken, tauchte unter den Ästen einer Eiche hindurch, ließ den Grinser hinter sich und glaubte schon, den Angreifern entkommen zu können. Doch in diesem Moment richtete ein anderer Legionär sein *Pilum* auf ihn.

„Hier ist deine Reise zu Ende", sagte der römische Soldat kalt.

Das Verhör

Nachdem die Legionäre den Druiden und die Gefährten vergeblich nach Waffen durchsucht hatten, trieben sie ihre Gefangenen wie Vieh durch die hügelige, dicht bewaldete Landschaft. Man hatte ihnen die Hände hinter dem Rücken zusammengebunden.

„Wohin verschleppt ihr uns?", fragte Kim die Römer. Sie war wütend auf die brutalen Entführer. Gleichzeitig ärgerte es sie, dass sie sich hatten schnappen lassen. Wenigstens hatten die Römer keine Notiz von Kija genommen, die – zumeist verdeckt von hohem Gras – ganz in der Nähe neben ihnen lief.

„Das wirst du gleich sehen", erwiderte einer der Männer unwirsch.

Was sollte die Entführung? Kim ahnte, dass die Aktion dem Druiden galt. Hatten die Römer Gergovia heimlich beobachtet und nur darauf gewartet, dass Brân die Stadt verließ? Oder hatte ihn jemand verraten?

Als es dämmerte, erreichten sie das Lager der Römer, das, wie Kim schätzte, etwa zwei bis drei Kilometer von Gergovia entfernt lag. An den Torwachen vorbei betraten sie das Innere. Kim erkannte schnell, dass dieses Lager dem glich, das sie während ihres Abenteuers kurz vor der Varus-Schlacht kennengelernt hatten. Auch in dieser gewaltigen Zeltstadt herrschte eine perfekte Ordnung. Es gab eine Längsstraße, die Via Praetoria, die genau in der Mitte auf die Querstraße, die Via Principalis, traf. Rechts und links der Straßen standen in exakt gleichem Abstand die Zelte der Legionäre.

Auf einem geräumigen Platz fochten Soldaten mit ihren Schwertern. Andere schleuderten ihre *Pila* auf Stoffsäcke. Es war unverkennbar, dass die Römer für einen bevorstehenden Kampf trainierten.

„Mann, ist hier viel los!", sagte Kim.

„Allerdings!", zischte der Legionär neben ihr. „Immerhin sind hier derzeit zwei *Legionen* untergebracht, nämlich die fünfte und die achte."

Wollten die Römer etwa Gergovia angreifen? Kim bekam eine Gänsehaut.

Die Legionäre führten ihre Gefangenen an einem besonders großen Prunkzelt vorbei, vor dem zwei Feldzeichen mit den vergoldeten Legionsadlern aufgestellt worden waren und bewacht wurden.

Das ist bestimmt das *Praetorium*, das Reich von Julius Caesar, dachte Kim.

Kurz darauf gelangten sie zu einem weitaus bescheideneren Zelt und wurden dort hineingeschubst. Ein schlaksiger *Zenturio* mit Pferdegebiss namens Lucius und ein weiterer Soldat übernahmen die Bewachung.

„Gleich werdet ihr verhört", kündigte Lucius an und lächelte schief. „Von Julius Caesar persönlich!" Dann verzog er das Gesicht. „Oh, diese Zahnschmerzen!"

Kim wechselte Blicke mit ihren Freunden. Caesar? Dann

schien der Druide den Römern ja wirklich ganz besonders wichtig zu sein!

Da hob sich wie von Geisterhand die Zeltbahn ein Stück und Kija schlüpfte hinein. Sie gab allen Köpfchen und verkrümelte sich dann hinter eine Holztruhe.

Brân begann, unruhig in dem geräumigen Zelt auf und ab zu wandern. „Das hätte nicht passieren dürfen", murmelte er vor sich hin. „Jetzt haben die Römer uns als Geiseln. Vercingetorix ist erpressbar – durch meine Schuld!"

Gerade, als Kim etwas erwidern wollte, wurde die Zeltbahn am Eingang zurückgeschlagen. Ein schlanker, großer Mann Mitte vierzig erschien, der von zwei Leibwächtern begleitet wurde. Er trug eine schneeweiße *Tunika*, die ihm bis zu den Knien reichte und deren goldfarbener Saum mit hellroten Fäden verziert war. Seine prächtige Rüstung bestand aus goldenen Beinschienen und einem Brustpanzer mit verschnörkelten Verzierungen. An den Händen trug er je drei hübsche Ringe mit Edelsteinen und an den Unterarmen breite Goldreifen. In das kurz geschorene Haar des Mannes hatten sich erste graue Strähnen geschlichen. Er hatte eine hohe Stirn, metallgraue Augen, eine recht lange, kräftige Nase und ein breites Kinn. Auf den Lippen lag ein angedeutetes, etwas überhebliches Lächeln.

Julius Caesar!, durchfuhr es Kim. Das muss er sein!

„*Ave!*", sagte der Mann gedehnt.

Der Druide nickte ihm nur kurz zu und verschränkte die Arme vor der Brust. „Julius Caesar, welch eine Ehre. Hat es die ruhmreiche römische Armee jetzt schon nötig, einen unbewaffneten Mann und drei Kinder zu entführen?"

„Spar dir deinen Spott", entgegnete Caesar kühl. „Du bist nicht irgendein Mann, du bist der Druide der Arverner. Genau deshalb bist du hier. Und es liegt an dir, ob du dein Volk jemals wiedersehen wirst ..."

Kims Magen krampfte sich zusammen.

„Nein, das liegt in der Macht der Götter", widersprach Brân.

Caesar überging den Einwand. „Lassen wir das Geplänkel. Ich möchte wissen, was du zubereiten willst. Du weißt schon, dieses Zeug, das deine aufrührerischen Freunde angeblich stärker machen soll. Unbesiegbar, wie man hört."

Der Druide schüttelte nur den Kopf.

Caesar zog verärgert eine Augenbraue hoch. „Tu nicht so, als wüsstest du nicht, wovon ich rede!", herrschte er Brân an. „Du warst vorhin im Wald, um die Zutaten zu sammeln."

Kims Gedanken rasten. Woher wusste Caesar das?

„Wir haben jemanden in euren Reihen, der uns informiert", sagte Caesar leise und eindringlich. „Wir kennen jeden Schritt von euch Galliern. Und du wirst uns dein Geheimnis verraten, Druide. Das verspreche ich dir!"

Einer der Leibwächter deutete auf sein Kurzschwert. „Sollen wir die Sache übernehmen, edler Caesar?"

„Nein, noch nicht", sagte dieser, „denn ..."

„Ein weiser Entschluss", fiel Brân ihm ins Wort. „Denn tot bin ich für euch Römer ziemlich wertlos."

Caesar knirschte hörbar mit den Zähnen. „Das werden wir ja sehen. Ich gebe dir bis zum Morgengrauen Zeit. Bleibst du stur, werden wir das Verhör mit anderen Mitteln fortsetzen – und dann wirst du reden, das schwöre ich dir."

Er machte auf dem Absatz seiner goldenen Sandalen kehrt und verließ mit seiner Leibwache grußlos das Zelt.

Kim linste heraus und schaute geradewegs in das Pferdegesicht von Lucius.

„Vergiss es, Kleine. Hier stehen mein Freund Marius und ich. Und ihr bleibt da drin. Wenn ich deine neugierige Nase noch ein Mal sehe, werden wir euch fesseln und knebeln. Denn ich habe ziemlich schlechte Laune wegen dieser verdammten Zahnschmerzen."

„Schon gut", sagte Kim schnell und zog sich wieder ins Zeltinnere zurück.

„Wer ist der Verräter in Gergovia?", platzte sie drinnen heraus.

Der Druide hob nur müde die Schultern.

„Brunnix!", beantwortete Kim ihre eigene Frage, während sie Kija auf den Arm nahm.

„Aber warum sollte er Brân verraten?", fragte Julian. „Er hat doch Streit mit Vercingetorix."

„Eben", argumentierte Kim im Flüsterton. „Und indem er Brân ans Messer liefert, schwächt er Vercingetorix. Ist doch logisch: Brân unterstützt Vercingetorix' Aufstandspläne, er ist ein wichtiger Berater. Und er will etwas zubereiten, was den Galliern noch mehr Kräfte verleiht. Fällt Brân aus, ist auch Vercingetorix angeschlagen."

„Aber durch den Verrat würde Brunnix ja nicht nur Vercingetorix, sondern auch allen anderen Galliern schaden …", gab Leon zu bedenken.

„Na und?", erwiderte Kim. „Ich hatte beim Fest des Lichts nicht den Eindruck, als habe Brunnix noch irgendwelche

Freunde. Wir müssen hier ganz schnell raus und Vercingetorix warnen!"

„Nur wie?", fragte Julian.

Darauf wusste auch Kim keine Antwort.

„Mich würde mal interessieren, was Caesar vorhat", sagte
sie stattdessen. „Für mich sah es so aus, als würden sich die
Legionäre auf einen Kampf vorbereiten."

Da meldete sich der Druide zu Wort. „Ja, das sollten wir
herausfinden. Ich habe auch schon eine Idee, wie wir das anstellen können …"

Eine ganz spezielle Behandlung

Julian sah Brân herausfordernd an. „Da bin ja mal gespannt!"

Der Druide lächelte verschmitzt und ging zum Zelteingang.

„Ihr sollt da drinbleiben", hörte Julian die ärgerliche Stimme von Lucius. „Ich habe jetzt die Nase voll und werde euch …"

„Hat der Arzt sich schon deinen Zahn angeschaut?", fragte Brân sanft.

„Der Arzt? Nein. Ich hatte noch keine Zeit, zu ihm zu gehen. Schließlich muss ich hier Wache schieben. Aber sag mal, du bist doch Druide. Man erzählt sich, dass ihr Druiden auch Ärzte seid und euch gut mit Kräutern und so einem Zeug auskennt."

„Du sagst es", erwiderte Brân. „Wenn du willst, schaue ich mir deinen Zahn mal an."

Schon erschien der Zenturio im Zelt und Kija sprang in letzter Sekunde wieder hinter die Truhe.

„Marius wird das Zelt bewachen, das reicht", sagte Lucius, als plage ihn ein schlechtes Gewissen, weil er seinen Posten verlassen hatte.

„Setz dich da hin", forderte der Druide den Römer auf und deutete auf die Truhe.

Lucius ließ sich auf der Truhe nieder und öffnete sein Pferdegebiss weit, damit Brân ihm in den Mund schauen konnte.

„Auweia", sagte der Druide mit gespieltem Entsetzen. „Das sieht gar nicht gut aus! Der Backenzahn da hinten ist ja vollkommen …"

Lucius' Mund schnappte zu. „Was?", fragte der Römer voller Angst.

„Er ist, ehrlich gesagt, eine Ruine. Eine verrottete, stinkende, schwarze Ruine, um genau zu sein. Der Zahn muss raus, sofort."

Der Kehlkopf des Zenturios begann zu hüpfen wie ein Jojo. „Raus, meinst du, ganz raus?"

Der Druide nickte. „Ja, den müssen wir pflücken wie einen faulen Apfel." Er legte seine Hand auf die Schulter des Römers. „Aber keine Angst, ich werde dir vorher etwas geben. Ein paar Kräuter, die den Schmerz lindern. Vorher musst du mir aber noch eine kleine Zange und einen Becher mit warmem Wasser besorgen."

Während Lucius das Gewünschte organisierte, kramte Brân einige Kräuter aus dem Beutel, den er am Gürtel trug.

„Was hast du vor?", fragte Julian wissbegierig.

Der Druide lächelte geheimnisvoll. „Das wirst du gleich sehen!"

Dann war der Zenturio wieder da. Brân ließ die Kräuter ins Wasser rieseln und flößte Lucius das Gebräu ein. Draußen schob Marius weiter allein Wache.

„Jetzt müssen wir nur ein wenig warten, bis die Wirkung des Tranks eintritt", sagte der Druide.

Julian beobachtete den Legionär genau. Unvermittelt hellte sich dessen angespanntes Gesicht auf. Er lächelte dümmlich.

„Die Schmerzen sind wie weggeblasen", verkündete er heiter und begann, den Oberkörper sanft hin und her zu wiegen. „Ich fühle mich so leicht, als könnte ich fliegen." Er gluckste albern.

Ist der Mann betrunken?, fragte sich Julian unwillkürlich. Was hatte Brân da nur zusammengebraut?

Der Druide setzte sich neben den Zenturio und legte ihm freundschaftlich einen Arm um die Schultern. „Jetzt geht es dir richtig gut, nicht wahr?"

Der Römer nickte eifrig.

„Du bist vollkommen entspannt und unterhältst dich mit mir", fuhr Brân leise fort.

Wieder ein freudiges Nicken.

„Du bist hier, weil du gegen die Gallier kämpfen sollst. Ihr wollt sie unterwerfen."

„Ja!"

„Und deshalb plant ihr einen Angriff auf Gergovia, oder?"

Julian hielt die Luft an. Brân hatte begonnen, den Zenturio auszuhorchen! Hoffentlich ging das gut!

Endlose Sekunden verstrichen. Dann nickte Lucius.

Der Druide warf einen raschen, triumphierenden Blick zu den Gefährten hinüber.

„Ja, Strafe muss sein. Die Gallier müssen schließlich erfahren, dass sich ein Aufstand nicht lohnt …", sagte Brân.

„Genau!"

„Und du weißt sicher auch, wann ihr zuschlagen werdet", setzte der Druide nach.

Der Römer schnaufte. „Ja," sagte er dann nach erneutem kurzen Zögern, „in drei Tagen."

Brân lächelte. „War nett mit dir zu reden, Lucius, aber jetzt werde ich mich um deinen Zahn kümmern."

Der Zenturio lächelte unsicher. Seine Augen waren halb geschlossen. Dann sperrte er wieder sein großes Gebiss auf.

Der Druide nahm die Zange und machte sich an die Arbeit.

„Ah, da haben wir ja den alten Stinker", sagte er und riss die Hand schräg nach oben.

Lucius zuckte jäh zusammen.

„Alles gut, mein Freund", rief Brân ihm zu und präsentierte ihm den herausgerissenen Backenzahn. „Jetzt bist du von den Schmerzen befreit. Aber bleib noch ein wenig sitzen und ruh dich aus."

Der Zenturio gehorchte.

Nach wie vor beobachtete Julian ihn genau. Dabei bemerkte er, wie Lucius allmählich wieder klar im Kopf wurde. Das dämliche Grinsen verschwand und er hörte auf, mit dem Oberkörper zu schwanken. Seine Schultern strafften sich.

Schließlich sah er sich irritiert um. „Was ist …"

„Ich habe deinen Zahn gezogen und dir vorher ein Schmerzmittel gegeben", sagte der Druide.

Der Römer erhob sich. „Äh, gut. Und danke. Es tut kaum noch weh." Er ging zum Ausgang. Dort hielt er inne und drehte sich noch einmal um. „Haben wir uns nicht auch unterhalten?"

Der Druide lächelte ihm zu. „Nein, das war kaum möglich. Dein Mund stand während der Behandlung die ganze Zeit offen."

„Ja, natürlich", entgegnete Lucius und verließ das Zelt.

„Was hast du ihm ins Wasser gemischt?", wollte Julian augenblicklich von Brân wissen.

„Oh, das war eine spezielle Pilzmischung. Sie besteht aus zerstoßenen Samthäubchen, Dachpilzen und Tintlingen. Gemeinsam haben die Pilze eine bemerkenswerte Wirkung: Sie berauschen die Leute und machen sie redselig. Und nach einer gewissen Zeit kann man sich an nichts mehr erinnern", erläuterte der Druide grinsend.

„Irre!", entfuhr es Julian. „Jetzt wissen wir, was die Römer vorhaben und können …"

Weiter kam er nicht. Denn draußen wurden Schreie laut. Trompetensignale erklangen.

„Hört sich ganz so an, als würde das Lager angegriffen", rief Brân atemlos. „Vielleicht will Vercingetorix uns befreien!"

Julian stürzte zum Zelteingang.

„Bleib da drinnen!", blaffte Lucius ihn an.

Aber Julian hörte nicht auf ihn. Das ganze Lager war in Aufruhr, Kommandos wurden geschrien und Soldaten stürmten zur Palisade. Dort sah der Junge Flammen züngeln.

„Rein mit dir!", fauchte der Zenturio nervös und gab Julian einen groben Stoß.

Da sauste ein brennender Pfeil ins Zeltdach. Rasch fanden die Flammen Nahrung.

„Wir sitzen in der Falle, wir müssen hier raus!", schrie Julian.

Schon kam Lucius herein. „Marius holt Wasser zum Löschen, ich bringe euch in ein anderes Zelt!", rief er hektisch.

Ein brennender Tuchfetzen fiel auf die Truhe und scheuchte Kija auf. Wie der Blitz schoss sie zum Eingang.

„Woher kommt die Katze?", schrie der Zenturio, um sogleich zu ergänzen: „Ist jetzt auch egal, wir haben ganz andere Sorgen!"

In dieser Sekunde schlug der Druide zu. Es war ein wunderschöner Aufwärtshaken unter das Kinn des Zenturios, der ihn augenblicklich ins Reich der Träume schickte.

„Nicht schlecht!", rief Leon anerkennend.

Der Druide schlüpfte in Windeseile in die Rüstung des Römers, die ihm nur unwesentlich zu klein war.

Dann rannten sie aus dem Zelt, kurz bevor es brennend zusammenbrach. Von Marius war nichts zu sehen. Auch sonst schenkte ihnen niemand Beachtung. Alle Legionäre liefen zu ihren Verteidigungsposten an der Palisade. Unterdessen flogen weitere Brandpfeile ins Lager. Einige andere Zelte standen bereits in Flammen. Pferde brachen aus einer Koppel aus und stoben durch die Zeltstadt. Es herrschte das totale Chaos.

„Wohin?", rief Leon ratlos.

Julian sah sich hektisch um. Ein hässliches Krachen ertönte, dann stürzte ein kleiner Teil der Befestigungsanlage links von ihnen ein und gallische Krieger stürmten hindurch – in der Palisade war ein Loch entstanden!

„Das ist unsere Chance!", rief Julian und rannte auch schon los.

An den zurückweichenden Römern vorbei flitzten die Freunde und Brân auf die Bresche zu und wurden von den gallischen Kriegern in Empfang genommen.

„Vercingetorix!", rief Brân begeistert. „Bist du …"

„Keine Zeit, wir müssen uns rasch zurückziehen. Der Angriff ist nur eine Finte, um dich und die Kinder zu befreien. Schnell, weg hier!"

Ernte bei Vollmond

Vercingetorix hatte bei der Scheinattacke keinen einzigen Mann verloren. Entsprechend zufrieden saß der Anführer der Arverner später in seinem Haus, einen großen Krug Bier in der Hand. Zusammen mit Vesuna lauschte er dem Bericht von Brân und den Gefährten.

Je länger er allerdings zuhörte, desto mehr wich die Zufriedenheit aus seinem Gesicht.

„Ein Verräter in unseren Reihen, das hätte ich nie für möglich gehalten!", zischte Vercingetorix schließlich.

„Ja, leider", bestätigte Leon. „Caesar selbst hat von ihm gesprochen." Dann erwähnte er ihren Verdacht gegen Brunnix.

„Und ihr seid euch sicher, dass Caesar einen Angriff plant?", fragte der Fürst.

Brân nickte. „Zwei Legionen stehen bereit. Der Zenturio hat es ausgeplaudert." Dann erzählte er von der Spezialmischung, die er dem Römer verabreicht hatte.

„Nun", sagte Vesuna nachdenklich, „der Römer könnte auch dummes Zeug gefaselt haben. Er war schließlich nicht recht bei Sinnen, als er von dem Angriff sprach …"

Vercingetorix nahm einen großen Schluck. „Da hat Vesuna leider Recht. Womöglich plant Caesar etwas ganz anderes."

„Das glaube ich nicht", sagte der Druide leicht verstimmt. „Warum sollte dieser Römer sich das Ganze ausdenken?"

Doch es gelang ihm nicht, die Zweifel des Fürsten zu zerstreuen.

„Wir werden noch wachsamer sein müssen", sagte Vercingetorix. „Und natürlich hoffe ich, dass Litaviccus bald mit seinen Kriegern zu uns stößt. Dann sieht die Sache schon wieder ganz anders aus. Und jetzt schafft diesen Brunnix heran!"

Wenig später stand der Barde verschlafen vor dem Fürsten. Vercingetorix verhörte ihn streng. Doch Brunnix beteuerte, nichts mit dem Verrat zu tun zu haben. Der Fürst glaubte ihm nicht, hatte jedoch auch nichts gegen ihn in der Hand. Schließlich jagte er ihn wütend aus dem Haus. Dann zogen sich alle zum Schlafen zurück.

Der nächste Tag verlief ohne besondere Zwischenfälle. Die Gefährten und Melia lauschten wieder dem Unterricht ihres Lehrmeisters.

Heute unterwies Brân sie in der Bedeutung der gallischen Feiertage. „Beltane habt ihr gestern kennengelernt. Damit feiern wir den Beginn der warmen Jahreszeit. Ihr Ende markiert *Samhain*, das Fest der Toten. Es bedeutet den Beginn von Kälte und Dunkelheit."

Unwillkürlich begann Julian zu frösteln.

„In dieser Nacht werden alle Lichter gelöscht. Die Toten und die Götter mischen sich unter die Menschen und spielen ihnen manchmal grausame Streiche", fuhr der Druide fort. „Um sie zu besänftigen, spielen zwei Druiden bei völliger Dunkelheit eine symbolische Hochzeit nach."

Julian lauschte mit offenem Mund.

„Dabei vermählen sich der Waldgott *Sucellus* und die Göttermutter *Morrigan*. Erst danach werden wieder Lichter entzündet, um die bösen Geister zu vertreiben", sagte Brân. „Bei Sucellus fällt mir ein: Heute Nacht werden wir alle zum Baum der Bäume gehen und das holen, was ich noch brauche, um den Zauber auszuführen!"

„Ist das nicht ein wenig gefährlich?", fragte Julian, der mit Schrecken an den Überfall der Römer im Wald zurückdachte.

„Gefährlich? Vielleicht, aber vor allem ist es notwendig", wischte der Druide seine Bedenken beiseite. „Außerdem werden wir erst losgehen, wenn es ganz dunkel ist. Die Römer werden uns nicht sehen."

Als die Gefährten gegen Mitternacht mit Brân und Melia das Haus des Druiden verließen, goss der Vollmond sein weißes Licht über Gergovia. Nur vereinzelte Wolken zogen über den Himmel.

Auf Julian wirkte der Druide in seinem wallenden weißen Gewand wie ein großes Gespenst.

Stumm und ernst schritt Brân auf das Stadttor zu. Die Wachen öffneten das Tor einen Spalt, und der kleine Trupp verließ den Schutz der Mauern.

Julian hielt sich dicht bei seinen Freunden. Sein Blick huschte über den kahlen Hügel. Wurden sie schon beobachtet oder vielleicht sogar erwartet? Hockten die Römer im Schutz des Waldes und zogen bereits die Schwerter?

Erst als sie den Saum des Waldes erreichten und niemand dort lauerte, atmete er erleichtert auf.

„Hier entlang", wisperte der Druide und führte sie auf einen schmalen Pfad, den Julian glatt übersehen hätte.

Brân ging voran. Er zögerte keinen Moment, schien sein Ziel genau zu kennen.

Nach etwa einer Viertelstunde lichtete sich der Wald, und sie standen vor einem Teich, in dem sich das Mondlicht spiegelte. Es herrschte eine beinahe heilige Stille.

Kija hockte sich an das Ufer des Sees und starrte auf dessen wie blank polierte Oberfläche.

„Da ist sie ja schon", sagte der Druide gedämpft und deutete auf eine kräftige *Steineiche*.

„Der Baum der Bäume", hauchte Melia.

„Du sagst es", erwiderte Brân und zog eine goldene Sichel unter seinem Gewand hervor. Dann erklomm er mit erstaunlicher Geschwindigkeit die Eiche.

„Öffne das Tuch, Melia!", ordnete er kurz darauf von oben an.

Das Mädchen gehorchte.

Leon, Kim und Julian sahen sich überrascht an: Was kam denn jetzt?

Der Druide warf etwa zwanzig Zentimeter lange Zweige mit kleinen Blättern und Beeren vom Baum herunter.

„Das sind Misteln", erklärte Melia. „Sie sind den Druiden heilig."

„So ist es", erklang es aus der Krone der Eiche. „Die Misteln brauche ich für meinen Zauber! Und nur in einer klaren Vollmondnacht darf ich sie mit meiner goldenen Sichel ernten."

Der Druide kletterte behände wieder vom Baum herab und

begutachtete seine Ernte in Melias Tuch. „Gut, beim Esus",
sagte er ruhig. „Wir können wieder zurück nach Gergovia.
Jetzt bin ich gerüstet!"

Hoffentlich kommen wir heil dort an, dachte Julian bei
sich, bevor er sich den anderen anschloss.

Kaum hatten sie den Teich verlassen, vernahmen sie ein
Geräusch, das ihnen das Blut in den Adern gefrieren ließ. Es
war ein langes, klagendes Heulen.

„Was ... was war das?", fragte Julian bibbernd.

„Vielleicht ein Wolf", erwiderte Leon atemlos.

„Ja, oder ein streunender, hungriger Hund", sagte Brân.
„Aber das macht keinen Unterschied. Los, schneller!"

So stolperten sie den Pfad entlang. Das Heulen wurde
lauter.

„Das Vieh kommt näher!", rief Leon.

Abrupt blieb der Druide stehen.

„Stimmt, und wir sind zu langsam. Wir müssen uns bewaff-
nen!" Er suchte den Boden mit den Augen ab. Schon lag ein
dicker Knüppel in seiner Hand.

Da sprang etwas hinter ihnen auf den Weg. Es war groß,
struppig, hatte gelbe Augen – und offensichtlich auch ziemlich großen Hunger.

Der Spion

Während die Gefährten und Melia wie gelähmt dastanden, schwang Brân den Knüppel und schlug nach dem riesigen Hund. Knurrend wich das Tier aus, duckte sich und kam auf den Druiden zu. Sabber tropfte von seinen gebleckten Zähnen.

In dieser Sekunde fauchte Kija. Der Hund brach die Attacke gegen Brân ab und wandte sich nun der hübschen Katze zu.

„Kija!", schrie Kim angsterfüllt.

Doch Kim brauchte sich keine Sorgen zu machen – Kija verpasste dem Hund mit ausgefahrenen Krallen einen Hieb auf die Nase. Das Vieh wandte sich ab und verschwand winselnd im Unterholz.

„Nicht schlecht, so eine Katze hätte ich auch gerne!", sagte der Druide lachend.

Kija drängte sich schnurrend an seine Beine.

„Aber jetzt kommt", rief Brân, „wir müssen schnell zurück!"

Ohne weitere Zwischenfälle erreichten sie wenig später das Haus des Druiden.

„Ab ins Bett mit euch", ordnete der Druide an. „Morgen ist ein wichtiger Tag."

Doch am nächsten Morgen gab es eine Enttäuschung. Nach dem Frühstück schickte Brân die Gefährten und Melia aus dem Haus.

„Die Zusammensetzung der Kräutermischung, die ich zubereiten werde, ist streng geheim", begründete er seine Entscheidung.

Alle Proteste halfen nichts, der Druide blieb hart. „Ich rufe euch, sobald ich fertig bin."

„So ein Pech! Ich hatte gehofft, Brân über die Schulter schauen zu dürfen", sagte Kim verschnupft, als sie draußen standen. Es war ein milder Morgen, die Sonne schickte ihre ersten Strahlen über Gergovia.

„Ich auch", gestand Melia. „Aber das passiert mir öfter. Brân weiht mich nicht in alle Geheimnisse ein. Doch irgendwann wird der Zeitpunkt kommen, zu dem er mich für würdig genug hält."

Kein Wunder, dass die Druidenausbildung zwanzig Jahre dauert, dachte Kim.

Die nächsten zwei Stunden streiften sie durch die Stadt. Schließlich kamen sie wieder zu Brâns Haus zurück. Da geriet die Werkstatt eines Töpfers in Kims Blickfeld.

„Dem Mann würde ich gerne mal zuschauen", sagte Kim.

„Warum nicht, schließlich ist er kein Druide. Da dürfen wir das", erwiderte Melia lachend.

Der Handwerker hockte vor seiner rotierenden Töpferscheibe und formte gerade eine dünnwandige Schale. Er schaute kurz hoch und lächelte die Kinder an. Neben ihm saß seine Frau an einem Tisch und bemalte einen weiß grundierten Becher mit einem roten Halbmond-Muster. Andere Gefäße, die auf einem einfachen Holzregal zum Verkauf ausgestellt waren, hatten als Verzierungen Wellen oder Zickzacklinien. Und schließlich gab es noch komplett grauschwarze Behältnisse, die edel glänzten.

„Wie bekommt ihr diesen schönen Glanz hin?", fragte Kim.

„Ja, das ist eine Besonderheit aus Gergovia", entgegnete der Töpfer. „In der letzten Phase des Brennens legen wir feuchtes Holz in den Ofen und verschließen alle Abzugslöcher sowie das Schürloch – das ergibt diesen herrlichen Glanz."

Wow, das muss ich mir merken, dachte Kim, die in Siebenthann schon an einigen Töpferkursen teilgenommen hatte.

„Übrigens sind unsere Töpfe feuerfest", ergänzte die Frau stolz. „Wir verkaufen sie in ganz Gallien und sogar bis nach Rom."

Gerade, als Kim noch etwas fragen wollte, maunzte Kija.

„Interessiert dich wohl nicht", sagte Kim lächelnd zu ihr und kauerte sich neben sie.

„Vielleicht sollten wir ein bisschen Fußball mit ihr spielen", schlug Leon vor. Schließlich war Kija als Torwart kaum zu überwinden. Und ein Ball ließ sich aus ein paar Lumpen jederzeit leicht herstellen.

„Fußball?", fragte Melia mit großen Augen. „Wie geht das?"

Doch Kim erkannte, dass Kija keinerlei Interesse an Ballsportarten jeglicher Art hatte. Die Augen der klugen Katze waren auf Brâns Haus gerichtet und ihre Ohrmuscheln nach vorn gedreht.

Nun schaute auch Kim zum Haus des Druiden hinüber. Sie erschrak. Da war doch gerade jemand hinter das Gebäude gehuscht, oder nicht? Jetzt blieb ein dicker Mann genau vor Kim stehen und beäugte die ausgestellten Waren vor der Töpferwerkstatt.

Das Mädchen veränderte seine Position und spähte erneut zu Brâns Haus hinüber. Niemand war zu sehen. Hatte sie sich geirrt?

Sekunden später zerstreute Kija alle Zweifel. Wie ein Blitz schoss die Katze auf das runde Haus zu.

„Ihr nach", rief Kim und flitzte Kija hinterher. Die anderen folgten ihr.

Die Katze lief auf den rückwärtigen Eingang von Brâns Haus zu. Dann wurde sie langsamer und schlich schließlich geduckt vorwärts.

Die Gefährten und Melia kamen auf Zehenspitzen nach. Ein grob gezimmerter Schuppen und ein kleiner Vorratsspeicher tauchten auf, die dem Hintereingang gegenüberlagen.

Kija stoppte.

Kim beugte sich ein wenig vor und sah jetzt den Hintereingang, dessen Tür lediglich ein dickes Wolltuch bildete.

Sie erstarrte. Dort stand jemand, hatte das Tuch ein wenig zur Seite geschoben und lugte heimlich in Brâns Reich! Und diesen Jemand kannte sie – es war Brunnix!

In diesem Moment schaute der Barde in ihre Richtung. Augenblicklich wurde er totenbleich. Er ließ den Vorhang los und rannte weg.

„Alarm!", schrie Kim. „Ein Spion!"

Der Druide schoss aus seinem Haus. „Was, wer, wie?", fragte er verdattert.

„Brunnix hat dich ausspioniert!", rief Kim empört.

„Nicht zu fassen!", tobte Brân. „Bestimmt wollte er heraus-finden, woraus meine geheime Mixtur besteht!"

„Was höre ich da?", erklang in diesem Moment die Stimme von Vesuna. „Brunnix hat sich in dein Haus geschlichen, Brân?"

„Nicht direkt", korrigierte Kim und berichtete erneut kurz von ihren Beobachtungen.

Währenddessen bildete sich ein Menschenauflauf. Alle redeten aufgeregt durcheinander.

Vesuna klatschte in die Hände und sorgte damit für Ruhe. „Du musst sofort Vercingetorix benachrichtigen", sagte sie zu Brân. „Der Verräter Brunnix muss geschnappt werden."

„Ja", stimmte der Druide ihr zu, „auch wenn Brunnix nicht viel gesehen haben dürfte. Meine Kräutermischung ist schon im Kessel über dem Feuer. Bleib du hier, Vesuna, und halte die Leute von meinem Haus fern." Dann wandte er sich an drei kräftige Männer: „Sorgt dafür, dass Brunnix Gergovia nicht verlässt. Gebt den Wachen an den Toren Bescheid!"

Anschließend rannte er mit den Gefährten und Melia zum Fürsten.

Vercingetorix' Augen funkelten zornig, sobald er im Bilde war. „Ich habe es ja gesagt, beim Teutates, diesem Kerl ist nicht zu trauen. Aber ich hätte nicht geglaubt, dass er so weit gehen würde. Der Vorfall hat allerdings einen gewissen Vor-teil: Wir wissen nun zweifelsfrei, wer der Spion ist!" Sein Blick wanderte zur Tür. „Ah, Vesuna …"

„Habt Ihr schon eine Spur von Brunnix, edler Fürst?", fragte die Seherin.

„Nein, der elende Verräter kann allerdings nicht weit sein. Die Tore werden schließlich bewacht. Brunnix wird Gergovia nicht verlassen können. Ich verlange, dass die Stadt durchkämmt wird, bis Brunnix geschnappt worden ist. Ich muss ihn verhören."

Vesuna schürzte die Lippen. „Warum fangen wir nicht in seinem Haus an? Womöglich hat er sich dort irgendwo verkrochen."

Das konnte sich Kim überhaupt nicht vorstellen. Doch sie schwieg.

Der Fürst sprang auf, stürmte aus seinem Haus und trommelte einige Krieger zusammen. Es wurden verschiedene Suchtrupps gebildet, die die Stadt durchforsten sollten.

Der Fürst selbst setzte sich an die Spitze des kleinen Zuges, der zum Haus des Barden lief. In seinem Schlepptau waren neben den Gefährten auch Brân, Melia und Vesuna.
Gemeinsam stellten sie das große und ziemlich verwinkelte Haus des Barden auf den Kopf.

Zeitverschwendung, dachte Kim. Er wird nicht hier sein. Doch da miaute Kija laut und vernehmlich. Sie stand vor einer Truhe in der Nähe der Feuerstelle.

„Na, da drin wird Brunnix wohl kaum stecken." Kim lachte. „Da passt er niemals hinein."

Aber Kija ließ nicht locker, sprang auf den Deckel der Truhe und kratzte mit den Krallen darüber.

Da ging Kim ein Licht auf. Sie winkte Leon und Julian heran.

„Ob da etwas drin ist, was uns weiterführt?", fragte sie, während sie vorsichtig den schweren Deckel anhob und in die Truhe spähte.

Ihr blieb kurz die Luft weg.

„Seht nur, ein schwarzes Gewand! So etwas trugen doch die Vermummten in der Nacht vor Beltane!", rief sie. „Gut gemacht, Kija!"

Sofort stürzten Vercingetorix, Melia und die Seherin Vesuna herbei.

„Dann hat der Barde also in einem dieser Mäntel gesteckt", sagte der Fürst dumpf. „Er hat Stimmung gegen den Aufstand machen wollen. Das passt zusammen. Brunnix war schließlich immer dagegen, dass wir uns gegen Caesar erheben. Also, wenn es noch eines letzten Beweises bedurft hätte, dass er der Spion ist …"

Kim zog ihre Freunde aus der Hörweite der anderen. „Mir ist das alles ein bisschen zu dick aufgetragen", wisperte sie.

„Wie meinst du das?"

„Nun ja, es ist alles so furchtbar eindeutig, so klar …"

Leon hob die Schultern. „Sei doch froh."

Kim verzog das Gesicht. „Ich weiß nicht, irgendetwas stört mich an der Sache …"

Julian schüttelte den Kopf. „Du hast doch selbst gesehen, wie Brunnix heimlich in Brâns Haus geschaut hat. Er wollte das Rezept ausspionieren. Und auch Caesar war hinter dem Rezept her. Ich sage dir: Brunnix ist Caesars Informant, er ist der Verräter."

Vor dem Haus wurden Stimmen laut.

„Bleib stehen, verflucht noch mal!", brüllte jemand.

Die Freunde liefen vor die Tür. Dort sahen sie, wie Brunnix vor einer Gruppe Verfolger floh. Der Barde rannte schnurstracks in die Richtung, in der Brâns Haus lag.

„Ihm nach!", rief Kim und sauste los.

Brunnix hetzte in einem beachtlichen Tempo die Gasse entlang. Einen Mann, der sich ihm ihn den Weg stellte, schubste er beiseite. Dann jagte er an der Werkstatt des Töpfers vorbei. Die Krieger waren dicht hinter ihm, bekamen ihn aber nicht zu fassen.

„Moment mal", rief Kim schnaufend und bremste vor dem Regal des Töpfers.

„Nein, tu das nicht!", schrie der Handwerker, der offensichtlich ahnte, was Kim vorhatte.

Doch Kim hatte sich schon einen handlichen Topf geschnappt, zielte und feuerte ihn dem Fliehenden hinterher.

Es war ein wunderbar platzierter Wurf, der Brunnix genau am Unterschenkel traf. Prompt geriet der Barde ins Straucheln, stürzte und wurde überwältigt.

„Kein schlechter Wurf", sagte Leon.

„Tja, in Sport hatte ich schließlich schon immer eine Eins", antwortete Kim. Aber so richtig freuen konnte sie sich über diesen Treffer nicht.

Die Krieger schleiften Brunnix zu Vercingetorix.

„Was soll das alles?", jammerte der Barde. „Ich habe doch gar nichts getan!"

„Von wegen! Du hast versucht, Brân heimlich zu beobachten. Dann wolltest du das Rezept an Caesar verraten!", blaffte Vercingetorix ihn an.

Brunnix sank auf die Knie. „Nein, niemals. Ich war doch nur neugierig."

„Und das schwarze Gewand, das wir bei dir gefunden haben? Wie erklärst du dir das?"

Der Barde schüttelte den Kopf. „So etwas besitze ich nicht!"

„Die nächste Lüge!", brüllte Vercingetorix. „Wir haben es bei dir gefunden!"

Er gab seinen Männern ein Zeichen. „Ich kann dieses verlogene Gestammel nicht mehr ertragen. Sperrt den Schurken ein."

Das Ritual

Am Nachmittag rief Brân die Gefährten und Melia in sein Haus. „Nun ist es gleich so weit", sagte der Druide. Dabei umspielte ein Lächeln seine Lippen.

„Prima!", rief Julian und wagte einen zweiten Anlauf, das Geheimnis des Druiden zu lüften. „Verrätst du uns jetzt, was du da zusammengebraut hast?"

„Vielleicht später einmal", wich Brân aus. „Bringt bitte den Kessel zum Platz vor Vercingetorix' Haus – und ruft alle Krieger zusammen. Sie sollen ihre Schwerter, Schilde und Pferde mitbringen!"

Während Leon und Julian den großen Kessel zum Platz schleppten, trommelten Kim und Melia die Krieger zusammen.

Unterdessen schritt der Druide mit Kija an der Seite gemächlich zum Haus des Fürsten.

Im Nu hatte sich dort eine große Menschenmenge eingefunden, die Brân umringte. Vercingetorix hatte sein Schwert am Gürtel. Ein Diener hielt sein mächtiges Ross. Wie alle anderen starrte der Fürst auf den blank polierten Kessel in der Mitte des Platzes. Neben Vercingetorix stand Vesuna, die eine ihrer Tauben in einem Käfig dabeihatte.

„Volk von Gergovia!", rief der Druide jetzt. „Ihr alle wisst, dass uns eine schicksalhafte Zeit bevorsteht. Eine Zeit voller Gefahren, eine Zeit des Krieges …", an dieser Stelle hob Brân die Stimme, „… eine Zeit des Aufstands!"

Die Krieger johlten und schlugen die Fäuste auf ihre Schilde.

Der Druide hob die Hand und sorgte so für Ruhe.

„Unser Gegner ist mächtig, aber er ist nicht übermächtig!", rief er unter dem Jubel der Gallier.

„Schließlich haben wir die Götter auf unserer Seite", ergänzte Brân und deutete auf den Kessel. „Und sie haben uns etwas gegeben, was uns noch stärker macht, sodass wir gegen Caesar und seine Truppen siegen werden. In diesem Kessel ruht das Geheimnis, das ich aus dem Sud der heiligen Mistel und einigen anderen Zutaten zusammengebraut habe."

Aha, die Misteln!, dachte Julian. Deswegen hatte der Druide den gefährlichen nächtlichen Ausflug gewagt!

„Es wird unsere Pferde schützen, bei *Epona*, und es wird unsere Schwerter und Schilde noch härter machen, beim Teutates!"

Wieder gab es lautstarke Zustimmung.

„Tritt vor, Vercingetorix, tapferer Fürst der Arverner, und gib mir dein Schwert", sagte der Druide jetzt feierlich.

Sein Pferd am Zaumzeug führend, trat Vercingetorix in den Kreis und gab Brân seine Waffe. Das Schwert hatte einen kunstvollen Griff aus Bronze, der Julian an ein lang gezogenes X erinnerte.

Mit einer flinken Bewegung tauchte der Druide die Klinge in den Kessel. Als er sie wieder herauszog, tropfte eine rote Flüssigkeit von der Waffe.

Mit einer Verbeugung nahm der Fürst das Schwert wieder entgegen. Dann ließ er es über seinem Kopf kreisen und seine Krieger stießen ein Furcht einflößendes Gebrüll aus.

Als Nächstes tunkte Brân seinen rechten Zeigefinger in die rote Flüssigkeit und malte damit ein schlangenförmiges Symbol auf die Stirn des Pferdes und dann auf den eisernen Schildbuckel.

Der Fürst verneigte sich erneut kurz und trat zurück. Nun folgte ein Krieger nach dem anderen.

Julian, der inzwischen Kija auf den Arm genommen hatte, beobachtete die Szene genau. Je länger die ganze Prozedur dauerte, umso zuversichtlicher wurden die Krieger.

Die seltsame Kräutermischung hatte womöglich gar keine nachweisliche Wirkung, dachte der Junge im Stillen. Aber sie sorgte zweifellos dafür, dass das Volk von Gergovia, das in den letzten Tagen mitunter so unsicher gewirkt hatte, wieder Mut fasste.

Als auch das letzte Pferd, das letzte Schwert und der letzte Schild der Spezialbehandlung unterzogen worden waren, trat Vesuna neben den Druiden.

„Lasst mich den Vogelflug deuten!", rief sie in die Runde.

Sofort waren alle Augen auf sie gerichtet.

Vesuna öffnete die Klappe des Käfigs. Eine weiße Taube kletterte auf ihre Hand, breitete die Schwingen aus und erhob sich in die Lüfte. Für einen Moment schwebte sie über dem Haus des Fürsten, dann wandte sie sich Richtung Osten und schoss davon.

Die Seherin schaute dem weißen Vogel nachdenklich hinterher.

„Und?", erklang es aus vielen Mündern gleichzeitig.

„Nun", hob Vesuna an, „ihr alle habt beobachten können, dass meine Taube einen Moment über dem Haus von Vercingetorix verharrte …"

„Na und?"

„Es war eine weiße Taube. Weiß steht für Frieden. Das heißt, dass uns Vercingetorix Frieden bringen wird!", rief die Seherin. „Und …"

Ihre nächsten Worte wurden vom Jubel der Krieger verschluckt.

Nur mit Mühe konnte sich die Seherin wieder Gehör verschaffen. „Weder die fünfte noch die achte Legion Caesars werden stark genug sein, uns zu schlagen. Caesar wird uns nicht angreifen", schrie Vesuna kämpferisch. „Später werden wir die Römer verjagen – und danach wird es eine lange Zeit des Friedens geben, beim Cernunnos!"

Julian ließ seinen Blick über die ausgelassene Menge schweifen. Auch Brân und Vercingetorix wirkten zufrieden. Nur Julian selbst hatte ein komisches Gefühl. Er konnte nicht sagen, was es war, aber irgendetwas hatte seinen Argwohn geweckt.

„So soll es ein", brüllte der Fürst gerade. „Und wartet nur, Männer, bis die Haeduer da sind. Dann sind wir noch stärker!"

Julian sonderte sich ein Stück von den lärmenden Galliern ab. Nach wie vor hatte er die kluge Katze in den Armen.

Was, so fragte sich der Junge erneut, was hatte ihn gerade gestört? Er hockte sich auf einen großen Stein und schaute in Kijas rätselhafte, smaragdgrüne Augen, als stünde dort die Lösung. Die Katze blinzelte ihm zu.

Julian ließ die letzte halbe Stunde vor seinem geistigen Auge ablaufen. Er rief sich möglichst alle Bilder in den Kopf, die er gesehen hatte: Brân, der die Götter und die Kraft der Gallier beschwor. Vercingetorix mit seinem Pferd und seinen Waffen. Die Krieger, die nach und nach vorgetreten waren. Und schließlich Vesuna und ihre weiße Taube.

Julian seufzte. Nein, da war nichts Verdächtiges dabei, oder?

Wieder ließ er das Geschehene wie einen Film vor seinen Augen ablaufen. Plötzlich stoppte er das Programm.

Vesuna und die weiße Taube! Nein, die Taube war es nicht, es war etwas, was die Seherin gesagt hatte!

Julian sprang so ruckartig von dem Stein auf, dass Kija erschrocken aus seinen Armen hüpfte.

„Ich hab's!", stieß der Junge hervor und rief Kim und Leon zu sich.

„Leute, hier ist was oberfaul", flüsterte er. „Womöglich ist Brunnix wirklich nicht der Verräter, sondern …"

„Wer?"

„Vesuna", zischte Julian.

„Wie bitte?"

„Ja, sie hat gesagt, dass weder die fünfte noch die achte Legion stark genug sein werden, um die Gallier zu schlagen. Aber woher weiß Vesuna, dass es sich genau um diese beiden Legionen handelt? Niemand hat es ihr gegenüber erwähnt – weder wir noch Brân haben die Nummern der Legionen genannt, als wir bei Vercingetorix waren und von Caesars Verhör berichteten."

„Das stimmt!", hauchte Kim atemlos.

Leon zupfte an seinem linken Ohrläppchen. „Das ist wirklich verdächtig. Aber wir brauchen einen Beweis, dass Vesuna tatsächlich mit den Römern unter einer Decke steckt."

Julian schaute in die Richtung, in die die Taube geflogen war. „Beim Fest des Lichts flog die erste Taube nach Osten, richtig?"

Leon und Kim nickten.

„Auch die zweite Taube flog in diese Himmelsrichtung …", sagte Julian jetzt bedeutungsschwer.

„Na und?" Kim sah ihn fragend an.

Da schlug sich Leon mit der flachen Hand an die Stirn. „Jetzt weiß ich, was du meinst! Womöglich sind es keine normalen Tauben, sondern Brieftauben."

„Genau, vielleicht tragen sie geheime Botschaften zu den Römern!", erwiderte Julian. „Schließlich liegt ihr Lager genau in dieser Himmelsrichtung!"

Kim schüttelte den Kopf. „Das wäre echt irre – wenn es denn stimmt. Aber das können wir überprüfen. Vesuna hat doch noch ein paar andere Tauben. Die sollten wir mal unter die Lupe nehmen, Jungs!"

„Dann nichts wie zum Gasthaus", schlug Leon nach einem Blick über die Schulter vor. „Vesuna ist gerade in ein Gespräch mit Brân vertieft."

Kurz darauf standen die Gefährten vor dem gedrungenen Gebäude.

Julian spähte durch ein Fenster ins Innere der Gaststube. Es war nur der Wirt zu sehen.

„Die Männer sind bestimmt noch alle auf dem großen Platz", sagte Julian leise zu Kim und Leon. „Aber wie kommen wir in Vesunas Zimmer?"

„Wieso in ihr Zimmer?", fragte Kim. „Dort werden die Tauben wohl kaum sein – ich tippe eher auf den Stall da nebenan."

„Klingt logisch", sagte Leon. „Auf geht's!"

Kija lief voran und quetschte sich durch den schmalen Spalt der offen stehenden Stalltür. Dann folgten Julian, Kim und Leon.

Halbdunkel empfing sie. Der schwere, dampfige Geruch von Tieren und Mist lag in der Luft.

„Kein Stallknecht", sagte Kim erleichtert. „Dann können wir uns in Ruhe umschauen."

Sie fanden die großen Käfige in der hintersten Ecke des Stalls. Je eine Taube hockte auf einer Stange in ihrem hölzernen Gefängnis. Als die Freunde sich näherten, begannen die Vögel aufgeregt in ihren Käfigen herumzuhüpfen, zu gurren und mit den Flügeln zu schlagen, was vermutlich an Kija lag.

Julian sah genauer hin – und dann wurden seine Augen groß.

„Diese Taube hier hat etwas an ihrem Bein hängen", sagte er. „Sieht aus wie ein Faden."

Auch Leon und Kim beobachteten den Vogel. Jetzt setzte er sich auf seine Stange und verharrte ruhig dort, ohne jedoch die Katze aus den Augen zu lassen.

„Tatsächlich", stieß Kim hervor. „Womöglich wurde damit eine geheime Botschaft befestigt. Also handelt es sich offenbar wirklich um Brieftauben! Aber das ist ebenfalls noch kein Beweis. So kommen wir nicht weiter …"

Die Gefährten beratschlagten sich leise.

Kija wurde das zu langweilig. Ihre Blicke wanderten, in der Hoffnung, eine unvorsichtige Maus zu erspähen, durch den Stall. Doch da geriet etwas anderes in ihr Blickfeld: ein Fetzen *Papyrus*, der halb verborgen von schmutzigem Stroh auf dem gestampften Lehmboden lag.

Unbemerkt von den anderen schlich die Katze auf samtenen Pfoten zu dem Fetzen. Sie legte den Kopf schief und ließ ein durchdringendes Miau erklingen, das die Freunde alarmierte.

„Was hast du denn da gefunden?", fragte Kim, während sie das Papyrusstück aus dem Stroh fischte.

„Hier sind noch mehr Schnipsel", rief Leon und hob sie auf. „Und da steht was drauf!"

Die Gefährten liefen mit ihrem Fund zur Stalltür, weil es dort mehr Licht gab.

„Ein Puzzle", sagte Julian grinsend.

Die Freunde kauerten sich hin und schoben die insgesamt fünf Schnipsel auf dem Boden hin und her. Kija beobachtete alles ganz genau.

Schließlich passten die Papyrusstücke zusammen.

„Ich fasse es nicht, eine Nachricht an die Römer!", rief Kim und las laut vor: „Caesar, V. nicht auf Angriff vorbereitet. Schlagt los, die ..." Sie sah Leon und Julian an. „Mist, hier hört der Text auf."

„Ja, weil sich Vesuna verschrieben hat", sagte Leon und deutete auf ein durchgestrichenes Wort. „Vermutlich hat sie dann die Nachricht zerrissen und weggeworfen."

Kim nickte. „Normalerweise hätte niemand die Fetzen hier im düsteren Stall gefunden. Aber wir haben ja unsere schlaue

Katze!" Kim strich dem Tier über den Rücken. „Außerdem haben wir jetzt vermutlich einen Beweis gegen Vesuna! Falls es ihre Handschrift ist."

Da hörte Kim etwas, das sie augenblicklich alarmierte: ein melodiöses Pfeifen, das rasch lauter wurde.

„Es kommt jemand!", zischte sie. „In Deckung."

Leon hob schnell die Fetzen auf. Dann schlüpften die Freunde in eine Box, in der ein großer Hengst stand, und zogen das anderthalb Meter hohe Holztörchen hinter sich zu. Durch einen Spalt spähten sie zum Eingang des Stalls.

Schon schwang die Stalltür auf und Vesuna schritt fröhlich pfeifend herein.

In Caesars Diensten

Die Seherin ging an den Freunden vorbei, ohne sie zu bemerken. Doch unvermittelt schnaubte der Hengst, und Vesuna blieb stehen.

Die Freunde sahen, wie sie sich langsam umdrehte und zur Box blickte. Einen Moment zögerte sie. Doch dann trat sie rasch heran und riss das Törchen auf. „Was macht ihr denn hier?"

„Wie spielen Verstecken", sagte Leon, weil ihm gerade nichts Besseres einfiel.

„Ach?", erwiderte die Seherin belustigt. „Und da versteckt ihr euch alle gleichzeitig?"

„Nein … äh … Melia … äh … sucht uns", sagte Leon schnell.

Vesuna machte einen Schritt auf die Freunde zu. „Das tut sie nicht, du kleiner Lügner." Eis lag in ihrer Stimme. „Melia ist gerade mit Brân zu seinem Haus gegangen. Also frage ich mich, warum ihr hier herumschnüffelt." Sie kam noch einen Schritt näher.

Leon schaute Hilfe suchend zu Kim und Julian. Doch sie blieben stumm – im Gegensatz zu dem großen Pferd, das seine Mähne schüttelte, laut wieherte und unruhig auf den Boden stampfte.

„Außerdem würde mich interessieren, was du da in der Hand hast", sagte die Seherin zu Leon. In ihren Augen loderte ein gefährliches Feuer.

Der Junge reagierte instinktiv. Neben sich das große Ross, das zunehmend nervös wurde, vor sich die Seherin, die vermutlich eine Spionin war – da gab es für ihn nur eins: Flucht!

Leon gab seinen Freunden ein Zeichen. Dann spannte er alle Beinmuskeln an und schoss aus der Box, vorbei an Vesuna, die völlig überrascht war.

Doch ihre Lähmung dauerte höchstens eine Sekunde. Dann packte Vesuna Kim, die gerade an ihr vorbeistürmen wollte, am Arm.

„Hiergeblieben!", schrie die Seherin.

Kim versuchte sich loszureißen, aber Vesunas Griff war stahlhart. Die Seherin zog das Mädchen zu sich heran. Kim schlug und trat um sich – und bekam plötzlich Hilfe. Leon hatte sich umgedreht, rannte von hinten auf Vesuna zu und rammte sie mit seiner Schulter. Die Seherin verlor das Gleichgewicht, ließ Kim los und plumpste rückwärts in eine Tränke, die randvoll mit Wasser war. Sie stieß einen derben Fluch aus, doch bevor sie sich aufrappeln konnte, waren die Gefährten schon aus dem Stall geflohen. Während Leon und Julian die Tür zuhielten, rannte Kim zu Vercingetorix und alarmierte ihn.

Wenig später wurde Vesuna im Haus des Fürsten verhört. Auch die Freunde, Brân und Melia waren zugegen.

„Ist das deine Handschrift?", fragte Vercingetorix die Seherin und deutete auf die Puzzleteile, die Leon ihm gegeben hatte.

Vesuna schaute ihn nur feindselig an und schwieg.

„Du könntest eine Schriftprobe abgeben. Die vergleichen wir mit der Handschrift auf dem Papyrus und schon wissen wir, ob du diese Nachricht an den Feind verfasst hast oder nicht", sagte Brân nüchtern.

„Nicht nötig", erwiderte die Seherin.

„So?"

Vesuna senkte den Blick. „Ja, ich habe die Nachricht geschrieben."

Der Fürst knirschte mit den Zähnen. „Wie konntest du nur? Was haben dir die elenden Römer dafür gegeben?"

„Meinen Sold", sagte die Seherin. „Ich stehe in den Diensten der römischen Armee – als Söldnerin, wie so viele Gallier."

Vercingetorix' Kinnlade klappte herunter. „Du gehörst zu Caesars Truppen?"

„Ja, ich bin keine fahrende Vates, ich bin eine Spionin. Caesar hat mich gezielt in Euer Dorf geschickt, Fürst. Denn er will wissen, was die Arverner planen."

„Und mit den Tauben hast du ihn über alles in der Stadt informiert", fügte Leon hinzu.

Vesuna bedachte ihn mit einem ärgerlichen Blick. „Du sagst es. Es handelt sich um Brieftauben. Sie fliegen immer zu ihrem Nest zurück. Und das liegt im römischen Lager."

Julian nickte. „Kein Wunder, dass die Tauben stets nach Osten flogen."

„Was weiß Caesar?", wollte Vercingetorix wissen.

Die Seherin schaute zur Tür und schwieg.

„Glaub mir, wir haben Mittel, deine Zunge zu lockern. Das könntest du dir ersparen", drohte der Fürst.

Vesuna sog hörbar die Luft ein. „Also gut. In der ersten Nachricht teilte ich Caesar mit, dass der Druide etwas zusammenbrauen wird, was euch Arvernern Mut machen soll. Ich schrieb auch, dass Brân abends die Stadt verlassen will, um im Wald eine geheimnisvolle Zutat zu suchen. Das hatte er ja beim Fest des Lichts lauthals angekündigt."

Brâns Stirn umwölkte sich. „Du hast dafür gesorgt, dass die Römer uns auflauerten", sagte er voller Abscheu. „Du hast uns verraten, beim Teutates!"

Vesuna ignorierte ihn. „Die zweite Taube trug die Nachricht, dass die Arverner nicht auf einen römischen Angriff vorbereitet sind und sich in Sicherheit wiegen. Außerdem teilte ich mit, dass Brân den Zauber ausgeführt hat – wobei ich bezweifle, dass er irgendetwas bewirkt."

Leon warf einen raschen Blick zum Druiden. Es war unübersehbar, dass sich Brân nur mühsam beherrschen konnte.

„Spar dir deine dummen Bemerkungen", kanzelte der Fürst die Seherin ab.

„Apropos dumm", ließ sich Leon vernehmen, der sich ebenfalls über Vesunas Überheblichkeit ärgerte. „Bei deiner zweiten Vorhersage ist dir ein Fehler unterlaufen, Vesuna. Denn du hast von der fünften und achten Legion gesprochen. Dies hatte aber dir gegenüber niemand erwähnt!"

„Und dann fand Kija auch noch die Papyrusfetzen, die du im Stall weggeworfen hattest …", ergänzte Kim.

„Ja, was für ein dummer Zufall", sagte die Seherin.

„Das war kein Zufall", widersprach Leon und erntete für diese Bemerkung einen überraschten Blick von Brân.

„Und diese Vermummten in der Nacht vor dem Lichtfest –
was hatte es mit denen auf sich?", fragte Julian.

Vesuna lachte höhnisch. „Die haben euch wohl richtig
Angst gemacht, was? Es waren ebenfalls gallische Söldner.
Ihre Aufgabe war es, die Furcht nach Gergovia zu tragen. Die
schwarzen Gestalten sollten dazu beitragen, dass ihr alle den
wahnsinnigen Plan aufgebt, euch gegen Caesar zu erheben!"

Vercingetorix schnaufte wütend. „Unsinn, wir werden
siegen!"

Doch Vesuna lachte nur.

Leon kam ein anderer Gedanke. „Wir alle haben zu Unrecht Brunnix verdächtigt."

Der Fürst blies die Backen auf. „Stimmt, wir müssen den
Barden umgehend freilassen. Seinen Platz im Gefängnis wird
Vesuna einnehmen!"

„Aber wie kam das schwarze Gewand in Brunnix' Haus?",
warf Brân ein.

„Ganz einfach, ich selbst habe es dort versteckt, um den
Verdacht gegen ihn noch zu verstärken", sagte die Seherin.

Vercingetorix schüttelte fassungslos den Kopf. Dann ließ
er Vesuna abführen. Gleichzeitig rief er Brunnix zu sich und
stellte ihn wieder als Barden ein.

Die Gefährten sahen, wie glücklich Brunnix war.

„Ich werde sogleich ein Lied schreiben – über Verrat und
die Macht der Wahrheit", kündigte er an, bevor er aus dem
Haus tänzelte. „Und dass wir jetzt zwei Barden haben, ist auch
nicht schlimm. Vielleicht singen wir künftig zusammen!"

„Ich bin sehr stolz auf euch", sagte der Druide zu den Gefährten, als sie zusammen mit ihm zu seinem Haus gingen, um zu Abend zu essen. „Schon als ich euch das erste Mal sah, hatte ich das Gefühl, dass in euch große Talente schlummern!"

„Auch ich glaube, dass ihr mal richtig gute Druiden werdet!", ergänzte Melia und kicherte.

„Ja, so wie du", sagte Brân und strich der jungen Gallierin über den Kopf.

„Die Haeduer sind da!", schrie in diesem Moment jemand. „Litaviccus und seine Männer kommen!"

„Oh, das ist ja hervorragend!", rief der Druide erfreut und lief zum Haus des Fürsten zurück, die Freunde im Schlepptau.

Auf dem großen Platz versammelten sich jetzt unzählige schwer bewaffnete Krieger. Ein Mann mit einem grob geschnitzten Gesicht, das von einem dunkelblonden Schnauzbart unter einer platten Nase beherrscht wurde, sprang vom Pferd. Er hatte eine purpurfarbene Pumphose an, war fast zwei Meter groß und hatte ein enorm breites Kreuz. Über der nackten Brust trug er nur ein Kettenhemd. Beide Arme waren mit Tätowierungen übersät, die den widderköpfigen Gott des Krieges, Teutates, zeigten.

Die Tür zum Haus des Fürsten öffnete sich und Vercingetorix trat heraus.

„Litaviccus!", begrüßte er den Neuankömmling. „Welche Freude, dass du hier bist!"

Inzwischen waren die Arverner von allen Seiten herangeströmt und hießen den Fürst der Haeduer und seine Männer willkommen. Die Freunde erfuhren, dass nun Tausende von zusätzlichen Kriegern in Gergovia sein sollten!

Litaviccus erwiderte Vercingetorix' Gruß. „Leider bringe ich keine guten Nachrichten", sagte er ernst. „Auf dem Weg hierher haben meine Späher gesehen, dass sich Caesars Legionen marschbereit machen. Es sieht so aus, als ob sie Gergovia angreifen wollen – vielleicht schon morgen! Sie haben sogar Katapulte und Kriegstürme!"

„Das haben wir alles nur dieser verfluchten Vesuna zu verdanken!", sagte Vercingetorix wütend und informierte Litaviccus in wenigen Sätzen über das Vorgefallene.

Unterdessen beschlich Leon eine leise Furcht. Die Römer würden angreifen, genau wie es der Zenturio Lucius gesagt hatte …

In Gedanken sah der Junge Tausende von gut ausgebildeten Legionären auf Gergovia zumarschieren. Leon wurde eiskalt vor Angst.

Ausbruch

Die Bewohner von Gergovia hatten sich die ganze Nacht über auf den bevorstehenden Angriff vorbereitet. An allen Häusern waren große Fässer mit Wasser aufgestellt worden, um schnell löschen zu können, falls ein Dach in Brand geschossen werden sollte. Die Wachen an den Toren waren verzehnfacht worden.

Die Krieger der Arverner und Haeduer hatten sich an allen strategisch wichtigen Abschnitten der Stadtmauer verteilt. Jeder war auf seinem Posten, alle hatten ihre Waffen griffbereit. Bogenschützen lauerten, um die Römer gebührend in Empfang zu nehmen. Vercingetorix hatte mutige Späher losgeschickt, die sich in den Wäldern um die Stadt versteckt hatten und Ausschau nach dem Feind hielten. Insgesamt verfügten die Gallier nun über etwa fünfzehntausend Krieger.

Jetzt war gerade die Sonne aufgegangen und die gesamte Stadt lag in einem nervösen Fieber der Erwartung. Wann würden die Römer angreifen?

Im Haus des Druiden saß Kim am Tisch und kaute lustlos auf einem Stück Brot herum. Geduld war nicht gerade ihre Stärke. Sie hasste es einfach, zu warten. Und besonders unerträglich fand sie es, hier an diesem Tisch zu sitzen und nur zu reagieren, falls der Angriff erfolgte, anstatt die Sache selbst in die Hand zu nehmen.

Nur, welche Möglichkeiten hatte sie schon? Vercingetorix und Litaviccus waren bestimmt zwei erfahrene Strategen, denen konnte sie kaum etwas empfehlen. Sie hätten sich vermutlich nur kaputtgelacht und sich dann diese Einmischung verbeten. Außerdem hatte Kim, wie sie zugeben musste, noch gar keinen schlauen Plan. Und streng genommen war es das, was sie am meisten wurmte.

Wenigstens standen die Arverner inzwischen besser da als noch vor einem Tag. Zum einen hatte Caesar eine falsche Botschaft von Vesuna erhalten, wonach die Gallier nicht mit einem Angriff rechneten. Zum anderen hatten sie Verstärkung durch die Haeduer bekommen.

Lag in dieser Verstärkung der Schlüssel zum Erfolg, zum Sieg über Caesar?, fragte sich Kim. Das hatten Leon, Julian und sie ja schließlich herausfinden wollen. Oder war es vielleicht wirklich die Magie des Druiden? Versetzte der Glaube nicht manchmal Berge, wie es so schön hieß?

Kim konzentrierte sich lieber auf die Fakten. Die Römer hatten die Ankunft der Haeduer bestimmt bemerkt. Auch Caesar hatte seine Späher und denen würde eine solche Truppenbewegung kaum entgangen sein.

Kim grübelte weiter vor sich hin, während sie Leon, Julian und Melia zuschaute, die mit Kija spielten.

Da stutzte sie plötzlich. Sie hatte eine Idee! Und die sorgte dafür, dass ihr abwechselnd heiß und kalt wurde. Warum schickten sie nicht einfach noch eine Nachricht an Caesar? Eine falsche Botschaft, die die Römer in die Irre führte!

Kim war überzeugt, dass die Fürsten keineswegs über diesen Vorschlag lachen würden.

Wenig später stand Kim mit ihren Freunden und Brân vor Vercingetorix.

„Wir schreiben eine weitere Botschaft. Caesar wird glauben, dass auch sie von Vesuna stammt. Schließlich weiß er nicht, dass sie verhaftet wurde. In dieser Nachricht müsste stehen, dass Ihr Euch mit Litaviccus zerstritten habt und der Fürst der Haeduer abziehen wird. So wird Caesar von einer falschen Truppenstärke der Gallier ausgehen!"

Vercingetorix nickte anerkennend. „In dir fließt das Blut einer klugen Gallierin, das lobe ich mir, beim Belenus! Kannst du denn Vesunas Handschrift nachmachen?"

„Ich werde es versuchen!", rief Kim.

Kurz darauf verließ eine weitere Brieftaube die Stadt.

Die Gefährten sahen gemeinsam mit den Fürsten, Brân und Melia zu, wie sich der Vogel in die Lüfte schraubte und sofort nach Osten flog.

„Brave Taube", sagte Kim lächelnd.

„Alarm!", schrie in diesem Moment jemand hinter ihnen. „Vesuna ist entkommen!"

Alle schossen herum.

Ein Krieger kam auf sie zugelaufen.

„Was ist passiert?", grollte Vercingetorix.

„Der Mann, der sie bewachen sollte, wurde von ihr niedergeschlagen. Vesuna hatte versprochen, ihm seine Zukunft vorherzusagen. Da hat er sie aus der Zelle gelassen und sie hat ihn mit einem Wasserkrug außer Gefecht gesetzt."

Vercingetorix raufte sich die Haare. „Wie kann man nur so blöd sein!", brüllte er. „Hat jemand gesehen, wohin sie geflohen ist?"

„Nein", gab der Krieger kleinlaut zu, „sie ist spurlos verschwunden."

„Nun", sagte Brân, „wenn wir Pech haben, ist sie zu ihren Römerfreunden unterwegs."

„Aber nur dann, wenn es ihr gelungen ist, die Stadt zu verlassen!", erwiderte Vercingetorix. „Gleich wie, wir müssen sie aufhalten!"

Augenblicklich schwärmten Krieger in der gesamten Stadt aus. Doch die Seherin war tatsächlich weg, wie vom Erdboden verschluckt.

„Irgendwie muss sie die Stadtmauer überwunden haben und getürmt sein", ärgerte sich Vercingetorix. „Da scheinen die Wachen ein zweites Mal geschlafen zu haben – nicht zu fassen!"

„Wir sollten sie verfolgen!", sagte Kim. „Sonst wird Caesar gewarnt!"

„Allerdings, das sollten wir!", entgegnete der Fürst grimmig. „Auf die Pferde!"

„Wir kommen mit!", rief Kim zur Überraschung ihrer Freunde.

Julian verdrehte die Augen.

„Gut, euch kann man schließlich immer gebrauchen", sagte Vercingetorix und sorgte dafür, dass die Gefährten Pferde bekamen.

Melia war die Sache jedoch zu gefährlich – sie blieb lieber mit Kija innerhalb der schützenden Stadtmauern.

Im gestreckten Galopp stoben die Gefährten mit Vercingetorix, Brân und zehn berittenen Bogenschützen Richtung Osten, wo die Römer ihr Lager hatten.

Am Waldsaum zügelte Vercingetorix sein Pferd. „Vorsicht, Leute", rief er. „Wer weiß, wer sich hier im Wald versteckt!"

„Da, da reitet jemand!" Kim deutete den Weg hinunter, der sich zwischen den Bäumen verlor.

„Lange rote Haare! Das muss Vesuna sein", zischte der Fürst und ritt wieder los.

Kim beugte sich dicht über ihren Schimmel. Hoffentlich ging das gut, hoffentlich ritten sie nicht in eine Falle! Kim blieb äußerst wachsam und beobachtete die Umgebung ganz genau. Sie bemerkte, dass Vesunas Vorsprung schmolz.

Kim schaute zu Vercingetorix, der neben ihr ritt. Das Gesicht des Fürsten drückte ungezähmte Wut aus. Falls Vercingetorix die Seherin zu fassen bekam, würde es ihr schlecht ergehen. Auch wenn Vesuna eine skrupellose Verräterin war: Kim spürte Mitleid in sich aufsteigen.

Doch sosehr sie sich auch anstrengten, es gelang ihnen nicht, die Seherin einzuholen. Nach etwa einer Viertelstunde lichtete sich der Wald. Der kleine Trupp hatte eine baumlose Kuppe erreicht.

„Da hinten ist Vesuna. Wir kriegen sie nicht!", sagte der Fürst keuchend, während er sein Pferd zum Stehen brachte. „Aber da unten ist das verdammte Lager der Römer. Und zum Glück reitet Vesuna nicht dorthin."

„Aber warum nicht?", wunderte sich Julian.

Vercingetorix überlegte einen Moment. Dann sagte er: „Nun, womöglich hat sie Angst vor Caesars Wut – denn für die Römer ist eine enttarnte Spionin wertlos …"

Umso besser, dachte Julian. Dann konnte Vesuna Caesar

auch nicht verraten, dass die letzte Brieftaubenbotschaft gar nicht von ihr, sondern von Kim war!

Brân glitt aus dem Sattel. „Wir müssen in Deckung gehen. Hier bieten wir jedem Bogenschützen ein gutes Ziel ..."

Knurrend sprang auch Vercingetorix von seinem Pferd. Dann verbargen sie sich hinter ein paar fast mannshohen Steinen.

„Sollten wir nicht besser sofort umkehren?", fragte der Druide.

„Einen Moment noch", sagte Kim, die hinter einem der Steine hervorspähte. „Im Lager der Römer hat sich einiges verändert ..."

Vercingetorix schaute ihr über die Schulter. „So? Was denn?"

„Es sind viel mehr Soldaten dort!", antwortete Kim leise.

Jetzt wagten auch Leon, Julian und Brân einen Blick auf das Lager.

„Ich glaube, du hast Recht", flüsterte Julian. „Und seht nur, vor dem Praetorium stehen jetzt vier Feldzeichen. Als wir das letzte Mal dort waren, waren es nur zwei Legionsadler."

„Dann haben auch die Römer Verstärkung bekommen", murmelte Brân bestürzt. „Jetzt haben wir es mit vier Legionen zu tun – das sind mindestens zwanzigtausend Mann ..."

„Und dort, wo die Römer vorher für den Kampf trainiert haben, sind drei Holztürme aufgebaut worden", ergänzte Kim. „Diese Türme hatte ja auch Litaviccus erwähnt ..."

„Belagerungstürme", präzisierte Brân. „Die Römer nennen sie *Turres Ambulatoriae*. Und gleich daneben stehen die Kata-

pulte, mit denen die Römer große Steine auf uns schleudern können. Das sieht nicht gut aus."

Schweigend starrte Kim auf einen der Türme. Er war etwa sieben Meter hoch, stand auf einem Gestell mit vier Rädern und hatte drei Stockwerke, die vorn, ebenso wie das Dach des Turms, mit Eisenplatten gepanzert waren. Im untersten Stockwerk hing ein hölzerner Rammbock, den man hin- und herziehen konnte und der vorn mit einem eisernen Widderkopf versehen war.

Damit kann man bestimmt ein Stadttor knacken oder eine Bresche in eine Mauer schlagen, vermutete Kim mit einem flauen Gefühl im Magen.

Am obersten Stockwerk erkannte das Mädchen eine Art Zugbrücke. Vermutlich konnten die Belagerer diese herablassen, sobald sie auf der Höhe der Zinnen der Verteidigungsmauer waren.

„Es sieht ganz so aus, als wolle Caesar uns belagern", fuhr der Druide fort.

„Hhm", machte der Fürst nur.

„Wie lange reichen unsere Vorräte?", fragte Brân.

Vercingetorix machte eine wegwerfende Handbewegung. „Ich will mich nicht belagern lassen, ich will die offene Schlacht. Wir werden die Römer aus Gallien jagen!"

„Sei nicht unvernünftig. Die Römer haben schließlich Verstärkung bekommen, sie sind uns überlegen", mahnte der Druide.

Der Fürst schwieg verdrossen, und Kim hatte das Gefühl, dass Vercingetorix scharf nachdachte.

Das Mädchen schaute wieder zum Lager, das einem Bienenschwarm glich. Gerade wurden Säcke und Fässer abgeladen. Männer schleppten die Vorräte in mehrere Zelte. Das brachte Kim auf eine weitere gute Idee.

„Vielleicht wäre es ja möglich, die Belagerung etwas abzukürzen, sollte es denn dazu kommen", wagte sie sich mit ihrem Plan hervor und zeigte auf die Zelte, in die die Vorräte geschleppt wurden.

Über das Gesicht des Fürsten ging ein Leuchten. „Ich glaube, ich weiß, was du vorhast! Wir müssen die Vorräte vernichten. Dann können die Römer uns nicht lange belagern!"

Kim nickte heftig.

Schon gab der Fürst den zehn Bogenschützen die entsprechenden Befehle. Dann bereiteten sie hundert Brandpfeile vor und schossen die ersten zehn gleichzeitig auf die Vorratszelte. Noch während die Pfeile unterwegs waren, spannten die Schützen erneut ihre Bögen. Kim erkannte beeindruckt, dass kein Pfeil sein Ziel verfehlte. Rasch stiegen die ersten Rauchsäulen auf. Schreie wurden laut, eine Eimerkette wurde gebildet.

Kim sah auch, dass einige Legionäre in ihre Richtung deuteten. Doch die gallischen Bogenschützen verschossen unbeeindruckt Pfeil für Pfeil. Alle Löschversuche nutzten nichts, die Zelte mitsamt den Vorräten standen in hellen Flammen.

Wenige Augenblicke später wurde eines der Lagertore aufgerissen und ein großer Trupp Reiter schoss auf die Anhöhe zu, wo sich Julian, Kim und Leon und die Gallier verbargen.

„Ich glaube, wir sollten uns verkrümeln", sagte Kim mit bebender Stimme.

Kriegsrat

Sie sprangen auf ihre Pferde und verließen die Kuppe Richtung Gergovia. Vercingetorix stob auf seinem Ross voran, dahinter folgten die Bogenschützen, dann die Gefährten und schließlich Brân.

Sind wir schnell genug, oder werden uns die Römer gleich eingeholt haben?, fragte sich Julian bang, während er sich dicht über den Hals seines Pferdes beugte. Er war noch nie ein begnadeter Reiter gewesen, und das wurde ihm jetzt wieder einmal ganz besonders deutlich bewusst.

„Schneller, sonst verlieren wir den Anschluss!", hörte er den Druiden hinter sich rufen.

Der Junge blickte sich kurz um – und erstarrte. Ein römischer Reiter war bereits dicht hinter ihnen! Jetzt spannte er im vollen Galopp seinen Bogen!

„Vorsicht!", schrie Julian dem Druiden zu.

Da zischte ein Pfeil dicht an Julian vorbei und traf den Stamm einer Buche. Julians Pferd geriet in Panik, es scheute und bäumte sich auf. Prompt verlor der Junge den Halt und rutschte aus dem Sattel.

Mit bleichem Gesicht und wie gelähmt vor Angst stand er auf dem Pfad, während sein Pferd in den Wald preschte.

Brân ritt in seinem wehenden Mantel geradewegs auf Julian

zu, und ehe sich der Junge versah, hatte der Druide ihn gepackt und vor sich aufs Pferd gezogen. Julian hing dort wie ein nasser Sack und versuchte, irgendwo Halt zu finden.

Dann zischten wieder Pfeile durch die Luft. Allerdings kamen sie diesmal von vorn, und Julian ahnte, dass die Gallier zurückschossen, um Brân und ihn zu retten.

Es folgte ein markerschütternder Schrei.

„Den wären wir los", hörte Julian den Druiden sagen.

Sie ritten weiter, Julian nach wie vor in der höchst unbequemen Sack-Position. Immer wieder drehten sich die gallischen Bogenschützen im Sattel um und schickten den Verfolgern ihre Pfeile.

So gelangten sie schließlich auf die baumlose Fläche vor der Hauptstadt der Arverner.

Jetzt wird es brenzlig, dachte Julian bei sich. Hier haben wir kaum Deckung!

Doch die Wachen auf der Stadtmauer hatten den kleinen Trupp um ihren Fürsten sowie die Verfolger längst bemerkt und deckten die Römer mit einem Pfeilhagel ein, der sie augenblicklich umkehren ließ.

Als sich das Stadttor hinter den Gefährten und den Galliern schloss, sagte Brân grinsend zu Julian: „Ich glaube, ich sollte dir ein paar Reitstunden geben. Und jetzt komm runter vom Pferd. Deine momentane Reithaltung sieht nicht besonders … wie soll ich sagen … elegant aus."

Kim lächelte Julian an. „Da hat er allerdings Recht", lästerte sie und schloss Kija in die Arme, die mit Melia auf sie zugeflitzt gekommen war. „Es sieht sogar ziemlich gruselig aus, wenn du mich fragst."

„Ich frag dich aber nicht", grollte Julian, dem alle Knochen wehtaten.

„Runter mit dir, Mehlsack", rief Leon lachend und klopfte seinem Freund auf die Schulter.

Julian rutschte langsam vom Pferd und streckte sich.

„Aua", war alles, was er herausbrachte.

„Ruft Litaviccus zu meinem Haus!", befahl Vercingetorix den Wachen. „Wir müssen uns beratschlagen."

Unaufgefordert folgten die Gefährten und Melia dem Fürsten und Brân. Niemand störte sich daran, dass auch sie das große Haus von Vercingetorix betraten und sich neugierig in eine Ecke hockten, wo sie nicht weiter auffielen.

Kurz darauf polterte Litaviccus ins Haus. Sein Gesicht war ein einziges Fragezeichen.

Vercingetorix reichte ihm einen großen Becher Bier. Dann berichtete er kurz und knapp, was sich ereignet hatte.

„Gut, dass ihr einen Teil der Vorräte der Römer niedergebrannt habt", sagte der Fürst der Haeduer und wischte sich den Schaum aus dem Bart. „Eine Belagerung kommt jetzt vermutlich nicht mehr infrage – immerhin …"

„Ja, aber das ist kein Grund zum Aufatmen. Wir haben schließlich auch die Belagerungstürme und Katapulte gesehen", erwiderte Vercingetorix. „Und die machen mir viel mehr Sorge."

„Mir auch", gab der Druide zu. „Diese grässlichen Dinger müssen wir als Erstes ausschalten."

„Genau, wir setzen sie in Brand, beim Belenus!", rief Litaviccus voller Vorfreude.

Doch Vercingetorix schüttelte betrübt den Kopf. „Das wird

uns nicht gelingen, mein Freund. Die Römer werden ihre Türme gut bewachen und sofort löschen, wenn auch nur ein Brandpfeil sie trifft."

„Es könnte dennoch gelingen", sagte Brân gedehnt.

Vercingetorix runzelte die Stirn. „Wie willst du das anstellen, beim Teutates?"

Julian schaute den Druiden gespannt an. Er ahnte, was kommen würde.

„Mit dem unlöschbaren Feuer", sagte Brân leise. Dann erklärte er den beiden Fürsten, wie es funktionierte.

„Das klingt sehr vielversprechend!", rief Litaviccus begeistert.

Aber Vercingetorix war noch immer nicht überzeugt. „Die Türme sind gepanzert, die Brandpfeile werden abprallen", gab er zu bedenken.

Der Druide zog die Augenbrauen hoch. Offenbar hatte er das nicht bedacht.

Da preschte Julian vor. „Darf ich auch etwas sagen?"

Verwundert blickten die beiden Fürsten und der Druide ihn an.

„Nur zu", sagte Vercingetorix leicht belustigt.

„Es stimmt, dass die Türme gepanzert sind – jedoch sind sie das nur vorn", sagte Julian. „Also müsste man von hinten an sie herankommen …"

Vercingetorix hob seinen Becher und prostete Julian zu. „Alle Achtung, du bist ziemlich pfiffig. Jetzt musst du uns nur noch verraten, wie wir in den Rücken der Legionen gelangen sollen."

Nun musste Julian passen.

Nicht so der Druide. Mit einem klugen Lächeln sagte er: „Ich glaube, ich habe eine Idee!"

Hornissen

Die beiden Fürsten blickten Brân erwartungsvoll an.

„Wir stellen den Römern eine Falle", sagte der Druide. „Nur tausend Mann sollen die Stadt verteidigen und …"

Vercingetorix' Augen schienen ihm aus dem Kopf zu treten. „Nur tausend? Die Römer werden uns überrollen!"

„Unterbrich mich nicht", erwiderte Brân. „Caesar soll glauben, dass Gergovia nur wenige Verteidiger hat! Dank unserer kleinen Botschaft muss er ja auch denken, dass die Arverner keine Verstärkung erhalten haben. Unsere vermeintlich schwache Verteidigung wird ihn also zu der Überzeugung bringen, leichtes Spiel zu haben …"

Ein Leuchten ging über das Gesicht des Fürsten. „Ja, das ist eine Grundregel im Krieg: Täusche den Gegner stets über die wahre Stärke deiner Truppen!" Dann wurde Vercingetorix wieder ernst. „Was ist mit unseren anderen Männern?"

„Die anderen Krieger werden, wie in dem falschen Brief an Caesar angekündigt, die Stadt verlassen. Doch sie werden nicht ganz abziehen, sondern sich in den Wäldern verstecken – und zwar rechts und links der Straße, die auf Gergovia zuführt. Dort entlang werden die Römer ihre Kriegsmaschinen rollen, um Gergovia anzugreifen. Und wir werden sie gewähren lassen."

Leon glaubte, sich verhört zu haben. Er schaute zu Vercingetorix, der sich verwirrt am Hinterkopf kratzte.

„Du willst sie ungehindert vorbeilassen? Sie werden Gergovia zerstören!", sagte der Fürst.

Der Druide wiegte sein Haupt. „Gemach, mein Lieber. Die Römer werden unsere Stadtmauern nicht erreichen. Wir werden die Legionen in die Zange nehmen und sogar von hinten angreifen!"

„So gelangen wir auch an die schwachen Seiten der Türme", führte Leon den Gedanken zu Ende.

„Du sagst es", bestätigte Brân. „Auf diese Weise werden wir Caesars Soldaten in einen Mehrfrontenkampf verwickeln. Unsere Attacken müssen von allen Seiten kommen, gleichzeitig und mit voller Wucht: Von vorn von den Mauern Gergovias, von rechts und links aus den Wäldern auf die Flanken der Legionen und schließlich von hinten auf die Schwachpunkte der Kriegsmaschinen."

Im großen Haus des Fürsten war es für wenige Sekunden ganz still. Dann lächelte Vercingetorix breit. „Ein kühner Plan – und ein guter Plan. Könnte von mir sein, Brân."

„Das spielt keine Rolle", sagte der Druide nüchtern. „Wichtig ist nur, dass der Plan funktioniert."

Litaviccus nahm einen tiefen Schluck. „Das wird er, beim Teutates", sagte er dann. „Aber nun lasst uns die Einzelheiten klären. Viel Zeit haben wir nicht, denke ich."

Brân nickte ihm zu. „Ich hätte vielleicht noch eine hübsche Waffe, die die Römer überraschen dürfte."

„Ach ja?", fragte Vercingetorix höchst interessiert. „Ist es eine neue Mixtur?"

Auch die Gefährten spitzten die Ohren – was kam denn jetzt?

„Nein, es handelt sich um Hornissen."

„Wie bitte?" Litaviccus verzog den Mund zu einem spöttischen Grinsen.

„Ja, Hornissen", bestätigte der Druide gelassen. „Wir können sie gegen die Legionen einsetzen."

Der Fürst der Arverner schlug sich lachend auf die Schenkel. „Und wie willst du das machen? Wenn man den Biestern zu nahe kommt, greifen sie an. Aber sie machen keinen Unterschied, ob sie einen Gallier oder einen Römer stechen."

Brân hob abwehrend die Hände. „Du bist zu voreilig. Wir werden die Hornissen unter den Römern loslassen."

„Und wie, bitte schön, willst du das machen? Willst du die Viecher eigenhändig hintragen?"

„So in etwa", erwiderte der Druide. „Wir werden die Nester auf die feindlichen Truppen katapultieren. Als Katapult reichen zwei biegsame, dicht nebeneinanderstehende Birkenstämme mit einem Tuch dazwischen, in das das Nest gelegt wird. Von solchen Birken gibt es genug in Gergovia."

„Und wer legt die Nester in die Schleuder?", fragte Vercingetorix.

„Ich", sagte der Druide seelenruhig.

„Ha, sie werden dich zerstechen!"

„Nein, das werden sie gar nicht können. Wir müssen die Eingänge der Nester nur mit Harz verschließen – wenn die Hornissen schlafen."

Melia blickte den Druiden verständnislos an. „Aber Hornissen schlafen doch nie!"

„Das sieht nur so aus. Aber wer Hornissen einmal genau beobachtet, wird feststellen, dass die Tierchen in regelmäßigen Abständen alle zusammen in einen totalen Ruhezustand verfallen", belehrte Brân seine Schülerin. „Der dauert zwar nicht lang, aber lang genug, um die Nester zu verschließen. Dann schleudern wir sie auf die Römer, wo die Nester aufplatzen. Anschließend geht es Caesars Leuten vermutlich ziemlich schlecht!"

Leon grinste. Das war ja eine regelrechte Bio-Bombe!

Die beiden Fürsten schienen von der Hornissen-Idee immer noch nicht besonders überzeugt zu sein.

„Na gut, Brân, wenn du meinst", sagte Vercingetorix. „Such dir ein paar Leute, die dir dabei helfen. Wir müssen jetzt unsere Männer einteilen."

„Die Leute habe ich schon", sagte der Druide mit einem Blick auf die Gefährten.

Oh nein, dachte Leon insgeheim, das muss nicht sein! Vor Hornissen hatte er schon immer einen gehörigen Respekt gehabt.

„Gibt's für so was keine Freiwilligen in der Stadt?", versuchte er, von sich und seinen Freunden abzulenken.

„Natürlich." Brân schmunzelte. „Euch!"

Wenig später hatte der Druide seine Schüler in die Nähe ihres grünen Klassenzimmers geführt. Und hier, im Geäst einer Eiche, brummte und summte es.

„Bitte sehr, ein Hornissennest", sagte Brân und deutete auf das braune Gebilde. „Wartet hier, ich besorge Harz."

Die Freunde zogen sich vorsichtig ein wenig zurück.

„Das ist wirklich nichts für mich", sagte Kim angewidert.

„Ne, für mich auch nicht", stimmte Julian zu. Er hockte sich neben Kija und schlang die Arme um die kluge Katze.

„He, habt ihr das auch bemerkt? Die Hornissen legen tatsächlich ab und zu Pausen ein", sagte Leon.

„Prima, dann haben wir ja einen Freiwilligen", gab Kim feixend zurück.

„Nö, so war das nicht gemeint", sagte Leon schnell.

Doch Julian klopfte ihm auf die Schulter. „Keine falsche Bescheidenheit. Du machst das schon."

In diesem Moment tauchte Brân mit dem Harz auf und beendete damit die Diskussion. Er bat sich Ruhe aus. Als das Summen verstummte, sprang er zum Nest und verschloss es blitzschnell mit dem Harz.

Keine Minute später vibrierte das ganze Nest von den eingeschlossenen, tobenden Hornissen.

Leon schluckte, als er sich vorstellte, was passieren würde, wenn die Hornissen ein Schlupfloch finden würden …

Brân ließ sich nicht beirren und löste das Nest mit einem Messer vorsichtig vom Stamm.

So verfuhren sie bei drei weiteren Nestern, die sich im Stadtgebiet von Gergovia befanden. Dann brachten die Gefährten und Melia ihre summende Ernte zu den Toren der Stadt, während Brân sich in sein Reich zurückzog, um das unlöschbare Feuer zuzubereiten.

Später trafen sie wieder auf dem großen Platz vor dem Haus des Fürsten zusammen, wo dichtes Gedränge herrschte. Für den Aufmarsch von Tausenden von Kriegern war der Platz viel zu klein, und so drängten sich die Bewaffneten in den

Gassen. Manche standen auf Fässern oder hockten auf den Dächern der umliegenden Häuser. Vercingetorix und Litaviccus brüllten Kommandos.

Die Gefährten hielten sich abseits und beobachteten, wie die beiden Fürsten eine Struktur in das Durcheinander brachten.

Die gallischen Krieger bildeten drei Truppenverbände. Der kleinste war, wie von Brân vorgeschlagen, etwa tausend Mann stark und blieb in der Stadt zurück. Die Aufgabe dieser Gallier würde es sein, die anrückenden Römer mit einem Pfeilhagel einzudecken und die Hornissennester auf den Feind zu schleudern. Brunnix hatte angeboten, bei den Verteidigern zu bleiben und ihnen mit seiner Musik und seinen Texten Mut zu machen. Vercingetorix war nur zu gern darauf eingegangen.

Vercingetorix und Litaviccus setzten sich an die Spitze von zwei großen Truppenverbänden, die die Römer in die Zange nehmen sollten. In beiden Gruppen wurde je eine Vorhut mit besonders schnellen Reitern gebildet, die die römischen Späher aufgreifen sollten.

„Die Römer dürfen unseren wahren Plan nicht erfahren!", brüllte Vercingetorix. „Sonst sind wir verloren!"

Alte und Kinder wurden in die Häuser in der Mitte der Stadt gebracht. Die jüngeren Frauen verteilten sich entlang der Palisade. Sie sollten aufkommende Feuer bekämpfen und die Bogenschützen mit Pfeilen versorgen.

„Nehmt ruhig die Pfeile, die die Römer in unsere Stadt schießen", hörte Leon Vercingetorix rufen. „Und wenn ein Mann fällt, so werdet ihr seinen Platz einnehmen!"

Melia nickte. „Die Frauen Gergovias sind ebenso mutig wie ihre Männer."

Der Druide lächelte sie an. „Und wo ist dein Platz in der Schlacht? Ich hoffe doch, bei den anderen Kindern in den Häusern."

„Mein Platz ist dort, wo dein Platz ist", erwiderte die junge Gallierin.

Doch Brân lehnte ab. „Ich werde mit Vercingetorix reiten."

Melia stampfte mit dem Fuß auf. „Dann werde ich an deiner Seite sein. Ich bin schließlich deine Schülerin!"

Leon erkannte, wie der Druide ins Grübeln geriet, und nutzte das aus. „Ja, sie hat Recht. Wir müssen mit, um etwas zu lernen!"

Julian tippte sich an die Stirn, aber Leon ließ nicht locker: „Oh bitte, das gehört doch auch zu unserer Ausbildung!"

Brân nickte langsam. „Also gut, aber es liegt nicht in meiner Hand, ob ihr den nächsten Sonnenaufgang erleben werdet."

In der Zange

Die Freunde standen mit Brân und Melia auf dem hölzernen Wehrgang und schauten Richtung Osten. Jetzt verließen die Spähtrupps Gergovia. Sie waren als einfache Bauern verkleidet und zuckelten mit ihren von Pferden gezogenen Karren auf den nahen Wald zu.

„Bestimmt beobachten die Römer die Stadt", sagte Melia zu den Gefährten. „Deshalb müssen unsere Späher vorsichtig sein. Doch sobald sie die Bäume erreicht haben, werden sie die Karren verstecken und den Wald durchkämmen. Unsere Männer kennen sich bestens aus, sie werden die römischen Späher ganz sicher finden."

Kim knabberte auf ihrer Unterlippe. Es war merkwürdig still in der Stadt. Da nun jeder wusste, wo sein Platz war und wie seine Aufgabe lautete, begann jetzt das große Warten. Das Warten auf die Schlacht gegen einen scheinbar übermächtigen Gegner. Kim studierte unauffällig die Gesichter der umherstehenden Männer. Brân wirkte ruhig und gefasst. In seiner Nähe stand Vercingetorix, dessen Miene angespannt war. Er zwirbelte die Spitzen seines Bartes. Auch Brunnix war nicht weit. Kim entdeckte ihn vor dem Eingang einer Schmiede, wo er auf eine junge Frau einredete, die ihn sorgenvoll anschaute. Der Barde klopfte ihr auf die Schulter und lachte.

Kim war irritiert. Offenbar fand Brunnix die Situation komisch. Nein, korrigierte sie sich, wahrscheinlich macht er nur das, was er tun soll: Zuversicht verbreiten.

Kim starrte wieder nach vorn zum Wald. Doch die Spähtrupps waren inzwischen verschwunden und nun war nichts mehr zu sehen.

So verging eine Stunde. Leon und Julian hatten angefangen, mit Kija zu spielen. Die Katze hockte zwischen den beiden Jungen, die sich ein Stöckchen zuwarfen. Kija versuchte, die Beute im Flug zu erwischen, was ihr auch fast immer gelang.

Kim schaute jedoch weiter zum Wald. Plötzlich sah sie etwas aufblitzen. Es war eine rasche Folge von längeren und kürzeren Signalen.

„Da gibt jemand Zeichen!", rief Kim.

„Habe ich schon gesehen", erwiderte der Druide gelassen. „Das kommt von unseren Spähern. Sie benutzen dafür poliertes Glas, in dem sich die Sonne spiegelt."

„Was bedeuten die Signale?", fragte Kim aufgeregt. Leon und Julian standen jetzt neben ihr.

Der Druide lächelte. „Sie haben die römischen Späher festgenommen. Also geht es jetzt los!"

Auch den Fürsten waren die Signale nicht entgangen. Kurz darauf ergossen sich zwei große Heereszüge aus dem östlichen Stadttor. Vercingetorix und seine Männer hielten sich südlich, Litaviccus und seine Krieger nördlich des Weges.

Die Freunde ritten neben Melia und Brân, der mehrere verschlossene Tontöpfe mit seiner feurigen Mischung dabeihatte. Kija hockte vorn in Leons Hemd, nur ihr Köpfchen schaute heraus.

Vercingetorix trug jetzt einen prächtigen Helm, der mit seiner abgerundeten Spitze entfernt an eine bronzene Zipfelmütze erinnerte. Er hatte einen kurzen Nackenschutz und lederne Wangenklappen. Auf die Spitze des Helms war ein Vogel mit ausgebreiteten Schwingen geschmiedet worden. Die Bewaffnung des Fürsten bestand aus Pfeil und Bogen sowie seinem Langschwert.

Unter seiner Führung verteilten sich die Männer im Wald. Einige Tausend sickerten in den Forst südlich des Weges ein und versteckten sich dort. Der Fürst selbst ritt mit einem kleineren Teil seiner Streitmacht weiter Richtung Osten, den Römern entgegen. Sobald auch sie den Waldsaum erreicht hatten, leitete Vercingetorix seine Krieger zu einer Stelle, wo die Bäume besonders dicht standen. Dann wurde abgesessen und jeder ging in der Nähe des Weges in Stellung. Die Krieger versteckten sich hinter den Stämmen und im Unterholz, sie verschmolzen förmlich mit dem Wald. Niemand sagte einen einzigen Ton.

Auch die Gefährten hatten zusammen mit Brân und Melia ein gutes Versteck hinter einem Brombeerbusch gefunden.

Erneut begann das nervtötende Warten.

Kim ließ ihren Gedanken freien Lauf. Die Römer würden, wie es schien, schnurstracks in eine Falle laufen. Sobald sie die freie Fläche vor Gergovia erreicht hätten, würden sie umzingelt sein. Von Westen her würden sie von den Bogenschützen empfangen, die in Gergovia verblieben waren. Im Wald südlich und nördlich des Weges lauerten die Krieger von Vercingetorix beziehungsweise Litaviccus. Und Kim selbst saß mit Vercingetorix und etwa tausend Mann bald im Rücken der

Legionen, wenn der Plan funktionierte. Die Gallier nahmen die Römer von allen Seiten in die Zange – eine perfekte Falle, wenn sie denn zuschnappte.

Nach einer Weile erklang der Ruf eines Vogels.

„Das Signal", zischte Brân und warf einen Blick zu Vercingetorix, der ihm zunickte.

„Signal?", fragte Kim leise. Sie hatte kein Licht aufblitzen sehen.

„Der Vogel war kein Vogel. Das war einer unserer Späher. Die Römer rücken an. Und jetzt Ruhe, beim Esus! Und runter mit den Köpfen, wenn sie dranbleiben sollen."

Kim und ihre Freunde machten sich ganz klein. Und mit einem Mal schien es, als stampfe ein Riese auf sie zu. Der Boden begann zu vibrieren. Kim ahnte, dass die römischen Legionen in Reih und Glied auf sie zumarschierten.

Ihr Mund wurde trocken, ihr Atem ging schneller.

Das Stampfen wurde lauter und lauter. Schließlich hielt es Kim nicht mehr aus, sie hob den Kopf ein wenig und spähte durch den Busch. Keine zehn Meter von ihr entfernt sah sie das typische Rot der römischen Tuniken und blitzende Helme. Reiter trabten auf dem Weg an ihr vorbei, und mittendrin war niemand anderes als Julius Caesar auf einem Rappen!

Es folgten Tausende von Fußsoldaten. Dann erklang ein dumpfes Grollen, vermischt mit Wiehern. Die gewaltigen Belagerungstürme walzten über den Weg. Sie wurden von je zehn Pferden gezogen und von hinten von Legionären geschoben. Dahinter kamen mehrere Katapulte, weitere Fußtruppen und schließlich wieder eine Reiterabteilung.

Dann wurde es wieder ruhig im Wald. Kim ahnte, dass

der lange Römertross die freie Fläche vor Gergovia erreicht hatte.

Die Gallier tauchten aus ihren Verstecken auf und glitten geräuschlos von hinten an die Römer heran. Die Gefährten rannten hinter ihnen her. Dabei sah Kim auf der anderen Seite des Weges die Männer von Litaviccus, die sich ebenfalls auf die Römer zubewegten.

Jetzt hatten die Freunde den Waldsaum erreicht, wo sich die Gallier verbargen und auf das Zeichen zum Angriff warteten.

„Lasst uns auf einen Baum klettern", schlug Kim vor und deutete auf den breiten Stamm einer Buche. „So sind wir aus der Schusslinie und haben eine bessere Sicht!"

Leon, Julian und Melia waren einverstanden, und so erklommen sie den großen Baum. Kija war mit Abstand die Schnellste.

Die Römer hatten zwei Gefechtslinien mit je fünf *Kohorten* gebildet. Der Abstand zwischen den beiden Linien betrug etwa fünfundzwanzig Meter. Jede Kohorte bildete ein Rechteck mit fünfzig Mann in der Breite und acht Mann in der Tiefe. Der Abstand zwischen den einzelnen Reihen betrug etwa anderthalb Meter, zwischen den einzelnen Soldaten war jeweils ein Meter Platz, sodass sie genug Raum hatten, ihre Wurfspieße zu schleudern.

Die Flanken der Fußtruppen wurden durch die Reiterei gedeckt.

Die Pferde, die vor die Türme und die Katapulte gespannt worden waren, hatten hingegen ihre Arbeit erledigt. Die Kriegsmaschinen waren zwischen den Kohorten aufgestellt worden und wurden jetzt nur noch von Männern bewegt, die von hinten schoben.

Plötzlich verdunkelte sich der Himmel über der Stadt. Ein schwarzer Schwarm von Pfeilen sauste den Römern entgegen, die hinter ihren Schilden Deckung suchten. Schreie ertönten. Auch Brandpfeile waren unter den Geschossen. Doch sie prallten wirkungslos von den gepanzerten Türmen ab.

Dann flog etwas auf die Römer zu, das aussah wie ein großer Ball.

„Ein Hornissennest!", erkannte Kim feixend.

Schon schlug das ungewöhnliche Geschoss in einer Kohorte auf und sorgte dort für Chaos. Die Legionäre spritzten förmlich auseinander und rannten sich gegenseitig über den Haufen. Erst energische Kommandos brachten sie wieder auf Kurs, doch die Angriffsreihe war nicht mehr perfekt. Schon gar nicht, als die nächsten Hornissennester heranrauschten und weiteres Durcheinander in der gerade noch vorbildlich sortierten römischen Armee verursachten.

„Ich sag es immer wieder: Die Waffen der Natur sind die besten, beim *Lugh*!", rief der Druide zu den Gefährten hinauf. „Und jetzt kommt gleich der nächste Streich, das unlöschbare Feuer!"

Die Gefährten sahen zu, wie Brân seine Tontöpfe öffnete und mehrere Pfeile mit einer zähen Paste bestrich. Dann machte er ein Feuer.

Vercingetorix kam zu ihm.

„Fertig?", fragte er nur.

Der Druide nickte.

„Gut", sagte der Fürst grimmig. „Den ersten Schuss übernehme ich selbst."

Er nahm den Bogen von der Schulter und tauchte einen der Spezialpfeile in das Feuer. Sofort loderten die Flammen aggressiv und giftig am Schaft des Pfeils entlang. Grünlicher Qualm stieg auf und verbreitete einen stechenden Geruch.

„Das Zeug scheint direkt aus der Hölle zu kommen", murmelte Kim.

Jetzt spannte Vercingetorix den Bogen.

Kim hielt den Atem an. Würde Brâns Geheimwaffe funktionieren? Lag darin der Schlüssel zum Erfolg über Caesars Truppen, würden sie jetzt erleben, wie es den Galliern gelang, den eigentlich haushoch überlegenen Caesar zu schlagen?

Mit einem unheilvollen Zischen verließ der brennende Pfeil die Hand des Schützen. Er flog in einem hohen Bogen auf die Rückseite eines Angriffsturms zu und bohrte sich in das oberste Stockwerk. Rasch griff das Feuer um sich. Rufe wurden laut.

Kim erkannte, wie die Römer versuchten, den Brand zu löschen. Wasser kam ebenso zum Einsatz wie Tücher und Decken – aber es nützte nichts, der Brand breitete sich aus!

„Es funktioniert!", rief der Druide.

„Das ist ein Zeichen der Götter! Wir werden siegen!", schrie Vercingetorix und gab mehreren Schützen ein Zeichen, die anderen Türme und die Katapulte ebenfalls in Brand zu schießen. Gleichzeitig ertönte ein schräger, sehr lauter Ton, der Kim in den Ohren klingelte.

Auf der Suche nach der Lärmquelle entdeckte Kim einen

Gallier, der mit geblähten Backen in ein fast mannshohes, sichelförmiges Bronzehorn blies.

Auf dieses ohrenbetäubende Signal griffen die Gallier an. Vercingetorix' Männer attackierten die eine Flanke, die Truppen von Litaviccus die andere. Die römische Reiterei, die eigentlich die Seiten decken sollte, wurde völlig überrascht und überrannt. In wilder Panik sprengten die *Alae* auseinander. Gleichzeitig hielt der Beschuss im Rücken der Legionen an. Die Kriegsmaschinen verwandelten sich in gewaltige Fackeln.

Die Gallier stürmten von drei Seiten in die Reihen der Kohorten, die kaum Widerstand leisten konnten. Kim sah den Helm von Vercingetorix aufblitzen, der an vorderster Front kämpfte. Brân war jedoch am Fuß des Baumes geblieben, auf dem die Gefährten hockten.

Die Legionen brachen auseinander. Wer noch Zeit hatte, suchte sein Heil in der Flucht.

„Seht nur, die Römer fliehen!", rief Kim.

„Ja, und einige kommen genau auf uns zu!", ergänzte Julian. „Wir müssen hier runter!"

Schon hörte er Brân rufen: „Los, weg!"

So schnell sie konnten, kletterten die Gefährten und Melia die Äste hinab.

Mit Entsetzen erkannte Kim, dass ausgerechnet jetzt keine Gallier in der Nähe waren, um sie zu schützen. Alle Krieger waren nach vorn in die Schlacht gestürmt.

„Da entlang!", rief der Druide und deutete auf einen Trampelpfad.

Sie hetzten den Pfad entlang und verbargen sich auf Brâns

Kommando in einem großen, wild wuchernden Farn. Mit jagendem Atem und klopfendem Herzen lauschte Kim. Der Lärm der Schlacht war nach wie vor unüberhörbar.

Waren sie hier sicher? Kim fing bange Blicke von Leon, Julian und Melia auf. Kija drängte sich zitternd an ihre Beine.

In diesem Moment näherten sich schnelle Schritte, die Schritte eines fliehenden Mannes. Und schon wurden die Farnwedel beiseitegeschoben. Das schweißüberströmte Gesicht eines jungen Zenturios tauchte auf. In seiner Hand hielt der Offizier ein blutiges Kurzschwert. Jetzt hob er es, und Kim wollte schon die Augen schließen.

Da trat Brân dem Mann entgegen, unbewaffnet, die Arme ausgebreitet.

„Es sind Kinder", sagte er zu dem Zenturio. „Wenn du sie töten willst, musst du erst mich töten."

Die vor Angst schlotternde Kim rätselte, ob der Römer den gallischen Druiden überhaupt verstand. Gleichzeitig bewunderte sie Brâns Mut.

Der Zenturio schwieg. Seine Augen hasteten von einem zum anderen. Schmerz und Verzweiflung lagen in diesen Blicken, erkannte Kim, aber auch eine Spur Resignation.

Langsam ließ der Mann die Waffe sinken. Dann wandte er sich ab und rannte weiter in den Wald hinein.

„Puh!", machte Kim. „Das war wieder mal ganz schön eng! Und danke, Brân …"

„Schon gut", erwiderte der Druide. „Aber jetzt geht wieder in Deckung."

Es verstrich eine gute Stunde ohne weitere Zwischenfälle.

Der Kampflärm ließ immer mehr nach, und schließlich herrschte eine gespenstische Stille.

Brân erhob sich und klopfte sich die Erde von seinem weißen Gewand. „Ich glaube, wir können den Rückweg antreten."

Vorsichtig wagten sie sich zum Waldsaum vor. Das Schlachtfeld war übersät mit Toten und Verwundeten. Von den Katapulten waren nur noch verkohlte Skelette übrig, die Türme waren zusammengestürzt oder umgekippt worden. Überall waren Gruppen von siegestrunkenen Galliern unterwegs, die ihren Verletzten auf die Beine halfen oder sie auf Tragen legten.

„Brân!", dröhnte eine mächtige Stimme. „Wir haben dich schon vermisst!"

Kim sah, dass Vercingetorix ihnen zuwinkte. Neben ihm stand Litaviccus.

„Ein Glück, die Fürsten leben!", rief Melia.

Sie liefen zu den gallischen Anführern.

Vercingetorix' Hand landete krachend auf den Schultern des Druiden, doch Brân zuckte noch nicht mal mit der Wimper.

„Was für ein Sieg, beim Teutates!", rief der Fürst. „Nur schade, dass Caesar entkommen konnte. Egal, es war ein fantastischer Triumph. Und den haben wir vor allem dir zu verdanken!"

„Ach, das war doch nicht der Rede wert", wehrte Brân bescheiden ab.

„Von wegen!", mischte sich Melia ein. „Ohne deine wunderbaren Ideen hätten wir vermutlich nie gegen die Römer bestehen können."

Vercingetorix und Litaviccus nickten. „So ist es."

„Bedankt euch bei den Göttern, beim Lugh", erwiderte der Druide jetzt lachend und strich den Gefährten und Melia sanft über die Köpfe. „Und bei diesen wunderbaren, klugen Kindern, die so viel zu diesem denkwürdigen Tag beigetragen haben."

Jetzt klopfte Vercingetorix auch Leon, Julian und Kim auf die Schultern.

Das Mädchen verzog schmerzhaft das Gesicht.

„Stimmt", dröhnte der Fürst und zwinkerte den Gefährten zu, „deine kleinen Helfer wollen wir natürlich nicht vergessen."

Kija maunzte verärgert und augenblicklich beugte sich Vercingetorix zu ihr hinab. „Und du bekommst heute Abend beim Fest einen ganz besonders großen Fisch!"

Da rieb sich die Katze zutraulich an den Beinen des großen Kriegers.

Als die Dämmerung hereinbrach, begann auf dem von unzähligen Fackeln beleuchteten großen Platz ein denkwürdiges Fest. Genau in der Mitte des Platzes stand ein Tisch, wo außer den beiden Fürsten auch Brân und seine jungen Schüler Platz genommen hatten.

Um diese Tafel herum standen weitere lange Tische, an denen die Bewohner von Gergovia und ihre Gäste, die Haeduer, speisten und tranken. Über offenen Feuern wurden Schweinehälften an Spießen gegrillt. In bauchigen Kesseln wurde Hammelfleisch zusammen mit Gemüse geschmort. Junge Mädchen verteilten ofenwarmes Brot. Bier und Wein flossen in Strömen.

Brunnix zog von Tisch zu Tisch und unterhielt die Gallier mit seiner schönen Stimme.

Julian, Leon und Kim machten sich über den würzigen Schweinebraten mit Bohnen her, während Kija den versprochenen Fisch, eine Bachforelle, verspeiste.

Die Stimmung war höchst ausgelassen. Immer wieder erzählten sich die Krieger Einzelheiten aus der Schlacht. Je länger der Abend dauerte und je mehr Bier floss, umso großartiger wurden die Heldentaten. Auch Brân war nicht mehr ganz nüchtern.

„Man muss keine Waffe führen, um ein Held zu sein", flüsterte Melia den Gefährten mit einem feinen Lächeln zu. „Die hohe Kunst der Kriegsführung besteht in der List sowie darin, die Geheimnisse der Natur zu kennen und sie zu nutzen. Ich glaube, dass wir in dieser Hinsicht nie einen besseren Lehrmeister finden werden als unseren Druiden."

Kim schluckte. Melia hatte „wir" gesagt.

Natürlich, die junge Gallierin konnte ja nicht ahnen, dass die Gefährten nun am Ziel ihrer Reise angekommen waren. Sie hatten Vercingetorix kennengelernt, einen Mann, über den man so wenig wusste. Sie hatten herausgefunden, wie den Galliern dieser große Sieg über Caesars Truppen gelungen war. Und schließlich hatten sie eine Menge über die geheimnisvolle Welt der Druiden erfahren.

„Stimmt", sagte Leon zu Melia, „Brân ist wirklich ein großartiger Druide. Und du wirst es auch einmal sein."

Melia sah ihn lächelnd an. „Und was ist mit euch?"

Schnell verbesserte sich Leon. „Ja, wir drei vielleicht auch – wer weiß das schon?"

Kim fing einen Blick von Leon auf. Dann schaute sie kurz zu Julian. Die Freunde verstanden sich wieder einmal ohne Worte. Es war Zeit zum Abschied.

Sie warteten, bis Melia so müde war, dass sie sich schlafen legen wollte.

„Wir gehen mit", sagte Kim schnell.

„Was, jetzt schon?", fragte Vercingetorix mit schwerer Zunge.

„Lass sie, sie sind noch jung", rief Brân und nickte den Gefährten freundlich zu. „Bis morgen!"

Schweren Herzens verließen die Freunde mit Melia den Festplatz.

In Brâns Haus legte sich Melia sofort auf ihr Lager. Auch die Freunde taten so, als ob sie schlafen würden.

Doch sobald sie Melia regelmäßig atmen hörten, schlichen sie sich aus dem Haus und liefen durch die dunklen Gassen zum nächsten Tor. Die Wachen waren, vermutlich aufgrund des einen oder anderen Bechers Bier, eingenickt. Unbemerkt schlüpften die Gefährten aus der großen Stadt.

Kija, die offenbar ahnte, was ihre Freunde planten, flitzte vor und führte Julian, Kim und Leon zu ihrem Ziel – zu der Lichtung mit der gewaltigen Eiche.

„Tja, dann müssen wir diese zauberhafte Welt wohl verlassen", sagte Kim seufzend und nahm Kija auf den Arm.

Die drei Freunde schauten ein letztes Mal Richtung Gergovia. Dann schritten sie auf den mächtigen Stamm des Baumes zu und verschwanden darin.

Tempus holte sie heim nach Siebenthann.

Zauberhafte Zutaten

Eine Woche später saßen die Freunde mal wieder in der besten Eisdiele der Welt, dem Venezia in ihrer Heimat Siebenthann.

„Da fällt mir doch was ein", sagte Julian, während er die Eiskarte studierte. Der italienische Besitzer ließ sich immer wieder etwas Neues einfallen, sodass sich der Blick auf das Angebot durchaus lohnen konnte. „Du schuldest mir noch einen Eisbecher, Leon!"

Leon verzog das Gesicht. „Ach, dass du mich daran erinnern musst …"

Julian grinste. „Selbstverständlich!"

„Also gut, was darf es denn sein?"

„Warte, ich schaue noch."

„Ich nehme das Übliche", sagte Kim. „Einen Schoko-Becher. Und für Kija bestelle ich eine Kugel Vanille-Eis." Die Katze hockte auf einem der Stühle und blickte erwartungsvoll zum Inhaber der Eisdiele.

„Ich nehme ein Spaghetti-Eis", entschied sich Leon.

Nun erschien der Besitzer und begrüßte seine Stammgäste.

Leon und Kim gaben ihre Bestellung auf.

„Tja, ich weiß nicht", sagte Julian. „Was können Sie empfehlen?"

Der Chef des Venezia deutete mit seinem Kugelschreiber auf einen Punkt weit oben auf der Karte.

„Nimm den Becher *Magia*!", schlug er vor. „Das ist meine neueste Kreation!"

„Magia?", grübelte Julian laut. „Hat das etwas mit Zauberei zu tun?"

„Sì!", rief der Italiener begeistert.

„Und was ist da alles drin?", wollte Julian wissen.

Doch der Eisdielen-Besitzer lachte nur. „Das verrate ich nicht, das ist eine Überraschung."

„Na gut, dann lasse ich mich eben überraschen!", erwiderte Julian.

Zufrieden verschwand der Italiener in Richtung Theke.

„Da bin ich ja mal gespannt", sagte Kim.

„Ich auch", ergänzte Leon. „Womöglich besteht der Magia-Becher aus ganz zauberhaften Zutaten, so wie bei den geheimnisvollen Mixturen von Brân. Kann man nie wissen. Der Druide hat ja leider auch nicht verraten, wie und woraus er sie hergestellt hat."

Julian lächelte in sich hinein. „Mag sein. Und morgen steht ja die Mathe-Arbeit an, Leute. Vielleicht habe ich Glück und es sind ein paar Schlaumacher in meinem Eisbecher!"

Vercingetorix –
ein gallischer Held

Über Vercingetorix ist, wie die Zeitdetektive richtig feststellen, leider ziemlich wenig bekannt. Sicher ist, dass er 82 vor Christus geboren wurde und ein Fürst der Arverner war. Im Jahr 52 vor Christus betrat der mutige Gallier die Bühne der Geschichte.

Sechs Jahre zuvor, im Jahr 58 vor Christus, waren die Römer unter der Führung von Julius Caesar im südlichen Gallien eingefallen. Rasch hatten sie das heutige Frankreich erobert und waren bis nach Britannien vorgedrungen. Den militärisch perfekt organisierten Römern war es dabei entgegengekommen, dass die gallischen Stämme oft untereinander verfeindet waren und daher keine schlagkräftige Einheit bildeten.

Das änderte sich Anfang 52 vor Christus, als es Vercingetorix gelang, einige Stämme, darunter die *Karnuten* und Haeduer, unter seinem Kommando zu einen. Die Gallier wollten für ihre Freiheit kämpfen. Es gab einen Aufstand gegen die römischen Besatzungstruppen, in dessen Verlauf die Karnuten einige römische Kaufleute überfielen und töteten.

Caesar, der inzwischen wieder in Rom war, eilte mit einigen Legionen zum Krisenherd, um den Aufstand niederzuschlagen. Vercingetorix mied zunächst die offene Schlacht. Er wich den römischen Truppen aus und verbrannte beziehungsweise räumte Vorratsspeicher, Ställe und Getreidefelder, um den Römern den Nachschub abzuschneiden. Doch die Römer ließen nicht locker. Caesar verfolgte Vercingetorix und dessen Heer, bis sich Vercingetorix in Gergovia verschanzte. Dort kam ihm Litaviccus mit seinen Haeduern zu Hilfe.

Die Römer bezogen in einem Lager wenige Kilometer vor der Hauptstadt der Arverner Stellung und bereiteten sich dort auf eine Belagerung der gut befestigten Stadt, die auf einem Hügel lag, vor.

Die Gallier setzten zunächst auf eine Politik der Nadelstiche. Wenigstens einmal haben sie die Vorratslager der Römer in Brand geschossen – wie im vorliegenden Roman beschrieben.

Doch dann kam der Tag der Schlacht: Mit mindestens vier Legionen und verschiedenen Kriegsmaschinen (Belagerungstürmen und Katapulten) rückte Caesar auf Gergovia zu. Fakt ist, dass Vercingetorix nur einen kleinen Teil seiner Truppen in der Stadt beließ. Der Rest, mehrere Tausend Krieger, attackierte den Feind aus den Wäldern heraus. Über weitere Details der gallischen Kriegsführung ist nichts bekannt. Die im Roman dargestellte Taktik entspringt der Fantasie des Autors.

Für Caesar wurde der Angriff zu einer Katastrophe. Er verlor mindestens 700 Legionäre und 46 Zenturionen. Geschlagen musste er sich in sein Lager zurückziehen.

Doch dann begingen die Gallier einen entscheidenden Fehler – ihre Anführer konnten sich nicht auf eine einheitliche Taktik verständigen. Und so blieb die Schlacht von Gergovia der Höhepunkt des gallischen Widerstands. Denn Caesar gelang es, weitere Truppen auszuheben und für den entscheidenden Schlag gegen die Aufständischen zu motivieren. Mit rund 100.000 Legionären rückte Caesar noch im Herbst des Jahres 52 vor Christus gegen die Gallier vor.

Diese Entscheidungsschlacht fand nur wenige Monate später bei *Alesia* statt, eine Stadt, die wie Gergovia auf einem Hügel lag. Doch diesmal beging Caesar nicht den Fehler, die Stadt anzugreifen. Stattdessen errichteten seine Truppen in nur sechs Wochen zwei gewaltige Belagerungsringe um die Stadt. Der innere (15 Kilometer lang) sollte verhindern, dass Vercingetorix und seine rund 50.000 Männer aus Alesia fliehen konnten. Der äußere Ring (21 Kilometer) diente dazu, gallische Truppen aufzuhalten, die Vercingetorix zu Hilfe eilen wollten. Die Arverner waren komplett eingekesselt.

Zwar gelang es Vercingetorix, einen Hilferuf auszusenden, dem rund 70.000 Gallier folgten. Doch deren Attacke auf den äußeren Wall endete mit einer verheerenden Niederlage.

Caesar ließ Alesia so lange belagern, bis die Vorräte der Gallier aufgebraucht waren. In ihrer Verzweiflung schickten die Gallier ihre Frauen und Kinder aus der Stadt – in der Hoffnung, dass die Römer ihnen etwas zu essen geben würden. Doch Caesar traf eine grausame Entscheidung: Er ließ weder Frauen noch Kinder durch den inneren Ring. Vor den Augen ihrer Männer und Väter verhungerten sie zu Tausenden.

Schließlich gab Vercingetorix auf und Caesar nahm ihn gefangen. Vercingetorix wurde nach Rom gebracht, kam ins Gefängnis und wurde 46 vor Christus hingerichtet. Die Schlacht von Alesia beendete die Aufstände der Gallier gegen Rom.

Heute erinnert eine 6,5 Meter hohe Statue am Schauplatz der Schlacht von Alesia an Vercingetorix.

Glossar

Alae   römische Reitertruppen

Alesia   berühmte Stadt der Gallier in der Nähe des heutigen Dijon

Arverner   berühmter Stamm der Gallier in der heutigen französischen Region Auvergne. Ihre Hauptstadt war Gergovia südlich von Clermont-Ferrand im Zentralmassiv.

Ave   römischer Gruß: Sei gegrüßt!

Barde   Sänger, Dichter und Geschichtenerzähler der Gallier. Die Aufgabe der Barden war es unter anderem, die Geschichte des Stamms weiterzugeben. In der Schlacht sollten sie die Krieger mit ihren Texten und Gesängen anstacheln.

Belenus   gallischer Sonnengott, Gott des Feuers, oft dargestellt als bärtiger Mann, dessen Haarkranz ihn wie eine Sonnenscheibe umgibt

Beltane   Festtag der Gallier am 1. Mai, Fest des Lichts anlässlich des Beginns der warmen Jahreszeit

Caesar, Gaius Julius   lebte vom 13.7.100 bis 15.3.44 v. Chr., bedeutender römischer Staatsmann, Feldherr

Cernunnos   gallischer Gott der Natur und des Neuanfangs. Zumeist wurde er sitzend dargestellt – als Mensch mit einem Hirschgeweih auf dem Kopf.

Clermont-Ferrand Stadt im Zentrum Frankreichs, rund 150.000 Einwohner, Hauptstadt der französischen Region Auvergne

Druiden Priester, Richter, Ärzte, Sterndeuter und Lehrer der Kelten. Die Kelten hielten sie auch für Zauberer. Da die Druiden grundsätzlich nichts schriftlich hinterließen, um ihre Geheimnisse zu wahren, weiß man heute so gut wie nichts über die rätselhaften Männer in den weißen Gewändern.

Epona gallische Göttin, als reitende Frau dargestellt. Sie beschützte die Reiterei.

Esus gallischer Gott der Erde, des Waldes und der Pflanzenwelt, oft als Stier oder als Mensch mit einem Mistelzweig im Haar dargestellt

Fibel Gewandnadel aus Metall, die nach dem Prinzip der Sicherheitsnadel funktioniert

Gallier Oberbegriff für die keltischen Stämme auf dem Gebiet Galliens (heute Frankreich, Belgien und Teile der Schweiz). Die ersten Gallier siedelten in Frankreich bereits im 7. Jahrhundert v. Chr. Im Jahr 52 v. Chr. wurden die Gallier von den Römern unterworfen.

Gergovia Hauptstadt der Arverner

Haeduer (= die Feurigen) größter Stamm der Gallier, nahmen 52 v. Chr. mit den Arvernern am Aufstand gegen Caesar teil

Karnuten gallischer Volksstamm, der einst zwischen den Flüssen Loire und Seine siedelte. Die Karnuten unterstützten den Aufstand gegen Caesar.

Kelten (= die Tapferen, die Edlen) Sammelname für Völkergruppen in Europa, die keltische Sprachen sprechen. Erste Kelten gab es im 7. Jahrhundert v. Chr. Die Kelten waren nie ein einheitliches Volk, sondern bestanden aus verschiedenen Stämmen. Sie siedelten in Frankreich (Gallier), Spanien, Italien, Zentralasien und auf den Britischen Inseln.

Kohorte   Untereinheit der römischen Legion, ein Zehntel einer Legion, zwischen 400 und 600 Mann stark

Legion   römische Heereseinheit, 4000 bis 6000 Soldaten

Legionär   römischer Soldat

Litaviccus   Anführer der Haeduer beim Aufstand gegen Caesar 52 v. Chr.; er lebte im ersten Jahrhundert v. Chr.

Lugh   gallischer Gott der Zauberer und Dichter

Magia   italienisch: Zauber/Zauberei

Mistel   Pflanzengattung aus der Familie der Sandelholzgewächse. Als Schmarotzer wachsen sie auf Bäumen. Die Druiden glaubten, dass die Misteln magische Kräfte haben. Sie durften nur im Mondschein geerntet werden.

Morrigan   gallische Göttermutter, manchmal als junge schöne Frau, dann wieder als hässliche Alte dargestellt. Mitunter erschien sie auch in Gestalt einer Krähe oder eines Raben.

Nantosuelta   gallische Totengöttin. Sie galt aber auch als segenspendende Göttin und wurde deshalb oft mit einem Füllhorn abgebildet.

Papyrus   Papier der Römer, das aus den Stängeln der Papyrusstaude gewonnen wurde

Pilum/Pila   Wurfspieß der römischen Armee. Er bestand aus einem etwa einen Meter langen Holzschaft, auf den eine Eisenstange (Länge: 50 bis 100 Zentimeter) mit einer vierkantigen Spitze montiert wurde. Die Mehrzahl von Pilum heißt Pila.

Praetorium Zelt des Feldherrn

Puy de Dôme erloschener Vulkan im Zentralmassiv, 1465 Meter hoch

Samhain gallisches Fest in der Nacht vom 31. Oktober auf den 1. November, Vorläufer von Halloween

Steineiche immergrüner Laubbaum, bis zu 30 Meter hoch

Sucellus gallischer Waldgott, dargestellt als bärtiger Mann mit einem Becher in der Hand, der den Überfluss oder Reichtum symbolisieren sollte

Taranis oberster Gott der Gallier, Himmelsgott, Gott des Donners und des Blitzes, oft als Pferd oder Mischwesen mit einem Pferdeleib und einem menschlichen Kopf dargestellt

Teutates gallischer Gott des Krieges, der Künste, der Fruchtbarkeit und des Reichtums, zumeist mit einem Widderkopf dargestellt

Tunika ärmelloses Kleidungsstück der Antike. Es bestand aus zwei rechteckigen Stoffstücken aus Wolle oder Leinen, die an den Seiten und an der Schulter zusammengenäht wurden und Öffnungen für Arme und Beine freiließen.

Turres Ambulatoriae auf Rädern bewegliche Belagerungstürme der römischen Armee mit drei bis zehn Stockwerken (je nach Höhe der Stadtmauer, die erstürmt werden sollte)

Vates Wahrsager/-in

Vercingetorix lebte von 82 bis 46 v. Chr. und war der berühmteste Anführer der Arverner. Unter seiner Leitung brachten die Gallier den Römern eine empfindliche Niederlage bei (52 v. Chr.).

Wagner Handwerker, der Räder und Fahrzeuge aus Holz herstellte

Zentralmassiv Gebirge in Frankreich; 85.000 Quadratkilometer groß, zwischen 700 und 1900 Metern hoch

Zenturio Offizier in der römischen Legion, Führer einer Zenturie (80 Mann)

Die Brandstifter von Rom

Inhalt

Ein klarer Fall?

Leon schaute aus dem Fenster und seufzte. Zwei verdammt lange Wochen hatte es in Siebenthann geregnet, aber heute – ja heute schien endlich die Sonne. Der nahende Frühling kitzelte das erste Grün aus der Wiese gleich neben dem Sportplatz, auf den Leons Blick gerade fiel.

Jetzt ein Fußballmatch, das wär's. Raus auf den Platz, dribbeln, flanken, grätschen, Tore schießen.

Aber nein, Leon saß in der Schule. Zusammen mit Julian und Kim hatte er gerade Geschichtsunterricht bei Tebelmann. Der kleine Lehrer stand an der Tafel und schien den Wetterumschwung überhaupt nicht bemerkt zu haben. Und selbst wenn – Tebelmann hätte es vermutlich nicht besonders interessiert, dachte Leon. In der Welt des Lehrers spielte das Wetter bestimmt nur eine untergeordnete Rolle. Und Sport gar keine. Tebelmann lebte für sein Fach. In seinem Unterricht wurde Geschichte lebendig. Da war es nicht wichtig, ob die Sonne vom Himmel brannte oder ob es aus Kübeln goss. Tebelmann redete und redete. Die Worte sprudelten nur so aus ihm hervor.

Eigentlich liebte Leon das Fach Geschichte – aber heute … Verstohlen blickte er auf seine Uhr. Noch zwanzig Minuten bis zur großen Pause. Eine Ewigkeit.

Leon versuchte sich auf den Unterricht zu konzentrieren. Immerhin stand heute das alte Rom auf dem Lehrplan. Eine Epoche, die er sehr spannend fand. Doch schon nach zwei Minuten schweifte sein Blick wieder zum Fenster hinaus. Leon vergaß, wo er sich befand. Er begann zu träumen.

„Und du Leon, was meinst du?"

Leon schreckte hoch.

Tebelmann stand direkt vor seinem Pult und sah ihn freundlich an.

„Na, Leon?"

„Pardon, ich hab gerade gepennt", gab Leon unumwunden zu. Einige Mitschüler fingen an zu lachen.

Tebelmann zog die Stirn in Falten. „Also gut, ich will die Frage für dich wiederholen: Kannst du mir einen berühmten römischen Kaiser nennen?"

Leon war erleichtert, denn diese Antwort fiel ihm nicht schwer. „Julius Caesar!", rief er.

Wieder gab es Gelächter. Irritiert sah Leon sich um. Kim, die zwei Bänke hinter ihm saß, verdrehte die Augen und grinste.

„Caesar wurde bereits von einem deiner Mitschüler genannt", bemerkte Tebelmann spitz.

Leon verzog das Gesicht, als habe er gerade in ein Rosinenbrötchen mit Sardellen gebissen. Jetzt wurde es peinlich.

„Augustus?", sagte er unsicher.

Wieder Gelächter.

„Guten Morgen, Leon. Diesen Kaiser hat Julian gerade eben genannt", stöhnte der Lehrer. „Komm, einen letzten Versuch hast du noch."

Leon zupfte an seinem Ohrläppchen. Noch einen Versuch … Er kramte in seinem Gedächtnis.

„Nero!", stieß er unvermittelt hervor. Und diesmal blieb das Gelächter aus.

Gemächlich verließ Tebelmann Leons Pult und steuerte wieder auf die Tafel zu.

„Nero", wiederholte er dabei. „Ein interessanter Name, wirklich wahr."

„Nero hat doch Rom angezündet", ergänzte Leon, der jetzt wieder etwas mutiger wurde.

Tebelmann fuhr auf halber Strecke herum. „So, wer sagt das?"

Leon hob die Schultern und ließ sie wieder fallen. „Das ist doch ein klarer Fall. Das habe ich jedenfalls mal gelesen. Oder gehört, glaube ich."

Missbilligend schüttelte Lehrer Tebelmann seinen Kopf. „*Glauben* nützt dir in einer *Wissenschaft* nichts, Leon. Wissen ist alles, Wissen ist Macht."

Pflichtschuldig nickte Leon. Aber dass Nero Rom angezündet hatte, wusste doch eigentlich jeder – oder?

„Nero war von 54 bis 68 nach Christus Kaiser", dozierte der Lehrer. „Richtig ist, dass es während seiner Regierungszeit zu dem Feuer kam, das Rom zu einem Großteil vernichtete. Aber wer der Brandstifter war, ist heute sehr umstritten."

Ein Schüler meldete sich. „Ich habe mal einen Film gesehen. *Quo vadis* hieß der oder so ähnlich. In diesem Film hat Nero die Stadt angezündet. Er stand auf einer Dachterrasse, hat grässlich gesungen und zugeschaut, wie Rom in Schutt und Asche versank."

„Ein Film, mehr nicht", wiegelte Tebelmann ab. „Hollywood nimmt selten Rücksicht auf historische Fakten. Nein, die heutige Wissenschaft geht davon aus, dass ..."

Der Lehrer verlor sich in einem weiteren Monolog. Doch diesmal hing Leon an seinen Lippen. Sein Interesse war geweckt. Wenn nicht Nero Rom angezündet hatte, wer dann? Wer hatte Tausende von Menschen auf dem Gewissen? Und warum wurde das Feuer gelegt?

„Niemand wird jemals herausfinden, wer die Brandstifter von Rom waren", schloss der Lehrer schließlich seine Ausführungen. Nun war er es, der auf die Uhr schaute. „Tja, und jetzt wird gleich der Gong ertönen. Raus mit euch in die Pause!"

Leon, Kim und Julian stürmten mit den anderen Schülern auf den Hof.

„Endlich mal wieder Sonne, was für ein Traum!", sagte Kim.

„Das wurde auch Zeit", bemerkte Leon gut gelaunt. Dann senkte er die Stimme. „Apropos Zeit: Was haltet ihr von einer kleinen Reise?"

Julian sah ihn scharf an. „Du meinst eine *Zeit*reise mit Tempus?", flüsterte er.

„Logo."

„Du willst wissen, wer Rom angezündet hat, oder?"

Leon nickte. „Exakt. Ich dachte immer, dass es Nero war. Aber das ist offenbar überhaupt nicht bewiesen. Und jetzt will ich herausfinden, wer hinter der Brandstiftung steckt. Seid ihr dabei?"

Julian nickte begeistert und Kim sagte: „Ich bin sozusagen Feuer und Flamme!"

Nun war es Leon, der die Augen verdrehte. „Sehr witzig, Kim!"

Endlich war es fünf Uhr am Nachmittag. Um diese Uhrzeit schloss die Bibliothek des Bartholomäusklosters für die anderen Bücherfreunde. Doch für vier besonders eifrige Nutzer würde sie sich jetzt gleich wieder öffnen – dank des Schlüssels, den Julian besaß. Nicht nur das! Das Reich der Bücher würde ihnen Zugang zu seinem geheimsten Ort gewähren: zu Tempus, dem Zeit-Raum.

Kim schickte sich an, ihr Zimmer zu verlassen, um zur Bibliothek zu laufen.

„Komm, Kija", sagte sie. „Es geht los."

Die Katze hatte sich auf Kims Bett zusammengerollt und spitzte die Ohren, machte aber keine Anstalten, ihren weichen Platz zu verlassen.

Kim setzte sich zu ihr und streichelte sie. „Los, du Faulpelz, wir wollen eine kleine Zeitreise unternehmen", sagte sie mit gedämpfter Stimme. Ihre Mutter hatte die unangenehme Angewohnheit, hin und wieder etwas zu hören, was sie nicht hören sollte. Leise maunzend erhob sich Kija und begann, sich ausführlich zu strecken.

Einmal mehr fragte sich Kim, ob die Katze wirklich verstand, was sie sagte. Schließlich war Kija keine gewöhnliche Katze. Sie war einfach – magisch.

Kim lächelte. „Wir reisen diesmal allerdings nicht nach Ägypten", wisperte sie, „sondern nach Rom."

Prompt fiel die Katze wieder aufs Bett, als habe man ihr die Beine weggezogen.

„Ach Kija." Kim musste lachen. „Nur weil's nicht wieder in deine alte Heimat geht, brauchst du doch nicht gleich zusammenzubrechen." Sie stand auf und ging zur Tür. Die Augen der Katze verfolgten jeden ihrer Schritte aufmerksam.

„Na gut, dann bleibst du eben hier." Kim öffnete die Tür. Nun kam doch Bewegung in die Katze. Widerwillig maunzend lief Kija hinter Kim her.

Kurz darauf wälzte Kim zusammen mit Leon und Julian in der Bibliothek verschiedene Geschichtsbücher, um sich auf die Zeitreise vorzubereiten. Im Kloster gab es zahlreiche Bände, die sich mit der Geschichte Roms beschäftigten, und es war gar nicht so leicht gewesen, genau die Literatur zu finden, die sie interessierte.

Kim hatte eine Biografie über Nero entdeckt und las gerade ein Kapitel über Neros Jugend. Diese war von Neros dominanter und ausgesprochen ehrgeiziger Mutter Agrippina geprägt worden, die mit allen Mitteln versucht hatte, ihren Sohn auf den Kaiserthron zu bekommen.

„Hört mal, was hier steht", sagte Kim und las nun laut vor: „Agrippina ließ Neros Vorgänger Claudius, der zugleich ihr Mann war, vergiften! Dann sorgte sie dafür, dass ihr Sohn auf den Thron kam. Nero ließ seinen Rivalen, den jungen Britannicus, kaltblütig ermorden. Als Nero an der Macht war, lebte er in ständigem Streit mit dem *Senat*."

„Der Senat?", fragte Leon. „Welche Aufgabe hatte der noch mal?"

Als Kim nicht gleich antwortete, sprang Julian ein: „Der Senat war damals das höchste Staatsorgan, soviel ich weiß.

Die Senatoren waren sehr reich und mächtig. Sie erließen Gesetze, kontrollierten die Finanzen des Staates und bestimmten hohe Beamte. Außerdem konnten die ..."

„Okay", lachte Kim, „ist schon gut, Julian. Hier steht noch etwas anderes Interessantes. Nero hat anscheinend ein regelrechtes Netz von Spitzeln und Zuträgern errichtet, weil er Angst hatte, ebenfalls ermordet zu werden. Aber er war wohl nicht nur brutal, sondern auch sehr künstlerisch veranlagt. Unter anderem war er ein begeisterter Musiker."

Leon schüttelte sich: „Ein musikalischer Mörder ..." Er vertiefte sich wieder in seine Lektüre.

Nachdenklich runzelte Julian die Stirn. Nero schien ein Mann mit vielen Gesichtern gewesen zu sein – und ausgesprochen gefährlich. Wenig später entdeckte Julian in seinem Buch eine Abbildung, die eine Büste von Nero zeigte. Der Kaiser hatte ein breites, rechteckiges Gesicht, in dem vor allem die kräftige Nase und das fleischige Doppelkinn auffielen. Der Mund, so fand Julian, zeigte den Anflug eines vorsichtigen, leicht spöttischen Lächelns.

Kija schien es langweilig zu sein. Die Katze versuchte immer wieder, ihre drei Freunde zu stören und die Aufmerksamkeit auf sich zu lenken. Mal stupste sie Kim mit der Nase an, mal strich sie um Julians Beine, mal marschierte sie mit hoch erhobenem Schwanz über Leons aufgeschlagene Buchseiten. Doch die drei ließen sich nicht ablenken.

„Ich hab's!", triumphierte Leon schließlich. „Der Brand brach im Juli des Jahres 64 nach Christus aus – und zwar in der Nähe des *Circus Maximus*. Jetzt wissen wir genau, wo wir hinmüssen, wenn wir sehen wollen, wer das Feuer gelegt hat."

„Nero wollte den Verdacht auf die Christen lenken", warf Kim ein. „Das schreibt jedenfalls ein Autor, der in der damaligen Zeit lebte: ein gewisser Tacitus."

„Auf die Christen – wieso denn das?"

Kims Zeigefinger huschte über die Zeilen. „Ah, hier steht's: Zu Neros Zeiten bekamen die römischen Götter wie Jupiter plötzlich Konkurrenz. Man erzählte sich, der heilige Petrus sei in Rom erschienen und habe mit Gottes Hilfe Wunder vollbracht. Daraufhin wandten sich immer mehr Römer von ihren alten Göttern ab und traten zum christlichen Glauben über!" Kim sah Julian und Leon nachdenklich an. Dann fuhr sie fort: „Das wollte Nero nicht zulassen, denn die alte Ordnung war in Gefahr. Nero hatte Angst davor, Macht zu verlieren, glaubt Tacitus. Also habe er den Christen den Brand in die Schuhe geschoben, um einen Grund zu haben, sie zu verfolgen!"

Leon hob die Augenbrauen. „Ein gemeiner Plan – wenn es denn wirklich so gewesen ist. Genau das sollten wir herausfinden. Immerhin wissen wir ja schon mal, wo das Feuer ausbrach. Das ist ein entscheidender Vorteil. Denn Rom war damals schon eine Riesenstadt, soviel ich weiß."

Mit einem Knall klappte Kim das Buch über Nero zu. „Dann können wir ja starten, oder?"

„Lasst uns lieber noch in ein paar andere Bücher schauen", schlug Julian vor. „Je mehr wir vorab wissen, umso besser."

Kim winkte ab. „Ach was. Ich will los", drängte sie.

„Okay, aber es wird eine besonders gefährliche Reise", gab Leon zu bedenken. „Dieses Feuer ist völlig außer Kontrolle geraten. Das steht jedenfalls hier in meinem Buch. Der Brand hat Rom zu einem Großteil zerstört und Hunderten, vielleicht sogar Tausenden von Menschen das Leben gekostet!"

„Echt?", fragte Julian. Er war blass geworden.

„Ja", meinte Leon. „Das war nicht irgendein Feuer, das war eine richtige Katastrophe."

„Und wir wären plötzlich mittendrin …", sagte Julian tonlos.

Kim seufzte. „Macht euch nicht in die Hosen, Jungs! Wir werden eben noch vorsichtiger sein als sonst!"

Kim überzeugte die Freunde. Und so schoben sie kurz darauf gemeinsam die Regalwand zur Seite, die die Tür zum Zeitraum verbarg. Die Freunde traten durch das reich verzierte Tor und gelangten in die bläulich schimmernde Welt von Tempus. Sie tasteten sich durch den feinen Nebel, der den Zeit-Raum ausfüllte und ihnen die Sicht erschwerte.

Unmittelbar vor Julian flog eine der mit Jahreszahlen versehenen Türen auf. Ein schauriges Lachen war zu hören. Julian blieb fast das Herz stehen. Er musste ein paarmal tief durchatmen, bevor er seinen Freunden folgen konnte.

Leon fand schließlich die richtige Tür. *64 nach Christus* war in dicken, schwarzen Buchstaben in den Türrahmen geschnitzt worden. Neben den Zahlen erkannten die Freunde kleine Teufelsfiguren – und einen großen Totenschädel.

„Wirklich sehr einladend", kommentierte Kim.

Kija machte einen Buckel.

„Ich weiß, wir reisen nicht nach Ägypten. Aber da, wo wir hinwollen, ist es wenigstens auch schön warm", versuchte Kim die Katze zu trösten.

Als Antwort fauchte sie.

Kim ging nicht weiter auf Kijas Protest ein und fragte die Jungen: „Seid ihr bereit?"

Julian und Leon nickten stumm.

„Okay, dann wollen wir mal." Kim nahm Kija auf den Arm und öffnete die Tür. Dahinter war nichts – nur Dunkelheit. Noch nicht einmal ein Geräusch drang heraus. In der dunklen Welt, die hinter dieser Tür lag, schien Todesstille zu herrschen.

Dadurch ließen sich die Freunde jedoch nicht aufhalten. Wie immer bei ihren Zeitreisen fassten sie sich an den Händen und konzentrierten sich auf ihr Ziel, das diesmal Rom hieß. Dann traten sie durch das Tor.

Der Verfolger

Tempus entließ die Freunde durch eine fünf Meter hohe Statue in das alte Rom. Julian, Leon, Kim und Kija glitten durch den harten Marmor wie durch eine Wand aus Licht und standen auf einem großen Platz. Niemand bemerkte ihre Ankunft, obwohl hier in diesen frühen Abendstunden reges Treiben herrschte. Es war sehr warm, kein Wind wehte. Die Millionenstadt schien unter einer Glocke aus dumpfer Hitze zu brüten. Das Standbild stellte einen Mann in einer eleganten, wallenden *Toga* dar, der die Saiten einer *Lyra* zupfte.

„Seht mal, das ist Nero", rief Julian, der sich an die Abbildung in seinem Buch erinnerte.

Kim blickte an sich herunter. Wie ihre Freunde trug sie nur eine einfache *Tunika* und Sandalen.

„Tja, so schick wie der Kaiser sind wir nicht ausstaffiert", sagte sie.

Die Kinder wunderten sich jedes Mal von Neuem über den Kleiderwechsel, der sich während der Zeitreise vollzog. Ein weiteres Rätsel von Tempus, das sie wohl nie würden ergründen können: Sie konnten sich immer fließend in der jeweiligen Landessprache verständigen – egal wo sie hinkamen.

Kim schaute sich auf dem Platz um. „Hast du eine Ahnung, wo wir hier sind, Julian?"

Der Junge kniff die Augen zusammen. Sie waren umgeben von wunderschönen Tempeln, Säulen, Denkmälern und anderen eleganten Gebäuden aus strahlend weißem Marmor.

„Klar, wir sind auf dem *Forum Romanum*, dem Zentrum der Stadt!", rief Julian aufgeregt. „Der Bau mit den vielen Säulen davor ist die *Basilica Julia*, wenn ich mich recht entsinne. Und da drüben ist die *Curia*!"

„Die was?"

„Die Curia!", wiederholte Julian ungeduldig. „Dort versammeln sich die Senatoren, um über Gesetze abzustimmen."

„Du bist manchmal wirklich ein wandelndes Lexikon", staunte Kim. Sie ließ ihren Blick schweifen. „Was für eine Pracht", sagte sie beeindruckt.

Drei Senatoren schritten heftig diskutierend über die *Via Sacra* und strebten auf die große Bronze-Tür der Curia zu. Sie trugen rote Schuhe mit einer Sichel als Schmuck, Gewänder mit breiten Purpurstreifen und an ihren Fingern goldene Ringe. Ein Mann mit einem Bauchladen bot ihnen Pinienkerne und andere Leckereien an, doch sie beachteten ihn nicht. Vor der Curia hielten zwei *Legionäre* Wache. Sie waren mit Speeren und kurzen Schwertern bewaffnet. Zu ihrer Ausrüstung gehörten außerdem Helme mit roten Federbüscheln, Kettenhemden und große, ovale Schilde. Aufmerksam spähten die Legionäre über das Forum.

Wenig später flanierte eine *Patrizierin* an den Freunden vorbei. Die reiche Frau hatte zwei Sklaven im Schlepptau, die ihr offenbar als Leibwache dienten. Mit zierlichen Schritten tippelte die Frau auf das *Heiligtum der Vesta* zu.

„Was für eine Pracht", wiederholte Kim. „Aber wir sollten

zusehen, dass wir zum Circus Maximus kommen. Dort ist schließlich der Brand ausgebrochen. Hat jemand eine Idee, wie wir dort hin gelangen?"

„Nö", gab Julian zu. „Aber wir können uns durchfragen."

„Wartet mal", zischte in diesem Moment Leon. „Der Mann da drüben beobachtet uns schon die ganze Zeit."

„Wer?", fragte Kim ebenso leise.

„Nicht umdrehen", flüsterte Leon. „Der Mann steht genau hinter Kims Rücken. Er ist halb verdeckt von einer Säule der Basilica."

„Und er hat uns im Visier, meinst du?", fragte Kim atemlos. „Hoffentlich hat er unsere Ankunft nicht bemerkt! Womöglich ist er einer von Neros Spitzeln."

„Lasst uns einfach losgehen", schlug Julian vor und fragte eine Frau nach dem Weg zum Circus. Sie zeigte in eine Richtung. Die Freunde gingen los, warfen dabei immer wieder vorsichtige Blicke über die Schulter. Der Mann hatte sich aus dem Schatten der Säule gelöst und folgte ihnen in einigem Abstand.

„Der Kerl hat eine lange Narbe im Gesicht", sagte Leon. „Er ist hinter uns her, kein Zweifel. Ich finde, wir sollten ihn abhängen! Ich zähle leise bis drei, dann tauchen wir in der Markthalle da drüben unter!"

Als das Kommando kam, flitzten die Freunde los. Nach wenigen Schritten erreichten sie die Halle, in der alle möglichen Waren angeboten wurden. Es herrschte dichtes Gedränge – ein ideales Gebiet, um sich unsichtbar zu machen.

„Den sind wir los", atmete Julian auf, nachdem er sich vergewissert hatte, dass der Mann mit der Narbe ihre Spur verloren hatte.

Die Freunde ließen sich treiben. Schließlich gelangten sie in eine schmale Gasse, in der es bestialisch stank. Hier hatten die Gerber und Färber ihre Werkstätten. Der entsetzliche Geruch stieg aus ihren Bottichen.

Kija ergriff als Erste die Flucht und rannte in die nächste Straße. Aber auch hier wurde es kaum besser. Die Häuser lehnten sich schief und krumm aneinander wie eine Reihe schlechter Zähne. Manche Gebäude waren verfallen, andere notdürftig repariert. In der Gosse floss eine zähe, undefinierbare Flüssigkeit, die nach Fisch roch.

„Nett hier." Kim hielt sich die Nase zu. Sie erblickte einen Mann in einer fadenscheinigen Tunika, der sie mit durchdringenden Augen musterte. Für einen Moment überlegte Kim, ob sie ihn nach dem richtigen Weg fragen sollte, ließ es dann aber. Der Mann sah nicht gerade vertrauenerweckend aus. Wo waren sie hier nur gelandet? In diesem Teil der Weltstadt gab es kein elegantes Forum Romanum und keine herrlichen Tempel, keine mondänen Thermen und schicken Villen der Reichen. In der Welt, in der sie sich gerade befänden, roch es nach Schmutz und Fäulnis, die Luft war voller Staub und Lärm. Aus einem Wirtshaus drang der traurige Gesang eines Betrunkenen.

„Wir sollten dieses Viertel so schnell wie möglich wieder verlassen", sagte Kim. „Wenn es richtig dunkel ist, wird's hier gefährlich."

„Wir müssen unbedingt den Circus finden. Das kann doch nicht so schwer sein!", grummelte Julian.

Als ihnen ein Kind endlich den richtigen Weg wies, war es schon beängstigend dunkel geworden.

Plötzlich rief Julian: „Da vorn ist der Circus!" Seine Augen begannen zu leuchten.

Die berühmte Rennbahn, in der sich einmal in der Woche die Wagenlenker vor hunderttausend Zuschauern spannende, aber auch brutale Duelle um den Sieg lieferten, bestand aus drei Stockwerken. Das untere war eine schier endlose Arkadenreihe, die sich etwa achthundert Meter um die Rennbahn herumzog. An diesen Bögen hatten die Händler ihre einfachen Holzbuden. Einige von ihnen waren auch zu dieser späten Stunde noch geöffnet.

„Hat jemand eine Idee, wo wir hin sollen?", fragte Kim.

„Was haltet ihr von einem solchen Stand?", fragte Leon leise. „Meint ihr, wir könnten uns da drin verstecken, sobald die letzten Händler weg sind?"

„Klingt gut", urteilte Kim. „Das ist zumindest einen Versuch wert. Aber jetzt müssen wir erst einmal warten, bis die Luft rein ist."

Sie beschlossen, ihren Durst an einem Brunnen auf dem Platz zu stillen. Als sie sich gerade am Fuße des Brunnens niedergelassen hatten, wurden Stimmen laut. Zwei der Händler unterhielten sich von Stand zu Stand.

„Die Geschäfte laufen schlecht, bei *Mercurius*", jammerte der eine, ein kleiner Mann, der allerlei Salben feilbot.

„Wem sagst du das", seufzte der andere, ein Lederverkäufer. „Nero erhöht ständig die Steuern, um Geld für seine Prunkbauten zu bekommen. Kein Wunder, dass die Kunden dann kein Geld mehr haben, um bei uns einzukaufen."

Der Kleine nickte. „Aber es gibt Hoffnung. Heute habe ich gehört, dass der Senat murrt."

163

„Der Senat?" Der Lederverkäufer winkte ab. „Was können diese reichen Schwätzer gegen Nero schon ausrichten? Die reden doch den lieben langen Tag in der Curia und nichts kommt dabei heraus!"

„Da wäre ich mir nicht so sicher." Der Kleine senkte die Stimme. „Die Senatoren sind sehr gereizt, habe ich gehört. Weil Nero sie nicht ernst nimmt und sie öffentlich beleidigt. Nero hat den Bogen überspannt. Da ist was im Gange, sage ich dir. Vielleicht sogar eine Verschwörung …"

Der Lederverkäufer beugte sich weit aus seinem Stand. „Nicht so laut", mahnte er. „Nero hat seine Spitzel überall."

„Schon gut", erwiderte der Kleine. „Hoffentlich kommt noch ein Käufer …"

„Ja", seufzte der andere. „Aber ich glaube es kaum."

„Ehrlich gesagt, ich auch nicht", fügte der Kleine hinzu. „Dabei drücken mich hohe Schulden. Am besten wär's, der ganze Laden würde abbrennen. Wer nichts hat, bei dem kann man auch keine Schulden eintreiben!"

Die Freunde tauschten Blicke aus. War der Kleine etwa der Brandstifter von Rom?

Eine Stunde später gaben es die beiden Händler auf. Sie packten ihre Waren auf Karren und deckten die Stände mit Stoffbahnen ab. Kurz darauf huschten die Freunde zu einer der Buden und schlüpften unter den Stoffüberhang.

Gerade als Leon den Überhang wieder hinabfallen lassen wollte, sah er jemanden hinter den Brunnen huschen – hatte der Mann eine Narbe gehabt? Leon war sich nicht sicher, es war zu schnell gegangen.

„Was ist, Leon?"

„Ich weiß nicht", murmelte Leon. „Gut möglich, dass der Mann mit der Narbe immer noch in unserer Nähe ist."

Kim ließ ihren Blick über den Platz schweifen. „Ich kann niemanden entdecken."

Leon zuckte die Schultern. „Vielleicht habe ich mich auch geirrt …"

„Seht mal", Julian freute sich, „hier liegen sogar noch ein paar alte Säcke herum!" Rasch baute er sich daraus eine Art Matratze. „Gar nicht so übel", kommentierte er.

Leon und Kim folgten seinem Beispiel. Kurz darauf hatten sie sich ein notdürftiges Lager eingerichtet.

„Wer übernimmt die erste Wache?", fragte Kim.

Leon und Julian hoben die Schultern.

„Ich mach's", meinte Kim. „Aber allein ist Wacheschieben irgendwie öde."

Da kuschelte sich Kija an das Mädchen.

„Okay", Kim lachte, „ich bin nicht allein. Kija wird mich unterstützen."

Es stellte sich allerdings schnell heraus, dass Julian und Leon viel zu aufgeregt waren, um einzuschlafen.

Leon fand einen waagerechten Schlitz im Stoff, durch den sie eine recht gute Sicht auf den Platz vor dem Circus hatten.

Nun begann das große Warten. Die Minuten tröpfelten endlos langsam vorbei. Draußen, auf dem vom Vollmond beschienenen Platz, geschah rein gar nichts.

Als die letzte Geschichte erzählt war und das Gespräch endgültig verstummte, übermannte die Freunde der Schlaf.

Daher bemerkten sie nicht, wie ein Mann an den Circus heranschlich. Sein Gang war lautlos und geschmeidig. Sein Gesicht von der Kapuze einer *Lacerna* verhüllt. Der Mann blickte sich kurz um. Dann verschwand er unter der Stoffbahn, die den Stand neben dem der Gefährten bedeckte. Kurz darauf glimmte Feuerschein auf. Der Mann stürzte aus der Bude und rannte weg, während hinter ihm das Feuer schnell Nahrung fand …

Es brennt!

Die Bude stand innerhalb weniger Minuten in hellen Flammen. Sie leckten am Stoff des benachbarten Standes, in dem die Gefährten schliefen, und fraßen sich gierig weiter, immer weiter.

Leon wurde durch Kijas Miauen geweckt.

„Was ist denn?", murmelte er unwillig.

Doch dann roch er es: Feuer!

Leon riss die Augen auf. Qualm drang in ihr Versteck. Feuerschein zuckte über die Stoffbahnen.

„Es brennt!", rief Leon. Schlagartig war er hellwach und weckte Kim und Julian.

Kim hustete, Julian rieb sich die Augen, die zu tränen begonnen hatten.

„Raus hier!", brüllte Leon, warf die Stoffbahn zurück und stürmte aus der Bude. Er sah gerade noch, wie ein großer, schlanker Mann in einem Umhang an den Arkaden des Circus Maximus entlanghastete.

War das der Brandstifter gewesen?, fragte sich Leon. Aber es war unmöglich, den Mann zu erkennen. Der Kerl war viel zu weit weg – und jetzt verschluckte ihn die Dunkelheit.

Hektisch sah sich Leon um. Konnten sie Wasser vom Brunnen holen und das Feuer noch löschen?

Ein Blick auf den Brand ließ ihn vollkommen mutlos werden. Inzwischen hatte sich das Feuer auf vier Stände ausgeweitet. Ein warmer Wind trieb die Flammen an. Sie eroberten in einem erschreckenden Tempo Meter für Meter.

Kim und Julian waren mittlerweile hinter Leon aus der brennenden Bude gestolpert.

„Wir müssen die Leute warnen, die in den Häusern dort wohnen!", rief Julian und deutete auf eine nahe *Insula* – einen der mehrgeschossigen, billig gebauten Wohnblöcke, in denen die Armen wohnten und in denen es noch nicht einmal Toiletten gab.

Leon nickte knapp und wollte schon losrennen.

„Halt!", schrie Kim in diesem Moment. „Hat einer von euch Kija gesehen?"

Die Freunde blickten sich um. Doch von der Katze fehlte jede Spur.

„Vielleicht ist sie in Panik geraten und weggelaufen", vermutete Julian.

Leon dachte scharf nach. Kija hatte ihn geweckt und ihnen allen dadurch vermutlich das Leben gerettet. Aber wo war Kija dann geblieben?

Leon wusste es nicht und bekam ein schlechtes Gewissen. „Sie kommt bestimmt gleich wieder", sagte er. „Wenn wir uns um jemanden keine Sorgen machen müssen, dann ist es Kija – oder?"

Zweifelnd sah Kim ihn an. „Das sagst du so …" Sie formte mit ihren Händen einen Trichter um ihren Mund. Dann brüllte sie aus Leibeskräften den Namen der Katze. Aber Kija blieb verschwunden.

Ein dumpfes Krachen ließ die Freunde herumfahren. Die Bude, die ihnen gerade noch als Nachtquartier gedient hatte, brach in einem Funkenregen zusammen.

„Kija!", gellte Kims Stimme noch einmal verzweifelt durch die Nacht. Vergeblich. Kim spürte, wie Tränen in ihr aufstiegen. Hätte sie doch nie ihre Freunde überredet, nach Rom zu reisen! Aber jetzt war es zu spät, und vielleicht lag Kija unter den brennenden Trümmern!

Von den Mietshäusern waren Rufe zu hören. Menschen hasteten auf den Platz.

„Die *Vigiles*!", rief jemand erleichtert und deutete auf einen Trupp Männer.

Die römischen Feuerwehrleute stürmten heran. Mit ihren Äxten rissen sie einen Stand nieder, der als Nächstes vom Feuer bedroht war. Für kurze Zeit schien es, als könnte der Brand tatsächlich eingedämmt werden. Aber dann fachte der Wind die Feuersbrunst erneut an – die Flammen ergriffen die am Boden liegenden Trümmer der gerade umgerissenen Bude und fraßen sich in eine weitere Holzbehausung, die bereits ganz in der Nähe der Wohnblöcke stand.

„*Vulcanus* steh uns bei!", betete eine verängstigte Frau und schlug die Hände vors Gesicht.

Der tückische, unberechenbare Wind trieb die Flammen in ständig andere Richtungen. Immer neue Gebäude standen binnen Minuten lichterloh in Flammen. Das Feuer kam zwischen den dicht zusammenstehenden Häusern in einer rasenden Geschwindigkeit voran und vernichtete alles, was sich ihm in den Weg stellte.

Kims Lunge war gefüllt mit dem beißenden Qualm, der

sich über das Circus-Areal gelegt hatte. Wieder schaute sie sich um: Wo konnte die Katze nur sein? Ihr Blick fiel auf die Insula, die das Feuer gerade erreichte. Die Flammen brandeten gegen die Hauswand und kletterten daran empor. Schon schlichen sie sich ins erste Stockwerk. Schreie wurden laut.

Da sah Kim einen kräftigen Mann, der über eine Leiter zu einem Fenster im ersten Stock kletterte. Er schaute kurz über die Schulter und dann, als er sich unbeobachtet fühlte, stieg er durch das Fenster in die Wohnung ein.

Kim zögerte. Wollte der Mann jemandem zu Hilfe eilen?

Kurz darauf kehrte der Mann mit einem Sack zurück.

Ein Plünderer!, durchfuhr es Kim. Sie machte Leon und Julian auf den Dieb aufmerksam.

„Das ist doch jetzt egal!", rief Leon. Sein Gesicht war rußgeschwärzt und glänzte schweißnass. „Wir müssen schauen, dass wir den Leuten hier helfen. Lasst uns zu den Nachbarhäusern laufen und die Bewohner alarmieren!"

Kim folgte ihren Freunden. Doch dabei ließ sie den Einbrecher nicht aus den Augen. Er schlängelte sich, die Beute fest im Griff, durch die Menschen und kam geradewegs auf Kim zu. Plötzlich teilte sich die Menge und machte einer Gruppe Soldaten Platz.

„Die *Prätorianer*!", rief ein junger Mann.

Kim tippte Julian auf die Schulter. „Wer sind denn die Prätorianer?"

Julian blieb stehen und dachte kurz nach. „Ich glaube, so eine Art Eliteeinheit. Neros Leibgarde, wenn mich nicht alles täuscht. Die Besten der Besten unter den Soldaten."

„Okay, prima", sagte Kim nur und flitzte zu den Soldaten.

Eine Minute später umstellten die Prätorianer den Dieb. Ein großer Soldat entriss ihm den Sack.

„Wo hast du das her?", brüllte der Soldat, der offenbar der Anführer war.

Ängstlich sank der Dieb auf die Knie. „Das gehört mir. Bitte, großer Tigellinus, glaub mir", rief er unterwürfig.

Der Offizier mit dem Namen Tigellinus zog sein Schwert. „Lüg mich nicht an!", zischte er.

„Nein, beim *Jupiter*, verschone mich. Ich gestehe alles!", jammerte der Dieb. „Es stimmt, ich habe die Dinge gestohlen."

„Zwei Mann führen diesen *Scelestus* ab!", befahl Tigellinus knapp. Dann deutete er auf eine der Insulae. „Die anderen holen mit mir die Leute da raus, bevor sie vom Feuer eingeschlossen werden", ordnete er an. „Und noch was, Männer: Wenn ihr auf diese verfluchten Christen stoßt, nehmt sie fest. Ich wette, dass die Ungläubigen hinter diesem Brand stecken. Sie wollen unser einzigartiges Rom zerstören! Also ergreift sie, wo immer ihr könnt!"

Dann rannten der Offizier und seine Männer zum Mietshaus.

Kim war völlig fassungslos. Wieso sollten die Christen das Feuer gelegt haben?

„Los, Kim, hier können wir niemandem helfen!", riss Leon sie aus ihren Gedanken.

Das Mädchen gehorchte. Es gab jetzt wirklich Wichtigeres als die Mutmaßungen eines Offiziers über die Brandstifter.

Das Feuer hatte die erste Insula nun völlig eingenommen und legte sie in Schutt und Asche. Balken knickten wie Zahnstocher, als das Haus in sich zusammenfiel. Ziegel platzten in der enormen Hitze und Mauern stürzten ein, als habe sie die Faust eines Riesen getroffen. Brennende Teile krachten gegen das Nachbargebäude, und wieder fanden die gefräßigen Flammen neues Futter.

„Seht mal da oben!", rief Julian und deutete zum Dachgeschoss eines Mietsblocks, der dem gegenüberlag, in dem die Legionäre gerade verschwunden waren.

Am Fenster standen ein Mann und eine Frau, die ein etwa dreijähriges Kind in den Armen hielt. Sie schrien verzweifelt um Hilfe.

„Sieht aus, als sei ihnen der Fluchtweg abgeschnitten", sagte Leon. „Wir müssen ihnen helfen."

Der Zeuge

Bevor ihn seine Freunde stoppen konnten, war Leon losgerannt. Dichter Rauch waberte aus dem Haupteingang. Leon versuchte sich zu orientieren. Schemenhaft erkannte er Treppen. Er warf einen Blick über die Schulter. Keuchend kamen Kim und Julian angerannt.

Leon lächelte. Auf seine Freunde war eben Verlass. Er drehte sich wieder um und nahm die ersten Stufen im Laufschritt. Der Qualm wurde dichter, Leon begann zu husten.

Flach auf den Boden!, fuhr es ihm durch den Kopf. Das hatte er mal im Fernsehen gesehen. Man musste sich so dicht wie möglich am Boden halten, denn die bei einer Verbrennung entstehenden Gase steigen nach oben. Leon ließ sich auf die Knie fallen und robbte weiter. Die Hitze nahm zu, der Rauch trieb Tränen in seine Augen. Der Junge begann zu würgen. Nein, keine Chance, hier kam er nicht weiter. Er musste umkehren.

„Zurück!", brüllte Leon nach hinten, dorthin, wo er seine Freunde vermutete. Inzwischen war das Treppenhaus so voller Qualm, dass er die eigene Hand vor Augen nicht mehr sehen konnte. Leon wurde schwindelig. Er befand sich nun selbst in großer Gefahr. Halb blind tastete er sich die Stufen hinab. Endlich war er wieder vor dem Gebäude.

„Sinnlos", keuchte Kim.

„Das Nachbarhaus", sagte Leon und hustete erneut. „Von dort könnte es klappen!"

Kim und Julian sahen ihn fragend an.

„Keine Zeit für große Erklärungen, kommt mit!", rief Leon und rannte zu dem gegenüberliegenden Gebäude, das die Flammen noch nicht erreicht hatten. Dicht an der Hauswand stand das Gerüst eines Anstreichers.

„Packt mit an", rief er Kim und Julian zu. Und jetzt dämmerte den beiden, was Leon vorhatte. Gemeinsam zogen sie ein langes Holzbrett aus dem Gerüst heraus. Zum Glück war das Treppenhaus so geräumig, dass sie ihre Last ohne größere Probleme in das oberste Geschoss bugsieren konnten.

Ohne zu fragen stürmten die Freunde an einem Mann vorbei in dessen Wohnung und liefen zum Fenster. Genau gegenüber stand die Familie an ihrem Fenster und schrie um Hilfe. Leon schätzte die Entfernung zwischen den Häusern – mehr als drei Meter Luftlinie durften es eigentlich nicht sein. Die Freunde schoben das Brett unter großer Anstrengung langsam zur gegenüberliegenden Fensterbank: Eine ziemlich wacklige, schmale Brücke war entstanden.

Der Mann am anderen Fenster packte die Planke und hielt sie fest. Nun erklomm die Frau das Brett. Sie breitete die Arme aus und begann vorsichtig zu balancieren.

Die Freunde konnten ihr schweißüberströmtes, angestrengtes Gesicht sehen. Nackte Angst war darin zu lesen. Die zierliche Frau wagte sich Schritt für Schritt auf dem schwankenden Steg voran, während in der Gasse zehn Meter unter ihr das Chaos tobte. Ein falscher Schritt und die Frau wäre tot.

Sie ließ sich jedoch zum Glück nicht beirren und erreichte sicher die andere Seite. Nun folgte ihr Mann, das Kind auf dem Arm. Der Junge starrte mit weit aufgerissenen Augen zu seiner Mutter und den Freunden hinüber.

Sein Vater, der die Arme nicht zum Balancieren benutzen konnte, ging noch langsamer. Etwa in der Mitte der Strecke schien es, als würde er das Gleichgewicht verlieren. Das Kind stieß einen spitzen Schrei aus. Erst in letzter Sekunde fing sich der Vater wieder. Am ganzen Körper zitternd hielt er inne. Plötzlich wirkte er unsicher und warf einen Blick zurück.

„Weitergehen! Ihr habt es gleich geschafft!", rief seine Frau. Endlich gab er sich einen Ruck und überwand das letzte Stück.

Überglücklich fiel er den Freunden in die Arme.

„Danke, beim Jupiter, tausendmal Danke für eure Hilfe", stammelte der Mann. „Ich heiße Tertius. Und das sind meine Frau Livia und unser Sohn Rufus."

Rasch stellten sich auch die Freunde vor.

„Lasst uns so schnell wie möglich von hier verschwinden. Ich fürchte, dass uns das Feuer einholt!", sagte Tertius dann.

Keine zwei Minuten später standen sie alle vor dem Gebäude. Tertius und die drei Freunde reihten sich in eine der Löschketten ein. Der verzweifelte Kampf gegen die wütende Feuersbrunst ging weiter.

„Wisst ihr, wo das Feuer ausgebrochen ist?", wollte Tertius wissen.

„Beim Circus", erwiderte Julian, während er den Eimer an einen bärtigen Mann weiterreichte. „Es war Brandstiftung."

Tertius sah den Jungen überrascht an. „Brandstiftung?"

„Ja, allerdings!", ließ sich der Bärtige vernehmen, bevor Julian antworten konnte. „Und es war Nero höchstpersönlich!"

Die Freunde blickten sich an. Hatte der Mann etwas beobachtet?

„Wie kommst du darauf?", forschte Julian nach.

„Ganz einfach", gab der Bärtige zurück. „Ich habe auf dem Dach des Kaiserpalastes *Domus Transitoria* einen Mann gesehen. In einer Hand hielt er eine Fackel, in der anderen eine Lyra. Der Mann beobachtete das Feuer und sang dazu schauerlich vom Brand in der griechischen Stadt Troja. Und dieser Sänger kann eigentlich nur einer gewesen sein."

Tertius wischte sich über die Stirn. „Ja, auf das Dach des Palastes darf nur einer klettern: Nero!", sagte er.

„Ihr meint, dass der Kaiser das Feuer gelegt hat?", fragte Julian.

„Klar, dem ist alles zuzutrauen", sagte der Bärtige abschätzig. „Dieser Kaiser ist völlig wahnsinnig. Und jetzt wollen sie den Brand den Christen in die Schuhe schieben. Der *Prätorianerpräfekt* Tigellinus hat schon ein paar verhaften lassen. Das habe ich selbst gesehen."

„Woher kommt dieser Hass auf die Christen?", fragte Kim nach.

„Ich bin selbst Christ", bekannte der Bärtige. „Und ich sage euch, dass viele Römer Angst vor unserer Religion haben. Weil wir stark sind in unserem Glauben und nicht so verroht und genusssüchtig. Und wir werden immer mehr, seit der heilige Petrus in Rom war und Wunder vollbracht hat. Die alten Götter haben ausgedient! Davor hat Nero Angst. Jetzt will er uns für den Brand verantwortlich machen, um uns alle loszuwerden!"

„Du vergreifst dich im Ton, beim Jupiter", fuhr Tertius auf. „Es gibt sehr viele ehrbare Römer!"

„Hört auf zu streiten!", rief Julian und fragte den Bärtigen: „Hast du Nero wirklich auf dem Dach erkannt? Ich meine: Hast du sein Gesicht gesehen?"

„Nein", gab der Bärtige zu. „Aber ich bin mir ziemlich sicher, dass er es war. Wer einen solchen Brand legt, muss verrückt sein. Und Nero ist verrückt, das weiß doch jeder!"

„Wenn er das Feuer gelegt hat, muss er bestraft werden", meinte Julian, ohne groß nachzudenken.

Der Bärtige lachte auf. „Den Kaiser bestrafen? Das können nur die Götter, mein Junge."

Julian schwieg. Es galt, sich an die Fakten zu halten. Der Bärtige hatte jemanden auf dem Dach der Domus Transitoria gesehen. Aber war das wirklich Nero gewesen? Das mussten sie unbedingt herausfinden!

Der Kaiser kommt

Die Sonne hatte keine Chance. Zwar dämmerte der Morgen, aber es wurde nicht richtig hell. Rom lag unter einem dicht gewebten, dunkelgrauen Tuch aus Rauch. In einigen Bezirken tobten noch immer die Flammen.

Völlig erschöpft und schmutzig kauerten die drei Freunde vor der Insula, aus der sie Tertius und seine Familie gerettet hatten. Das Gebäude war nur noch eine Ruine. Die Fenster glichen schwarzen Augen in einem toten Gesicht.

„Wir hatten nie viel, aber jetzt haben wir gar nichts mehr", sagte Tertius düster.

„Doch", widersprach ihm seine Frau. „Wir haben unser Leben." Sie hielt ihren Sohn fest in den Armen.

Kim sah zu Boden. Immerhin, sie hatten die Katastrophe überlebt. Aber Kija? Wo mochte sie nur sein?

Sie ist tot, dachte Kim und biss sich auf die Unterlippe, sodass es wehtat. Bloß nicht weinen, nicht jetzt.

Menschen strömten an ihnen vorbei, manche bepackt mit ein paar Habseligkeiten. Andere transportierten Verletzte auf provisorischen Tragen. Die ersten Toten wurden aus den Trümmern der Häuser und Hütten geborgen. Ein beißender Geruch durchzog die Stadt.

Kim schaute zu ihren Freunden. Was konnten sie jetzt unternehmen? Sie alle waren am Ende ihrer Kräfte. Sie hatten kein Geld, keine Unterkunft, kein Ziel, keinen Plan. Und sie hatten Kija verloren. Also war auch an eine Rückkehr nach Siebenthann nicht zu denken. Die Situation war absolut trostlos.

Doch in diesem Moment tauchte ein Hoffnungsschimmer auf – und zwar in Gestalt von Tigellinus.

„Ihr da", rief er Julian, Kim und Leon und der Familie zu. „Seid ihr obdachlos?"

Sie nickten.

„Niemand braucht auf der Straße zu hausen. Folgt meinen Soldaten. Sie bringen euch in eine Notunterkunft", befahl Tigellinus knapp. Auch sein Gesicht war von Erschöpfung gezeichnet.

Die Freunde rappelten sich auf und folgten der Anweisung. Willenlos ließen sie sich führen, dankbar dafür, dass jetzt jemand das Kommando übernommen hatte.

Unterwegs setzte Tertius seinen Sohn auf die Schultern. Der Dreijährige hatte die vergangenen Schrecken offenbar gut verkraftet. Rufus plapperte munter drauflos, und das schien irgendwie ansteckend zu wirken, denn auch Tertius begann zu plaudern. Die Gefährten erfuhren, dass er ein armer Tagelöhner war, der sich auf den zahlreichen römischen Baustellen verdingte, aber nie wusste, wie lange er Arbeit und damit ein Einkommen hatte. Bis gestern war er mit dem Bau der neuen Therme des Nero beschäftigt gewesen.

„Tja", bemerkte Julian bitter. „Nach diesem Brand wirst du genug zu tun haben. Die ganze Stadt scheint in Schutt und Asche zu liegen."

Tertius hob die Schultern. „Ich bin mir nicht so sicher, dass ich schnell Arbeit finde. Es gibt schließlich auch viele andere Arme, die durch das Feuer alles verloren haben und nun irgendeine Anstellung suchen werden."

Julian schwieg.

„Ich hatte in Gelddingen noch nie Glück, beim Mercurius", fuhr Tertius bedrückt fort. „Und ich bin der Einzige in unserer Familie, der es zu nichts gebracht hat. Mein Vater ist sehr reich, und mein Bruder Subrius Flavus ist sogar bei den Prätorianern! Hoffentlich haben er und seine Familie das Feuer überlebt!"

Julian wurde hellhörig. Tertius' Bruder war ein Prätorianer, also einer von Neros Leibwächtern? Demnach musste dieser Subrius auch wissen, wo sich Nero beim Ausbruch des Brandes aufgehalten hatte! Kamen sie über Tertius an Subrius heran? Und konnten sie ihn unauffällig befragen? Julian überlegte fieberhaft.

„Seht mal", rief Tertius jetzt. „Wir sind ja gleich in Neros Garten!"

Tertius hatte Recht. Zu ihrer Überraschung brachte man sie in eine parkähnliche Gartenanlage, beziehungsweise in das, was das Feuer von dem einst blühenden Garten noch übrig gelassen hatte. Die Legionäre hatten dort Zelte aufgestellt, in denen sich jetzt die Obdachlosen drängten.

„He, stopp!", rief Leon plötzlich. „Der Kerl mit der Narbe – da vorn!" Er deutete zu einer Mauer.

„Wo? Ich sehe nichts", sagte Julian.

„Jetzt ist er wieder weg", gab Leon ungehalten zu. „Aber der Kerl war da, ich könnte es schwören."

„Was will er nur von uns?", fragte Kim. „Garantiert ist es einer von Neros Spitzeln, der uns ..."

„Kommt schon!", rief Tertius. „Sonst verlieren wir uns noch in dem Gewimmel!"

Auch die drei Freunde und die kleine Familie bekamen Zelte zugewiesen. Ein Legionär drückte jedem einen Laib Brot in die Hände und zeigte ihnen, wo es einen Brunnen gab. Tertius trieb irgendwo einen Krug auf und lief los.

„Nicht schlecht", urteilte Julian, als er sich auf die ihm zugedachte Matte fallen gelassen hatte. Leise fügte er hinzu: „Erstaunlich, dass die Römer dieses Camp so schnell organisiert haben."

„Lasst uns Kriegsrat halten", sagte Leon, als die Gefährten unter sich waren. „Wie gehen wir weiter vor?"

„Wir suchen nach Kija", sagte Kim sofort. „Und nehmen uns vor dem Narbengesicht in Acht."

„Das versteht sich von selbst", entgegnete Leon. „Aber wie gehen wir in unserem *Fall* vor?"

„Irgendwie sollten wir herausfinden, ob der Zeuge, der Nero auf dem Dach des Palastes gesehen hat, die Wahrheit sagt", schlug Julian vor.

„Wie willst du an diese Information herankommen?", fragte Kim.

Julian sog hörbar die Luft ein. „Vielleicht können wir Subrius ein wenig aushorchen und ..."

Er brach den Satz ab, denn vor dem Zelt wurden aufgeregte Stimmen laut. Die Freunde steckten ihre Nasen aus der Notunterkunft.

„Der Kaiser kommt!", rief Livia.

Rasch schlüpften die drei aus dem Zelt und folgten dem Strom der Menschen. Die Masse versammelte sich vor einem einfachen Holzpodest. Dahinter standen etwa hundert Legionäre mit ihrem *Zenturio*. Allmählich senkte sich eine gespannte Ruhe über die wartende Menge. Nur vereinzelt wurde noch getuschelt. Dann ertönten Kommandos von links. Alle Blicke gingen in diese Richtung. Ein Trupp schwer bewaffneter Prätorianer marschierte heran, angeführt von Tigellinus. Die Männer trugen Speere und kurze Schwerter. Unmittelbar vor den Gefährten hob Tigellinus den Arm, und seine Männer stoppten.

Beeindruckt musterte Julian die Elitesoldaten in ihren blitzenden Brustpanzern und den weinroten Tuniken. Julian fiel auf, dass jeder Prätorianer einen Gürtel trug, dessen Schnalle mit einer Lyra verziert war. Jetzt bildeten die Prätorianer eine Gasse, durch die ein untersetzter Mann in einer blütenweißen Toga schritt.

„Nero!", flüsterte Julian. „Das muss Nero sein!"

Der untersetzte Mann erklomm das Podest. Er war sichtlich außer Atem.

„*Ave*, göttlicher Nero!", brüllte Tigellinus. Als sich nicht gleich ein Beifallsorkan erhob, starrte er wütend auf die Menge. Aber dann endlich huldigte das Volk seinem Gebieter.

Nero stand auf der Bühne und schaute über die Köpfe der Menschen hinweg. Ein angedeutetes Lächeln kräuselte seine Lippen. Immer wieder blinzelte er nervös. Dann war es an ihm, die Hand zu heben. Augenblicklich kehrte Stille ein.

„Ich, euer Kaiser, spreche zu euch in einer Stunde der Not!", sagte Nero mit klangvoller Stimme. „Als ich von diesem Feuer hörte, bin ich sofort aus Antium aufgebrochen und hierhergeeilt, um euch zu helfen. Schnellstens ließ ich diese Zeltstadt für euch errichten."

„Er war in Antium!", zischte Leon. „Also kann er das Feuer gar nicht gelegt haben!"

„Nicht so voreilig", bremste Julian seinen Freund. „Wer sagt uns, dass das stimmt?"

„Und ich werde keine Zeit und Mühe scheuen, um eure Not zu lindern", fuhr Nero fort und breitete die Arme aus. „Denn nur in der Not zeigt sich, wer ein großes Volk ist, beim Jupiter. Ich werde euch Brot und Wasser geben, Oliven und Wein – und niemand wird leiden müssen. Und die zerstörten Häuser werden wieder aufgebaut, größer und schöner als je zuvor!"

Der Kaiser legte eine kleine Kunstpause ein und schaute Beifall heischend auf das Volk.

„Danke, großer Kaiser!", rief Tigellinus, und die Prätorianer wiederholten es. Widerstrebend fiel die Menge in den Chor mit ein.

Nun erschien ein echtes, ein breites Lächeln auf Neros Gesicht.

„Und noch etwas verspreche ich euch", sagte der Kaiser drohend und brachte damit die Masse wieder zum Schweigen. „Wir werden diejenigen jagen, die dieses Feuer gelegt haben. Und wir werden sie finden. Schon bald werden uns die Täter ins Netz gehen, und dann seid ihr alle eingeladen ins große *Amphitheater*, wo wir gemeinsam zusehen werden, wie sie bestraft werden, beim *Mars*!"

Diesmal musste Tigellinus nicht den „Vorbeter" spielen – die Menge jubelte auch so. Denn die Aussicht auf kostenlose

Spiele, sogenannte *Ludi*, versetzte das römische Volk in eine frohe Erwartungshaltung.

Nero reckte das Kinn vor wie ein trotziger Junge. Er genoss den Zuspruch sichtlich.

„Wer sich an Rom vergreift, der vergreift sich an den Göttern!", rief der Kaiser, als es wieder still war. „Aber die Götter sind unbesiegbar und werden den Feind vernichten! Unser Rom wird aus den Trümmern auferstehen, schöner und größer als je zuvor. Ich werde es neu aufbauen mithilfe der Götter. Denn die Götter lieben mich, beim Jupiter!"

In Erwartung erneuter Zustimmung blickte Nero auf seine Untertanen. Doch diesmal blieb der Beifall aus. Die Menge blieb still und das Gesicht des Kaisers verdüsterte sich.

„Nein, die Götter lieben Kaiser Nero nicht", murrte ein Mann neben Julian. „Denn wenn sie ihn lieben würden, hätten sie nicht zugelassen, dass sein Rom in Flammen aufgeht …"

Zustimmendes Gemurmel kam von den Umstehenden. Unmutsäußerungen wurden laut, auch unterdrücktes Gelächter.

Tigellinus war die Unruhe nicht entgangen. Er gab den Legionären hinter der Bühne ein Zeichen. Sofort schwärmten die Soldaten aus und mischten sich unter die Bevölkerung. Das wirkte. Das Murren erstarb, stattdessen gab es wieder etwas Zustimmung für den Kaiser. Doch Nero schien beleidigt. Grußlos verließ er die Bühne und tauchte zwischen seinen Prätorianern unter, gefolgt von seiner mürrisch dreinblickenden Mutter.

„Ein seltsamer Auftritt", bemerkte Kim, als sich die Menge wieder zerstreut hatte.

„Allerdings", stimmte Leon ihr zu. „Besonders beliebt scheint Nero ja nicht zu sein."

„Man macht ihn offenbar für den Brand verantwortlich", meinte nun Julian. „Nach dem Motto: Einem Kaiser mit einem glücklichen Händchen widerfährt eine solche Katastrophe nicht."

Leon runzelte die Stirn. „Aber Nero war doch angeblich in Antium. Er scheint ein Alibi zu haben. Demnach hat der Zeuge, der Nero auf dem Dach des Palastes gesehen hat, gelogen oder sich einfach nur geirrt."

„Richtig", sagte Julian. „Aber mir fehlt noch etwas anderes – das Motiv. Was könnte Nero dazu getrieben haben, die Stadt anzuzünden? Genau diese Punkte müssen wir klären. Ich glaube, Subrius könnte uns weiterhelfen. An ihn müssen wir unbedingt herankommen!"

„Aber bitte nicht jetzt sofort." Leon gähnte. „Lasst uns ein wenig schlafen. Ich bin total kaputt."

„Gut", sagte Julian. „Aber dann machen wir uns auf die Suche nach dem Brandstifter!"

„Und nach Kija!", ergänzte Kim.

Das Motiv

Es war bereits Nachmittag, als sie von Tertius geweckt wurden.

„Wie wär's mit ein paar *Gerres*?", rief er. Lachend hielt er den Freunden die kleinen Fische unter die Nase. Sie rochen verführerisch.

„War gar nicht so leicht, die aufzutreiben", sagte Tertius und reichte jedem eine Handvoll dieser Köstlichkeit.

Schlaftrunken griffen Kim, Leon und Julian zu.

„Außerdem möchte ich euch jemanden vorstellen", ergänzte Tertius. „Meinen Bruder Subrius. Er ist draußen vor dem Zelt."

Die Freunde konnten ihr Glück kaum fassen. So sparten sie sich eine womöglich zeitraubende Suche in der zerstörten Stadt. Rasch schluckten sie die Gerres hinunter und traten vor das Zelt.

Subrius war ein mittelgroßer Mann mit grauen Schläfen. Er saß auf einem Schemel neben Livia und spielte mit Rufus, der auf seinen Knien hockte. Neugierig blickte der Mann hoch, als die drei auf ihn zukamen.

„Ave!", sagte er. „Habt Dank, dass ihr meinen Bruder und seine Familie gerettet habt! Ich habe gesehen, dass ihre Insula beim Brand zerstört wurde, und schon das Schlimmste befürchtet. Aber dann fand ich sie hier in diesem Lager! Und das ist euer Verdienst, beim Jupiter!"

Bescheiden nickten die Freunde.

„Dieses verfluchte Feuer hat die Stadt in ein unglaubliches Chaos gestürzt", seufzte Subrius. „Ich habe die ganze Nacht geschuftet. Auch mein Haus hat etwas abbekommen."

„Mein Bruder muss nicht wie die einfachen Prätorianer in der Kaserne wohnen", erklärte Tertius rasch. „Er ist ein *Tribun*."

„Schon gut", erwiderte Subrius. „Die Schäden an meinem Haus sind zum Glück gering. Meine Sklaven sorgen gerade für Ordnung. Morgen wird es wieder bewohnbar sein – und dann kannst du, Tertius, mit deiner Familie bei mir wohnen, bis du eine neue Unterkunft gefunden hast."

„Und der Kaiser? War auch er in Gefahr?", fragte Julian scheinheilig.

Subrius stutzte. „Der Kaiser?"

„Ja", sagte Julian. „Immerhin ist sein Palast ja auch beschädigt worden. War Nero denn vergangene Nacht nicht hier?"

„Nein, natürlich nicht", rief Tertius. „Er hat doch gesagt, dass er in Antium war! Hast du das schon vergessen?"

Julian tat so, als sei ihm seine Frage nun peinlich. Aber das war sie ganz und gar nicht. Und die Tatsache, dass Subrius mit seiner Antwort zögerte, gab ihm Recht. Der Prätorianer schien zu überlegen, ob es ratsam war, Julians Frage zu beantworten.

„Ich weiß nicht, wo sich Nero vergangene Nacht aufgehalten hat", sagte er schließlich gedehnt. „Vielleicht war er hier, vielleicht aber auch nicht."

Tertius sah seinen Bruder überrascht an. „Aber du musst es doch wissen – du gehörst schließlich zu seiner Leibgarde."

Subrius zog eine Augenbraue hoch. „Ja, schon ... Aber das heißt noch lange nicht, dass ich jeden seiner Schritte verfolge. Eigentlich ist nur Tigellinus ständig in seiner Nähe. Ich war gestern Nacht in meinem Haus und nicht bei Nero. Denn Nero ist derzeit nicht besonders gut auf mich zu sprechen."

„Du bist in Ungnade gefallen?", fuhr Tertius entsetzt auf, als sei sein Bruder gerade zum Tode verurteilt worden.

„Ja", erwiderte Subrius und ballte die Fäuste. „Weil ich es gewagt habe, den großen Nero zu kritisieren. Aber dazu stehe ich. Denn ich verabscheue seine Prunksucht und seine lächerliche Schauspielerei, beim *Bacchus*!"

„Sei lieber still!", zischte Tertius. „Du bringst dich in große Gefahr, wenn du so redest!"

„Ach was!", winkte Subrius ab.

Eine Zeit lang herrschte gespannte Stille.

Schließlich riskierte Julian einen erneuten Vorstoß. „Du glaubst also, dass es möglich sein könnte, dass Nero eventuell vielleicht doch nicht ..."

Kim verdrehte die Augen.

„Nero hat heute Vormittag gelogen, oder?", unterbrach sie Julians umständliche Fragerei.

Subrius verzog das Gesicht, als habe er in eine Zitrone gebissen. „Das habe ich nicht gesagt und werde es auch nie tun. Ich sage nur, dass ich nicht weiß, ob Nero wirklich in Antium war – oder ob er nicht doch auf dem Dach seiner Domus stand und den Brand besang ..."

Julian stutzte. Das hatte der Bärtige in der vergangenen

Nacht doch auch behauptet. Aber woher wusste Subrius von diesem Verdacht? Hatte das Gerücht so schnell die Runde gemacht? Oder war es gar kein Gerücht?

„Sei endlich still!", flehte Tertius seinen Bruder an und sah sich hektisch nach allen Seiten um. „Du redest dich wirklich um Kopf und Kragen. Man könnte dich wegen Hochverrats anklagen. Dann bist du so gut wie tot!"

„Reg dich ab", sagte Subrius etwas gereizt zu seinem Bruder. „Mir passiert schon nichts. Denn ich bin nicht allein mit meiner Wut auf Nero!"

Tertius starrte in den immer noch rauchverhangenen Himmel, als könne dieser seinen Bruder zum Schweigen bringen.

„Aber warum sollte Nero etwas mit dem Feuer zu tun haben?", bohrte Julian vorsichtig nach.

„Nero hält sich für einen großen Sänger und Schauspieler", entgegnete Subrius leise. „Und große Schauspieler brauchen große Kulissen. Ich weiß, dass Nero fasziniert ist vom Brand der griechischen Stadt Troja. Dieses Feuer hat ihn zu einigen Liedern und Gedichten inspiriert. Schauderhaft, wenn ihr mich fragt. Aber gleich wie: Nero liebt das Feuer …"

Julian konnte es nicht fassen. „Du meinst, dass Nero die Stadt angezündet hat, um eine gute Kulisse für sein Schauspiel zu haben?"

Subrius schwieg vielsagend.

„Dann wäre Nero ja wirklich wahnsinnig", meinte Leon jetzt tonlos.

„Hört auf, hört jetzt alle auf!", rief Tertius bestürzt. „Wir haben gerade diesen Brand überlebt, und jetzt bringt ihr uns mit diesem Gerede wieder in Gefahr."

Der Prätorianer nickte. „Gut, lasst uns lieber unser glückliches Wiedersehen feiern. Ich versuche, etwas Wein aufzutreiben." Er stand auf und ging fort.

„In Ordnung, und wir holen frisches Wasser!", sagte Julian schnell und zog seine Freunde mit sich.

„Ich habe doch gesagt, dass Subrius unser Mann ist", wisperte Julian unterwegs aufgeregt. „Jetzt kennen wir Neros mögliches Motiv! Ein Großbrand als Kulisse für ein Theaterstück. Ein Feuer, das Tausenden von Menschen das Leben gekostet hat – ist das nicht grauenhaft?"

„Langsam", mahnte Kim, der ihre erste Nacht in Rom einfiel. „Wir sollten uns nicht nur auf Nero versteifen. Was ist zum Beispiel mit dem Händler, der sich am Circus wünschte, dass sein Stand in Flammen aufgeht?"

Leon schüttelte den Kopf. „Nein, der kommt nicht infrage. Ich habe einen großen Mann davonlaufen sehen. Und dieser Händler war ziemlich klein."

„Konzentrieren wir uns also weiter auf Nero", sagte Kim. „Wir wissen immer noch nicht, wo er in der letzten Nacht war. Doch ich habe eine Idee, wo wir das vielleicht herausfinden können!"

Leon und Julian sahen sie erwartungsvoll an.

„Dort, wo unsere Reise begann", erklärte Kim. „Am Circus Maximus. Die Händler kommen schließlich viel rum. Wenn Nero in Antium war, wissen die Kaufleute das bestimmt. Sie sind die Nachrichtenbörsen dieser Zeit."

Leon war von dieser Idee alles andere als begeistert. „Ich glaube kaum, dass die Händler schon wieder ihre Waren anbieten. Es sind ja noch nicht einmal alle Brände gelöscht."

„Lasst es uns versuchen", beharrte Kim. „Außerdem können wir am Circus noch einmal nach Kija schauen …"
Dieses Argument überzeugte auch Leon.

Kija!

Auf dem Weg zum Circus kamen die Freunde durch das Armenviertel. Es glich einer rauchenden Ruinenlandschaft. Zerlumpte Menschen streiften durch die Trümmer, drehten Steine um, und gruben mit bloßen Händen im Schutt. Argwöhnisch beäugten sie die drei Kinder – wie ein Rudel Wölfe, das Konkurrenz wittert.

Die Freunde gingen rasch weiter, den Blick gesenkt. Kurz darauf erreichten sie die *Sublicius*-Brücke, die sich über den *Tiber* spannte, und kamen schließlich am Circus an. Die Arkaden und die Fassade waren rußgeschwärzt und glichen einem schwarzen Gerippe.

Die Marktbuden, die einmal vor dem Circus gestanden hatten, waren alle heruntergebrannt.

Kim schluckte. Sie hatte sich geirrt. Es war unsinnig gewesen zu glauben, dass es bereits wieder so etwas wie einen Markt in der zerstörten Stadt geben würde.

Doch da sah sie jemanden in einem der Schutthaufen wühlen.

Kim lief zu dem Mann und fragte mitfühlend: „War wohl mal dein Stand, was?"

Der Mann sah das Mädchen mit blutunterlaufenen Augen an. „Du sagst es. Aber es ist nichts mehr übrig. Alle meine edlen Stoffe aus *Lugdunum* sind verbrannt. Ich bin ruiniert!"

„Bist du aus Rom?", fragte Kim den Mann unbekümmert weiter aus.

„Ja, leider", entgegnete der Mann. „Ich lebe in einer Stadt, die von den Göttern im Stich gelassen wurde. Beim Jupiter, wie müssen sie diese Stadt hassen, um sie so zu zerstören!"

Kim nickte. „Ja, wohl dem, der in einer Stadt wie Antium lebt. Oder zumindest dort war, als der Brand hier alles vernichtete. So wie Nero ..."

Der Mann sah Kim argwöhnisch an. „Nero war in Antium? Davon weiß ich gar nichts. Ich habe gehört, dass er hier in seinem Palast war und das Feuer besungen hat. Manche sagen sogar, dass er den Brand selbst gelegt hat!"

„Das habe ich auch schon gehört", sagte Kim. Dann setzte sie alles auf eine Karte und fragte gerade heraus: „Kennst du jemanden aus Antium?"

Zu Kims Überraschung nickte der Händler. „Der da drüben, der gerade mit seinem Karren angekommen ist. Das ist Aulus, ein Weinhändler aus Antium."

Die Freunde verabschiedeten sich von dem Stoffhändler und gingen zu dem Neuankömmling, der unschlüssig vor seinem Karren stand. Offenbar überlegte der kleine, dicke Mann, ob es sich lohnte, die *Amphoren* abzuladen – weit und breit war keine Kundschaft zu sehen.

„Was wollt ihr?", fragte der Händler unwirsch, als die Freunde in sein Blickfeld gerieten. „Ihr kommt wohl kaum, um Wein zu kaufen."

„*Salve*", erwiderte Kim zuckersüß. „Und wir brauchen sehr wohl Wein. Unser Vater hat uns losgeschickt."

Die Miene des Verkäufers hellte sich deutlich auf. „Na hoffentlich hat er euch auch *Sesterze* mitgegeben, beim Mercurius!"

„Sicher", log Kim, ohne rot zu werden, und gönnte dem Händler ihren entzückendsten Augenaufschlag.

Nun wich endgültig jedes Misstrauen aus dem Gesicht des Weinverkäufers.

„Was darf es denn sein, mein hübsches Kind?", flötete er.

„Diese Weine sind auch ganz sicher aus Antium?", stellte Kim eine Gegenfrage.

„Aber natürlich! Ich bin gerade aus Antium angereist."

„Darauf legt unser Vater nämlich größten Wert", fabulierte Kim unter den erstaunten Blicken ihrer Freunde. „Wie unser Kaiser Nero, wie du weißt …"

„Allerdings weiß ich das. Unser Kaiser liebt die Weine aus Antium – und vor allem meine!", prahlte der Händler. „Nero schätzt das würzige Aroma der Sorte! Wie wäre es mit dieser Amphore für euren Vater?"

„Ja, warum nicht?", antwortete Kim scheinbar ungerührt. Doch in Wirklichkeit wurde sie allmählich nervös. Schließlich hatte sie keinen einzigen Sesterz dabei! „Aber sage mir bitte noch: Hat der Kaiser auch gestern bei dir Wein gekauft?"

Das anfängliche Misstrauen kehrte in das Gesicht des Händlers zurück. „Was spielt das für eine Rolle?"

„Nun, unser Vater trinkt gerne die Weine, die auch auf den Tischen des Kaisers stehen."

„Ach so", entgegnete der Händler. „Ja, gestern Mittag war

wieder sein Haushofmeister bei mir und hat eine große Bestellung aufgegeben. Noch gestern Abend lieferte ich sie in Neros Palast in Antium ab. Dort gab der Kaiser einen Empfang."

Kim atmete durch. Sie hatte die Information, die sie brauchte. Jetzt fehlte nur noch ein einigermaßen geglückter Abgang.

„Julian, gib mir doch mal die Sesterze", sagte Kim kühn.

„Wie bitte?", entfuhr es Julian.

„Die Sesterze, die du von Vater bekommen hast", erwiderte das Mädchen trocken.

Julian schluckte. „Oh, ich glaube, ich habe den Beutel zu Hause vergessen …"

Der Händler stemmte die Fäuste in die Seiten und fauchte: „Na großartig, ihr drei. Kann es sein, dass ich meine Zeit mit euch verplempere?"

Kim nickte. „Sieht ganz so aus. Tut mir leid. Wir laufen schnell nach Hause und holen die Sesterze!"

Und schon rannten die Freunde los, begleitet von einigen derben Flüchen des Weinhändlers.

Außer Atem landeten die drei bei einem wilden Durcheinander von verkohlten Balken direkt neben dem Circus.

„He, die Stelle kommt mir irgendwie bekannt vor", rief Leon. „Wenn mich nicht alles täuscht, sind das die Reste von dem Stand, in dem wir uns in der ersten Nacht versteckt hatten."

„Die Stelle, wo der Brand ausbrach …", ergänzte Julian tonlos.

„Wie dem auch sei – die Befragung des Händlers hat sich doch gelohnt, oder?", sagte Kim. „Jetzt wissen wir, dass Nero tatsächlich in Antium war, als das Feuer ausbrach."

Leon nickte, gab aber zu bedenken: „Wenn der Händler die Wahrheit sagt, dann lügt Subrius. Und nun stellt sich die Frage, warum er das tun sollte."

„Er scheint den Kaiser nicht zu mögen. Vielleicht will er Nero mit diesen Gerüchten schaden", vermutete Julian. „Außerdem sehe ich …"

„Psst!", machte Kim in diesem Moment aufgeregt. „Habt ihr das auch gehört?"

„Was denn?"

„Seid doch mal still!", rief das Mädchen und beugte sich zu den verkohlten Holzbalken hinab. Und jetzt vernahm Kim es wieder – ein leises Miauen!

„Da, da ist eine Katze unter den Balken!", hauchte Kim mit großen Augen. Sie griff nach dem Rest eines Brettes. Auch in Leon und Julian kam Bewegung – sie packten einen schwarzen Balken und wuchteten ihn beiseite. Darunter tauchte eine Art Becken auf, das vielleicht früher mal eine Zisterne gewesen war. Nun war es mit Geröll und Holzresten gefüllt. Wie besessen gruben sich die Freunde weiter nach unten vor. Und das klägliche Miauen wurde lauter, immer lauter!

Bitte, bitte lass es Kija sein, dachte Kim, während ihr der Schweiß ausbrach. Einmal mehr wurde ihr bewusst, wie sehr sie die kluge Katze liebte.

Schließlich stieß sie auf eine schwere Steinplatte. Lag Kija darunter? War sie verletzt? Vielleicht sogar so stark verletzt, dass jede Hilfe zu spät kam? In die Hoffnung mischte sich Angst vor dem, was sie unter der Platte erwarten würde.

„Packt bitte mal mit an, Jungs, ich schaffe es nicht allein!", rief Kim.

Zu dritt wuchteten sie die Platte beiseite – und stießen auf ein staubiges Fellknäuel, das sie mit furchtsam geweiteten grünen Augen ansah.

„Kija!", schrie Kim außer sich und beugte sich zu der Katze herunter.

Kija sprang in ihre Arme und schnurrte.

Über Kims Gesicht rannen Tränen. „Ich habe immer gewusst, dass du noch lebst!", stammelte sie und begann, das Tier zu untersuchen. „Sie hat noch nicht mal eine Schramme – das grenzt an ein Wunder!"

„Sie muss verschüttet worden sein, als das Feuer ausbrach", vermutete Julian. „Und jetzt hat sie bestimmt furchtbaren Durst."

Sie liefen zum nächsten Brunnen, schöpften Wasser und gaben der Katze zu trinken.

Nachdem sich Kija gestärkt hatte, begann sie sich ausgiebig zu putzen.

„Allmählich wird sie wieder ganz die Alte", lachte Leon erleichtert.

Kija rieb sich an den Beinen der Freunde – so, als wolle sie sich für die Rettung bedanken. Dann miaute sie erneut, und diesmal lag eine deutliche Aufforderung darin. Mit hoch aufgerichtetem Schwanz lief die Katze los.

„Wo will sie nur hin?", rätselte Leon.

Kim zuckte die Achseln. „Kija macht eigentlich nie etwas ohne Sinn. Lasst uns mal nachsehen."

Ein interessanter Fund

Staunend sahen die Freunde, dass Kija ausgerechnet zu dem Trümmerberg zurücklief, der gerade noch ihr Gefängnis gewesen war. Geschickt glitt die Katze zwischen die Reste des Marktstandes und war urplötzlich verschwunden.

„Oh nein, nicht schon wieder!", ächzte Leon.

Kim sprang auf einen großen Stein und sah sich um. „Da ist sie!", rief sie und deutete auf das Loch, aus dem sie Kija befreit hatten.

Kija hockte dort unten und maunzte energisch.

Rasch kamen die Freunde näher.

„Was hast du nur?", fragte Julian die Katze.

Ein Miauen folgte, das fast ärgerlich klang. Dann wischte Kija mit der rechten Pfote in der Asche herum.

„Da, da ist etwas!", entfuhr es Kim. Sie kniete sich neben die Katze. Aus der Asche tauchte ein rundes Stück Metall auf.

„Sieht aus wie eine ganz normale Gürtelschnalle. Hat wohl jemand verloren." Kim war enttäuscht.

Julian hockte sich neben sie.

„Gib mal her", sagte er und nahm das Metallstück genauer unter die Lupe. Vorsichtig putzte er Dreck und Ruß ab. Dann stieß Julian einen Pfiff aus.

„Das … das ist ja unglaublich", stotterte er.

„Was denn, nun sag schon!", forderten Leon und Kim.

„Seht doch, die Schnalle ist mit einer Lyra verziert!", erklärte Julian. „Und dieses Symbol tragen nur ganz bestimmte Männer in Rom!"

„Mach's nicht so spannend!", verlangte Kim.

Julian ließ das Beweisstück unter seiner Tunika verschwinden. „Die Prätorianer!", zischte er.

„Wie bitte?"

„Ja, ich habe es gesehen, als Nero im Notlager aufkreuzte. Die Leibgarde des Kaisers trägt diese Verzierung an der Gürtelschnalle!", sagte Julian und streichelte Kija. „Gut gemacht, meine Kleine!"

„Aber wie kommt diese Schnalle ausgerechnet an die Stelle, wo der Brand ausbrach?", dachte Leon laut nach. Er hatte begonnen, an seinem Ohrläppchen zu zupfen.

„Das kann ich dir sagen." Julians Augen wurden schmal. „Der Brandstifter hat sie hier verloren!"

„Du meinst, dass einer der Prätorianer hinter der Sache steckt?", fragte Kim ungläubig.

„Genau das!", rief Julian. „Und ich habe da einen ganz bestimmten Prätorianer im Visier – nämlich Subrius! Er hat den Verdacht auf Nero gelenkt, als er sagte, dass der Kaiser das Feuer als Kulisse für seinen Gesang brauchte. Subrius legte den Brand, um Nero zu schaden!"

Kim blies die Backen auf. „Was für ein durchtriebener Plan – wenn es denn so war. Wir brauchen Beweise, keine Spekulationen!"

Julian zog die Schnalle unter seiner Tunika hervor. „Das ist ein Beweis!"

„Aber wir wissen nicht, wem sie gehört", gab Kim zu bedenken.

Julian wiegte den Kopf. „Stimmt. Doch das werden wir
herausfinden. Wir müssen an Subrius dranbleiben und feststellen, ob ihm eine solche Schnalle fehlt. Kommt, lasst uns
zurück zum Zelt laufen!"

Ein geheimes Treffen

Die Zeltstadt im Garten des Kaisers war inzwischen gänzlich überfüllt. Dauernd drängten Menschen nach, denn nach wie vor standen ganze Viertel von Rom in Flammen. Immer wieder brach das Feuer an alten Brandherden von Neuem aus und sorgte für noch mehr Leid und Flüchtlingsströme. Die Legionäre hatten größte Mühe, zu verhindern, dass im Lager das Chaos ausbrach. Immerhin waren frische Lebensmittel vom Hafen in *Ostia* angekommen und so litt niemand Hunger oder Durst. Aber die meisten Menschen waren völlig hoffnungslos. Es gab kaum jemanden, der nicht Angehörige oder Freunde in der Feuersbrunst verloren hatte. Die meisten hatten nur noch das, was sie am Körper trugen.

Das sah bei Tertius und seiner Familie jedoch ganz anders aus, stellten die Freunde fest, als sie das Zelt erreichten.

„Gut, dass ihr da seid!", begrüßte Tertius sie strahlend. „Und was sehe ich? Ihr habt eine Katze dabei!"

„Richtig!", rief Kim überglücklich. „Wir haben sie unter einem Trümmerhaufen gefunden. Kija war verschüttet!"

„Na, siehst du? Ich habe dir doch gesagt, dass sie wieder auftaucht", lachte Tertius. „Und auch bei uns gibt es gute Neuigkeiten: Die *Villa* meines Bruders ist wieder bewohnbar. Wir dürfen bei ihm einziehen, zumindest vorübergehend. Und ihr dürft mitkommen! Subrius hat einen Sklaven geschickt, um uns das mitzuteilen. Und jetzt wollen wir gleich los! Livia und Rufus sind schon so weit – ihr auch?"

Natürlich waren die Freunde einverstanden. Das war eine wunderbare Gelegenheit, Subrius näher unter die Lupe zu nehmen.

Eine Stunde später erreichten sie das Haus des Prätorianers. Ein Sklave öffnete die Tür und führte die Freunde über einen mit Mosaiken verzierten Fußboden ins *Atrium*, das vom Feuer nicht in Mitleidenschaft gezogen worden war. Aus einem Brunnen mit Bacchus-Figuren spritzte Wasser in ein rechteckiges Becken, in dem Seerosen schwammen.

Subrius stand neben dem Hausaltar und hob die Hand, als die kleine Gruppe auf ihn zukam.

„Seid gegrüßt, meine Freunde", rief er.

Julian und die anderen erwiderten den Gruß. Enttäuscht sah Julian, dass Subrius keine Rüstung, sondern eine elegante Tunika samt Toga trug. Also konnten sie nicht feststellen, ob an Subrius' Gürtel die Schnalle fehlte, die Kija beim Circus gefunden hatte.

„Ich habe gerade den *Laren* geopfert", sagte Subrius nun. „Dafür, dass sie unsere Familie beschützt haben – und mein Haus. Habt ihr Hunger? Dann lasst uns zu Tisch gehen."

Der Hausherr führte seine Gäste in das *Triclinium*, das Speisezimmer. Dort gruppierten sich drei Liegen um einen großen Tisch. Julian, Kim, Leon und Kija machten es sich gemütlich und schauten staunend zu, was die Sklaven für das Abendessen, die *Cena,* alles heranschleppten: delikate Fischhäppchen, würzigen Käse, gefüllte Oliven und als Hauptgang einen ungewöhnlich langen Braten.

„Was ist denn das Feines?", fragte Tertius' Frau Livia neugierig.

„Eine echte Spezialität, meine Liebe", erklärte Subrius stolz. „Das ist gefüllter Giraffenhals an Lorbeerblättchen."

Livia lächelte gequält, während sie Rufus davon abhielt, Oliven über den ganzen Tisch zu verteilen.

„Musst du heute nicht mehr dem Kaiser dienen?", fragte Tertius, offensichtlich bemüht, das Thema zu wechseln.

Subrius' Stirn bewölkte sich. „Nein, dem Jupiter sei Dank. Nach den Strapazen der vergangenen Nacht habe ich frei."

Die Freunde nickten.

„Darf ich dir etwas Giraffenhals reichen, Kim?", fragte Leon in diesem Moment übertrieben höflich.

Kim grinste ihn an. „Klar, warum nicht? Her damit!"

Es wurde ein angenehmer, aber ereignisloser Abend. Die Freunde ließen es sich gut gehen. Sie genossen frische Datteln und ägyptische Honigbrötchen. Doch an weitere Informationen kamen sie nicht heran.

Spät am Abend, Rufus war bereits auf Livias Schoß eingeschlafen, erhob sich Subrius. „Lasst uns zu Bett gehen", sagte er und gähnte. „Morgen wartet ein neuer, sicher anstrengender Tag auf uns. Vielleicht findest du ja Arbeit, Tertius. Ich werde mich aber auch für dich umhören."

Ein Sklave brachte die Freunde in eine geräumige Kammer. Während sich Kim und Julian hinlegten, ging Leon ans Fenster.

„Man sieht ein paar Sterne und den Mond", stellte er erleichtert fest. „Scheint so, als würde sich der grässliche Rauch allmählich verziehen."

Dann erregte etwas anderes seine Aufmerksamkeit. Jemand, der es offenbar ziemlich eilig hatte, huschte über die Straße. Für einen Moment fiel das Mondlicht auf sein Gesicht, und Leon stieß einen leisen Pfiff aus.

„Da draußen ist Subrius. Wo will der denn jetzt noch hin?"

„Subrius? Bist du dir sicher?", fragte Julian. „Der wollte doch ins Bett."

„Ganz offensichtlich hat er seine Meinung geändert", erwiderte Leon. „Und ich bin der Meinung, dass wir ihm nachschleichen sollten. Subrius führt doch etwas im Schilde. Warum sonst sollte er gerade gelogen haben?"

Menschenleer lag die Straße vor den Freunden. Sie hielten sich dicht an den Häuserwänden und blieben Subrius auf den Fersen. Der Mond tauchte die Stadt in blasses Licht.

Unvermittelt leuchtete der Himmel hinter einer weit entfernten Häuserzeile dunkelrot auf – ein untrügliches Zeichen, dass noch längst nicht alle Feuer gelöscht waren.

Eilig lief der Prätorianer durch die Gassen. Kein einziges Mal drehte er sich um – offenbar war er sich sicher, dass niemand ihm folgte. Die Freunde waren da weitaus vorsichtiger. Immer wieder warfen sie einen Blick über die Schulter.

„Oh nein", stieß Kim hervor und schlug die Hand vor den Mund.

„Was ist los?"

„Narbengesicht", stammelte Kim. „Ich habe ihn gesehen!"

„Wo?"

„Hinter der Häuserecke", flüsterte Kim. „Jetzt ist er wieder abgetaucht."

„Scheint so, als würde er jeden Schritt von uns überwachen", wisperte Julian. „Was sollen wir tun?"

„Ganz normal weitergehen", schlug Leon vor. „Schließlich dürfen wir Subrius nicht aus den Augen verlieren."

Und so marschierten die Freunde mit stark pochenden Herzen weiter durch das nächtliche Rom. Noch dreimal drehte sich Kim um. Der Mann mit dem Narbengesicht war nicht mehr zu sehen. Kim hoffte inständig, dass er die Verfolgung aufgegeben hatte. Womöglich hatte er gemerkt, dass ihn Kim entdeckt hatte! Und nichts fürchtete ein Spion oder Spitzel mehr als die Enttarnung.

Wenig später erreichten sie den Hafen am Tiber. Hier drängten sich Kornspeicher, Werkstätten, Kneipen und Bordelle aneinander. Aber dafür hatte Subrius keinen Blick übrig. Er lief direkt auf eines der an der Kaimauer vertäuten Schiffe zu. Es handelte sich um einen großen, eleganten Segler, der zusätzlich mit zwei Ruderreihen bestückt war. Zweifellos war es ein sehr schnelles Schiff. Kein einziges Licht brannte an Deck, der stolze Segler wirkte unbemannt.

Doch das hielt Subrius nicht davon ab, an Bord zu gehen. Er balancierte über eine schmale Planke und verschwand in der Dunkelheit.

Unschlüssig sahen sich die Freunde an. Sollten sie ebenfalls an Bord gehen?

Kija nahm ihnen die Entscheidung ab, indem sie auf den Steg sprang und dem Prätorianer folgte.

„Das geht nicht gut", murmelte Julian, als er als Letzter über die Planke lief. „Das *kann* gar nicht gut gehen."

„Halt die Klappe", zischte Leon und zog ihn hinter ein Wasserfass an der Reling.

Dann peilten sie vorsichtig die Lage. Offensichtlich war keine Wache an Bord, was die Freunde sehr überraschte.

„Seht ihr den Lichtschein da vorn?", wisperte Leon und deutete auf eine Art Kajüte am Heck des Schiffes. Sie lag etwa zwanzig Meter von den Freunden entfernt.

Mit einiger Mühe konnten Kim und Julian entdecken, was Leon meinte.

„Dort muss Subrius stecken. Möchte mal wissen, was er nachts auf diesem dunklen Kahn verloren hat", flüsterte Julian.

Leon grinste. „Das interessiert mich allerdings auch. Und deshalb werde ich mal nachsehen."

„Bist du verrückt?", entfuhr es Julian.

„Nö, nur neugierig", erwiderte Leon und lief geduckt auf die Kajüte zu. Kim und Kija hielten sich unmittelbar hinter ihm. Nach kurzem Zögern folgte auch Julian den dreien.

„Das kann wirklich nicht gut gehen", sagte er noch einmal zu sich selbst. Prompt stolperte er am Großmast über ein zusammengerolltes Tau und krachte auf das Holzdeck.

Der Lärm, der entstand, war ohrenbetäubend. Gelähmt vor Schreck lag Julian auf dem Boden und starrte zu seinen Freunden. Kim zeigte ihm wütend einen Vogel. Dann versteckten sie, Leon und Kija sich hinter einer sperrigen Holzkiste. Julian wusste, dass er sich ebenfalls verstecken musste, und zwar schnell.

Schon schwang die Tür zur Kajüte auf, und Licht flutete auf das Deck. Wo sollte Julian nur hin? Zur Kiste, hinter der sich seine Freunde verbargen, war es zu weit. Er brauchte ein anderes Versteck. Aber hier war keins!

In der Tür erschien eine Gestalt, in der Hand eine Fackel.

Julians Magen krampfte sich vor Angst zusammen. Noch wurde er von der Dunkelheit verborgen. Aber wenn der Kerl mit der Fackel zu suchen begann, gab es für Julian nur einen Ausweg: Er musste über Bord springen. Dieser Gedanken gefiel ihm überhaupt nicht. Schon der Drei-Meter-Turm im Freibad von Siebenthann hatte ihm seit Jahr und Tag gehörigen Respekt eingeflößt. Dennoch kroch er sicherheitshalber auf die Reling zu.

„Ist da wer?", hörte Julian eine Stimme fragen.

Nein, hier ist keiner, du Blödmann!, flehte Julian in Gedanken. Geh zurück in die Hütte und erspar mir den Sprung in den Tiber!

Doch der Mann mit der Fackel tat ihm diesen Gefallen nicht. Im Gegenteil, der Lichtschein wanderte langsam auf Julian zu. Schwere Schritte stampften über den Holzboden. Als der Mann in eine andere Richtung blickte, überwand Julian seine Angst und schwang sich über die Reling. Zappelnd hing er daran, unter sich nichts als Wasser. Pochend breitete sich der Schmerz in seinen Händen aus, die sein ganzes Körpergewicht halten mussten.

Julian sah über die Schulter nach unten. Mann, war das hoch! Seine Nackenhaare sträubten sich. Pechschwarz erwartete der Tiber ihn. Bestimmt war das Wasser eiskalt und unendlich tief. Julian biss die Zähne zusammen. Da berührten seine Zehenspitzen etwas Hartes. Was war denn das? Julian schöpfte neue Hoffnung. Vorsichtig spähte er noch einmal nach unten. Und jetzt erkannte er, dass er fast auf einer hölzernen Zierleiste stand. Julian ließ sich wenige Zentimeter hinunter und stand nun einigermaßen sicher auf der schmalen Leiste. Gleichzeitig hielt er sich an der Reling fest und presste seinen Körper dicht an den Bootsrumpf. Nun wanderte der Lichtschein direkt über ihm vorbei.

Julian wagte kaum zu atmen.

Das Licht bewegte sich weiter, hielt inne, machte kehrt, passierte Julian erneut und verschwand dann Richtung Kajüte.

Sobald Julian das Schlagen einer Tür vernommen hatte, wagte er sich aus seinem ungemütlichen Versteck. Mehr oder weniger elegant kletterte er über die Reling zurück an Bord und schlich zu Leon, Kim und Kija.

„Puh, das war knapp", flüsterte Kim gereizt. „Wolltest du das halbe Schiff abreißen, oder was?"

„War doch keine Absicht", erwiderte Julian nicht minder gereizt. „Ich bin gestolpert."

Kim seufzte. „Versuch einfach, jetzt nicht mehr zu stolpern, okay?"

Am liebsten hätte Julian ihr noch ein paar Takte gesagt, aber jetzt war nicht der Moment, um zu streiten. Außerdem hatten Leon und Kija bereits begonnen, die letzten Meter zur Kajüte zu überwinden.

Leon schlich zu einem Fenster, das jedoch verschlossen war. Für einen Moment war er ratlos. Ganz anders Kija – sie lief weiter und begann, die Kajüte zu umrunden. Die Freunde kamen vorsichtig hinterher. Und auf der Rückseite wurden sie fündig. Auch hier war ein Fenster, aber dieses stand einen Spalt offen. Ein Streifen Licht fiel wie ein langer, gelber Finger aufs Deck.

Die Freunde bezogen unter dem Fenster ihren Posten und spitzten die Ohren.

„… war es genau der richtige Zeitpunkt, wenn ihr mich fragt", hörten die Gefährten eine Männerstimme sagen.

„Das sehe ich genauso, werter Senator Gaius Calpurnius Piso", ließ sich eine zweite Stimme vernehmen, und diese stammte zweifellos von Subrius. „Nero ist untragbar geworden, beim Jupiter. Das Volk murrt."

„Murrt? Das ist noch untertrieben, mein Freund", antwortete der erste Redner. „In manchen Teilen der Stadt können die Legionäre nur mühsam einen Aufstand unterdrücken. So darf es nicht weitergehen!"

„Wie ist die Stimmung unter den anderen Senatoren?", wollte ein dritter Mann wissen.

Julian staunte. Offenbar hatten sich hier sehr mächtige Männer versammelt. Aber warum an diesem abgeschiedenen Ort? Für Julian gab es darauf nur eine Antwort: Die hohen Herrschaften wollen nicht gestört werden. Sie hatten irgendetwas vor, bei dem sie keine Mitwisser brauchen konnten.

„Nun", antwortete Gaius Calpurnius Piso bedächtig. „Die Stimmung ist besser als sonst. Ihr wisst, dass sich unser Kaiser gern über den Senat lustig macht. Aber nun hat dieses Feuer das Lachen aus Neros feistem Gesicht getilgt. Er steht mit dem Rücken zur Wand. Und das sorgt für eine gewisse Befriedigung, um nicht zu sagen: Heiterkeit, unter uns Senatoren."

„Ja!", erklang eine weitere Stimme. „Nero ist schwer in Bedrängnis. Ich frage mich, wie lang er sich noch halten kann."

„Aber Vorsicht", mahnte ein anderer. „Heute hat er erst wieder einen Senator festnehmen und enteignen lassen – meinen lieben Freund Marcus Aulus Apicius. Es gab noch nicht einmal eine Anklage. Nero wittert überall Verrat, hat überall seine Spitzel. Er ist völlig unberechenbar geworden."

„Ja", bestätigte Gaius Calpurnius Piso. „Den Senat hat er im Auge. Wir sind ihm zu mächtig, beugen uns nicht seiner Willkür. Aber auch das einfache Volk und inzwischen auch die Patrizier sind gegen ihn. Nur die Mehrheit der Prätorianer steht noch hinter ihm – oder, Subrius?"

„Der Rückhalt bröckelt", erklärte Subrius, „denn auch uns behandelt er von oben herab. Er hält uns für dumme Kampfmaschinen, die gerade mal in der Lage sind, seine verrückten Befehle zu befolgen. Und er, der große Künstler, steht über uns! Dafür hassen ihn viele!"

„Und du, Subrius, hasst du ihn auch?", fragte Gaius Calpurnius Piso leise.

„Beim Jupiter, das tue ich!", zischte Subrius. „Ich ertrage seine selbstgefällige Art schon lange nicht mehr. Nero spielt Lyra, statt zu regieren. Er dichtet, statt zu richten. Seine Entscheidungen kommen spät, wenn überhaupt. Und sein Lebenswandel ist zügellos und verschwenderisch. Wir brauchen einen starken Mann an der Spitze unseres Reiches und nicht einen untalentierten Sänger und Schauspieler."

Für einen Moment kehrte Ruhe ein.

Julian versuchte, die neu gewonnenen Informationen zu

verarbeiten. Was ging hier vor, was planten die Männer – einen Umsturz?

„Ja", seufzte Gaius Calpurnius Piso jetzt. „Wir brauchen wieder einen starken Mann. Neros Zeit ist abgelaufen. In der Tat kam das Feuer genau richtig." Ein unterdrücktes Kichern ertönte.

Verstört blickte Julian seine Freunde an.

Das Feuer kam genau richtig … Julians Puls beschleunigte sich. Belauschten sie gerade die Brandstifter? War Subrius selbst es gewesen? Alles schien darauf hinzuweisen. Subrius hatte ein starkes Motiv, schließlich hasste er Nero! Vielleicht hatten die hier versammelten hohen Herren auch gemeinsam gehandelt und warteten jetzt nur auf eine günstige Gelegenheit, Nero endgültig zu entmachten!

„Was schlägst du vor, Gaius?", fragte Subrius nun mit einem gewissen Lauern in der Stimme. „Denkst du, dass es Zeit zum Handeln ist?"

Gaius Calpurnius Piso antwortete nicht. Stattdessen hörten die Freunde, wie ein Stuhl verschoben wurde. Dann verschwand der schmale Streifen Licht urplötzlich – jemand hatte das Fenster geschlossen. Und nun drangen die Stimmen nur noch ganz schwach aus der Kajüte. Die Freunde hatten keine Chance mehr, etwas zu verstehen.

Leon deutete stumm mit dem Kopf in Richtung der schmalen Planke, über die sie den Segler betreten hatten.

Dann verließen sie ihren Horchposten und gelangten unbemerkt zurück auf den Kai.

„Riecht nach einer Verschwörung", sagte Julian. „Nero soll gestürzt werden."

„Sieht ganz so aus", stimmte Kim ihm zu. „Bestimmt haben die Typen den Brand gelegt."

Leon wirkte nachdenklich. „Schade, dass sich keiner der hohen Herren ausdrücklich zu der Brandstiftung bekannt hat. Uns fehlt erneut der entscheidende Beweis."

„Die Gürtelschnalle", sagte Kim. „Sie wird uns zum Täter führen. Wir müssen Subrius' Kleidung untersuchen. Immerhin wohnen wir ja jetzt in seinem Haus. Das müsste zu machen sein."

„Du kannst doch nicht einfach seine Klamotten durchwühlen!", entgegnete Julian.

Kim lächelte listig. „Wir müssen nur den richtigen Zeitpunkt abpassen, Jungs. Und jetzt lasst uns zurückgehen. Es wartet Arbeit auf uns!"

Auf der Flucht

Doch Kim und ihre Freunde kamen nicht so früh aus den Federn wie geplant. Die lange Nacht im Hafen steckte ihnen in den Knochen. Außerdem sorgten die weich gepolsterten Liegen, auf denen sie sich in Subrius' Haus betten durften, dafür, dass die drei erst erwachten, als die Sonne schon lange aufgegangen war.

Subrius' Sklaven bedienten die Gäste sehr zuvorkommend. Es gab ein reichhaltiges Frühstück mit frischem Obst und ofenwarmem Brot. Von Tertius und seiner Familie war nichts zu sehen. Die Freunde erfuhren von den Dienern, dass die Familie bereits bei Tagesanbruch die Villa verlassen hatte, um ein neues Zuhause und Arbeit für Tertius zu suchen. Die zweite Information, die die drei von den Sklaven erhielten, elektrisierte sie förmlich – sie hörten, dass auch Subrius fort war. Er habe seinen Dienst in der Garde angetreten.

„Das ist *die* Gelegenheit!", freute sich Kim. „Wir schauen uns unauffällig im Haus um!"

Julians Nackenhaare sträuben sich. „Wenn wir dabei erwischt werden, gibt das einen Riesenärger!"

„Stimmt", meinte Kim. „Und deshalb dürfen wir uns nicht erwischen lassen!"

Nach dem Frühstück taten die Freunde so, als bewunderten sie die Blumenpracht im *Peristyl* mit seinen fein gearbeiteten Säulen. Die Angestellten des Hauses schenkten den Kindern keine besondere Beachtung und gingen ihren Arbeiten nach.

„Wo sind Subrius' Gemächer?", fragte Kim leise. „Hat einer von euch eine Ahnung?"

„Ja", sagte Leon. „Ich vermute, dass sie gleich hinter dem Triclinium liegen. Jedenfalls ging Subrius in die Richtung, als er sich gestern Abend nach dem Essen verabschiedete."

„Na, dann wissen wir ja, wo wir hinmüssen", sagte Kim und lief los.

Aufgeräumt und menschenleer lag das Triclinium vor ihnen. Sie ließen es mit eiligen Schritten hinter sich. An die Spitze des kleinen Trupps hatte sich wieder einmal Kija gesetzt.

Sie liefen durch einen Gang, von dem mehrere Zimmer abzweigten. Kija glitt an ihnen vorbei, ohne auch nur eine Sekunde zu zögern. Aber dann blieb sie vor einer Tür stehen und miaute leise.

Die Tür war verschlossen. Verbarg sich dahinter Subrius' Schlaf- und Ankleideraum?

Kim legte ein Ohr an das Holz und lauschte. Kein Ton war zu hören. Nun wagte das Mädchen, die Tür zu öffnen. Der Raum war spärlich, aber elegant möbliert. Beherrscht wurde er von einer breiten, reich verzierten Liege, neben der zwei große griechische Vasen aufgestellt worden waren. Eine weitere Tür schien ins Nachbarzimmer zu führen. An der einen Wand standen zwei Truhen, und genau die weckten Kims Interesse. Vorsichtig öffnete sie den Deckel der ersten Truhe –

und fand das, was sie erhofft hatte: Kleidungsstücke! Eine sauber zusammengelegte Tunika, eine Toga – aber kein Gürtel, an dem eine mit einer Lyra verzierte Schnalle fehlte!

„Beeil dich", mahnte Julian. „Jeden Moment kann jemand kommen."

„Hilf lieber mit", forderte Kim. „Dann geht es etwas schneller!"

Doch Julian blieb lieber in der Tür stehen, um den Gang zu überwachen. Leon dagegen knöpfte sich die zweite Truhe vor, aber auch er wurde nicht fündig.

Gerade, als Kim und Leon ihre Suche abbrechen wollten, flog die Tür zum Nachbarzimmer auf und eine dunkelhäutige Sklavin erschien. Sie trug einen Berg Wäsche auf dem Arm.

Sie starrte die Freunde an den offenen Truhen an. Dann ließ sie die Wäsche fallen und schrie: „Diebe, bei *Juno!*"

In die Freunde, die für einen Moment wie gelähmt gewesen waren, kam Bewegung. Nur weg hier! Sie rannten aus dem Zimmer und hetzten den Gang hinunter. Die Schreie der Frau gellten hinter ihnen her.

„Ich wusste doch, dass die Sache zu gefährlich ist!", stieß Julian unterwegs hervor.

„Spar deine Luft und lauf!", gab Kim zurück.

Die Freunde flitzten durch das Speisezimmer und waren schon kurz vor der Haustür, als sich ihnen ein Sklave, groß und breit wie ein Baum, in den Weg stellte.

„Halt!", rief er und breitete die Arme aus.

Abrupt bremsten die Freunde ab. Und jetzt? Hinter ihnen wurden weitere Stimmen laut. Offenbar machte inzwischen das gesamte Hauspersonal Jagd auf sie.

Der Riese trat einen Schritt auf sie zu, gleich würde er sich Julian schnappen.

Doch in diesem Augenblick schrie der Sklave auf und fasste sich an die Ferse – dorthin, wo Kija ihn gerade gebissen hatte. Der Mann war für kurze Zeit abgelenkt, und die Freunde nutzten die Chance, um an ihm vorbei durch die Haustür ins Freie zu stürzen. Dort empfing sie der widerwärtige Brandgeruch, der noch immer über Rom lag und den die Stadt scheinbar nie wieder loswerden sollte.

Ohne Plan und Ziel rannten die Freunde los, nur weg von Subrius' Villa, zu der ihnen der Zutritt nun für immer verwehrt sein würde. Doch die Sklaven verfolgten sie auch außerhalb des Hauses hartnäckig.

Atemlos gelangten die Freunde in ein Handwerkerviertel, wo sich zahlreiche Gold- und Silberschmiede niedergelassen hatten. An einer *Therme* bogen sie in eine Gasse – und erstarrten. Ein Trupp Soldaten kam genau auf sie zu, angeführt von niemand anderem als Tigellinus, dem Prätorianerpräfekten.

Die drei fuhren herum und wollte zurückrennen. Doch auch dieser Weg war versperrt: Subrius' Bedienstete stürmten auf sie zu.

„Na, das war's dann wohl", murmelte Leon mit leiser Verzweiflung in der Stimme. Schon spürte er eine grobe Hand auf der Schulter.

„Wir haben sie!", brüllte einer der Sklaven triumphierend.

„Nicht so voreilig!", ertönte da Tigellinus' Stimme. „Was geht hier vor?"

„Die haben unseren Herrn Subrius bestohlen!", riefen die Sklaven.

„Stimmt nicht!", gab Julian zurück. Das war ja noch nicht einmal gelogen.

„Aber sie haben es versucht!", beharrten die Sklaven. „Wir haben sie doch auf frischer Tat ertappt. Dann rannten sie weg und wir haben sie verfolgt."

Tigellinus sah die Freunde scharf an. „Stimmt das, beim Jupiter?"

Betreten schwiegen die Freunde.

„Eure Sprachlosigkeit bewerte ich als Geständnis", knurrte Tigellinus und gab seinen Männern ein Zeichen. „Abführen!"

„Ihr nehmt die Diebe selbst mit?", wollten die Sklaven überrascht wissen.

„So ist es", gab Tigellinus kühl zurück. „Ich werde mich persönlich um diesen Fall kümmern. Diese Zeiten erfordern ein energisches Vorgehen gegen Plünderer und Diebe!"

„Wir haben nichts gestohlen!", rief Julian ängstlich. „Wirklich nicht!"

Tigellinus beugte sich zu ihm hinab. In den Augen des Prätorianers lag ein seltsames Leuchten. „Ach ja? Du winselst um deine Freiheit, um dein Leben. Aber daraus wird nichts! Es gibt offensichtlich genügend Zeugen, die dich und deine Freunde bei der Tat beobachtet haben. Und ganz Rom ist begierig, euch zu sehen – als Attraktion im Circus!"

Julian wurde schlecht. Tigellinus gehörte zweifellos nicht zu den Männern, die einer Drohung keine Taten folgen ließen. Leon, Kim und er würden also als Beute für die ausgehungerten Löwen enden. Ihr Tod in der *Arena* würde von einer johlenden Menge verfolgt werden, die kein Mitleid kannte. Vielleicht hatte ja wenigstens Kija eine Chance zu entkommen, dachte Julian traurig. Er sah sich um. Die Katze saß auf einem Mauervorsprung und leckte sich das Fell, als ginge sie das alles nichts weiter an. Doch Julian ahnte, dass Kija die Szene sehr genau verfolgte.

„Abführen!", ertönte Tigellinus' Befehl erneut.

Die Legionäre nahmen die drei Freunde in ihre Mitte und trieben sie voran. Kija wartete einen Moment, dann lief sie dem Trupp hinterher.

„Wir müssen etwas unternehmen!", zischte Kim unterwegs.

Julian sah sie skeptisch an. „Und was?"

„Irgendetwas!", sagte Kim. „Wir können uns doch nicht so einfach abführen lassen."

„Haltet die Klappe!", fuhr Tigellinus die Freunde an.

„Nein!", rief Kim kühn. „Denn wir haben dir etwas Wichtiges zu sagen."

Der Prätorianer lachte höhnisch.

„Wir haben eine Verschwörung aufgedeckt und glauben zu wissen, wer das Feuer gelegt hat!", sagte Kim. Ihre Freunde starrten sie verdutzt an.

Tigellinus schien zu überlegen. Doch dann stoppte er seine Männer und zog Kim beiseite. Der Prätorianer sah Kim in die Augen, und ihr kam es so vor, als schaue der Mann mitten in ihr heftig pochendes Herz.

„Pass auf", zischte er. „Wenn du glaubst, mich hinters Licht führen zu können, irrst du dich. Ich werde deine Lügen aufdecken und dich hart bestrafen. Also überleg dir genau, was du sagst."

Kim schluckte. Dann überwand sie ihre Angst und begann, dem Prätorianer etwas ins Ohr zu flüstern. In knappen Worten berichtete sie von ihren Ermittlungen und ihrem Verdacht gegen Subrius.

Als das Mädchen geendet hatte, sagte Tigellinus erst einmal gar nichts. Auf seiner Stirn hatte sich eine tiefe Falte gebildet. Der Prätorianer blickte in den Himmel über Rom, als könne er dort eine Antwort auf die Frage finden, ob er dem Mädchen glauben sollte oder nicht.

„Bringt die drei in meine Villa!", befahl er seinen Männern schließlich.

„Nicht in den Kerker? Nicht zu den Löwen?", fragte einer der Soldaten enttäuscht. „Ich dachte, wir ..."

Tigellinus brachte ihn mit einem Blick zum Schweigen, und der Trupp setzte sich wieder in Bewegung, allerdings in eine andere Richtung als zuvor.

„Das war die beste Idee, die du je hattest!", sagte Julian leise zu Kim.

„Danke", erwiderte Kim strahlend. „Ich denke, dass wir Tigellinus vertrauen können."

„Was macht dich da so sicher?", fragte Leon.

Kim hob die Schultern. „Weiß nicht. Ist nur so ein Gefühl", sagte sie.

Leon entgegnete nichts. Natürlich war auch er erleichtert, dass sie jetzt nicht im Verlies landeten. Doch einen Rest Misstrauen konnte er nicht abschütteln. Nun waren sie ganz in der Hand von Tigellinus, und irgendetwas daran störte Leon. Er hätte nicht sagen können, was es war, aber er hatte eine ungute Vorahnung ...

Die schöne Domitia

Tigellinus' riesige Villa lag auf einer Anhöhe. Das Gebäude mit seinen weißen Mauern und roten Ziegeln, den wenigen Fenstern und der massiven Holztür wirkte elegant aber auch abweisend. Der Großbrand hatte das Anwesen verschont. Doch nur wenige Schritte entfernt hatte das Feuer mit seiner entsetzlichen Kraft gewütet und ein glimmendes Trümmerfeld hinterlassen. Die Villa des Prätorianers glich einer Oase in einer schwarzen Wüste.

Wie auf Kommando wurde das Tor geöffnet, als der Prätorianerpräfekt erschien.

„Ich werde euch jetzt der Obhut meiner Frau Domitia übergeben", sagte Tigellinus. „Sie wird auf euch aufpassen, so lange ich fort bin, um weitere Nachforschungen anzustellen. Der Kaiser muss vor den Verschwörern geschützt werden, und ihr könntet wichtige Zeugen sein. In meinem Haus seid ihr sicher. Ich werde euch jetzt bei Domitia ankündigen."

Mit diesen Worten verschwand der Prätorianer und kehrte kurz darauf mit einer ungewöhnlich schönen Frau zurück. Domitias Haare waren kunstvoll hochgesteckt, zwei elegante Löckchen fielen ihr rechts und links über die Schläfen. Die Patrizierin trug eine knöchellange *Stola* aus hellblauer Seide und darüber eine dunkle *Palla*, eine Art Mantel aus einem rechteckigen Stück Stoff. An ihren Handgelenken klimperten Armbänder aus Gold und Edelsteinen, als sie ihrem Mann hinterherwinkte, der sich wieder an die Spitze seiner Soldaten gesetzt hatte.

Nun widmete Domitia ihre Aufmerksamkeit den drei Freunden. Ein feines Lächeln kräuselte ihre Lippen, als sie sagte: „Ich habe schon Kaiser empfangen und Senatoren, berühmte Schauspieler und Sänger. Aber drei Kinder – das ist wirklich etwas Neues."

„Und eine Katze", ergänzte Kim unbeeindruckt.

Domitia hob die geschminkten Augenbrauen. „Eine Katze?"

Kim deutete auf Kija, die gerade hinter ihren Beinen aufgetaucht war.

„Normalerweise dulde ich keine Tiere in meiner Domus, aber was ist im Moment schon normal?", sagte Domitia. „Unser heiliges Rom liegt in Trümmern, und offenbar ist auch noch eine Verschwörung im Gange, bei Juno!" Sie drehte sich um und ging vor den Freunden her in die Vorhalle.

Hinter der makellos weißen, aber eher schlichten Fassade öffnete sich ein luxuriöser Traum. Einige Wände waren mit Mosaiken aus Tausenden von winzigen Glasplättchen verziert, andere mit feinsten Schnitzereien.

Kim fiel auf, dass nirgendwo auch nur ein Krümel Dreck oder eine Staubschicht lag. Dafür sorgten mehrere Diener, die sich lautlos durch die Gänge und Räume bewegten und diese peinlich sauber hielten.

Die Hausherrin geleitete die Gefährten in einen wunderschönen Garten.

„Dies ist nur ein kleiner Teil", sagte sie so, als wolle sie sich dafür entschuldigen. „Uns gehören noch die Aemilianischen Gärten, die hinter der Domus beginnen. Ich bin die Tochter eines Bauunternehmers. Unserer Familie gehört halb Rom. In den Aemilianischen Gärten veranstalten wir unsere Gartenfeste, die einen besonderen Ruf in Rom genießen." Seufzend ließ sich Domitia auf einer Bank nieder. „Hoffentlich kehren wir alle bald zur Normalität zurück. Dann wird es hier auch wieder Feste geben. Setzt euch doch."

Die Freunde gehorchten. Ein Sklave brachte kühle Getränke, und Domitia bat die drei, ihre Geschichte noch einmal in allen Einzelheiten zu erzählen. Julian übernahm das diesmal. Die schöne Frau lauschte ihm konzentriert.

„Tja, dieser Brand", sagte sie, als Julian fertig war. „Zum Glück hat er unser Haus verschont. Die Götter haben es beschützt. Und der Pöbel jammert, weil er so viel verloren hat. Aber hat er das wirklich?" Domitia stand auf und begann auf und ab zu gehen. „Ich glaube, nein. Dieses Feuer hatte etwas von einem reinigenden Gewitter." Sie hielt inne und überlegte. „Ja, ich denke, das ist die richtige Bezeichnung."

Kim sah Domitia verständnislos an. „Dieses Feuer hat vermutlich Tausenden von Menschen das Leben gekostet! Wie kannst du da von einem ‚reinigenden Gewitter' sprechen?"

Domitia sah das Mädchen scharf an. „Hast du gesehen, wie diese Geschöpfe hausen? Sie sind arm, leben im Schmutz. Krankheiten haben sich rasend schnell ausgebreitet und viele dahingerafft. Aber schon kamen neue Menschen! Sie drängten in unsere schöne Stadt! Und nun sind auch noch die Christen da!"

Kim spürte, wie Wut in ihr aufstieg. „Sicher würden die Armen auch gern so leben wie ihr. Aber sie haben es nicht geschafft, sie sind eben nicht so erfolgreich!" Aus dem Augenwinkel sah Kim, dass Julian ihr einen warnenden Blick zuwarf.

Domitias hübsches Gesicht verwandelte sich in eine Maske des Zorns. Sie spie die Wörter förmlich aus. „Du sagst es! Und weißt du, warum das so ist? Weil sie faul und unbegabt sind. Es ist kein Verlust, dass die Armenviertel abgebrannt sind! Schade ist es nur um die Tempel und die anderen öffentlichen Gebäude."

Ein paar Sekunden herrschte Stille. Es kostete Kim große Mühe, Domitia nicht weiter zu widersprechen. Aber sie konnten nicht riskieren, aus dem Haus gewiesen zu werden. Nach wie vor wurden sie des Diebstahls bezichtigt.

„Die Armen und die Christen", sagte Domitia nun schneidend. Urplötzlich war ihre Aggressivität einer Eiseskälte gewichen, als habe jemand einen Schalter umgelegt. „Was für ein unheilvolles Zusammentreffen! Diese beiden Gruppen versuchen alles zu zerstören, was uns Römern heilig ist – unseren Glauben und unsere Stadt. Aber das wird ihnen nicht gelingen, bei Juno!"

Nun konnte sich Kim doch nicht länger zurückhalten. „Verdächtigst du die Armen, das Feuer gelegt zu haben? Das gibt doch keinen Sinn! Sie selbst leiden am meisten darunter!"

„Ich habe nicht behauptet, dass die Armen dahinterstecken", erwiderte Domitia ungeduldig. „Das waren bestimmt die Christen. Sie hassen uns Römer, weil wir ihnen überlegen sind. Das soll wohl ihre Rache sein. Aber Nero wird die Stadt wieder aufbauen lassen, schöner als je zuvor. Und die Christen werden ihre Tat im Circus büßen. Traurig nur, dass vielleicht ein Prätorianer mit den Christen unter einer Decke steckt – dieser Subrius mit einigen Senatoren, wie ihr vermutet. Nun, womöglich wollen sie Nero stürzen, um selbst an die Macht zu gelangen, und die Christen sind nur nützliche Idioten. Es könnte natürlich auch sein, dass Subrius ihren Glauben angenommen hat. Doch das spielt letztendlich keine Rolle. Rom wird über seine Feinde siegen, weil es immer so war und immer so sein wird."

Erneut musste Kim sich zwingen, nicht zu widersprechen. Sie ahnte, dass sie das Thema wechseln musste, um sich nicht mit der Patrizierin anzulegen. Also begann Kim über die exotischen Pflanzen im Garten zu sprechen. Domitia nahm den Ball auf und erwies sich als echte Expertin.

So vergingen die nächsten beiden Stunden mit belanglosen Plaudereien – bis ein Sklave in das Peristyl gelaufen kam und Tigellinus' Rückkehr meldete.

Gespannt folgten die Freunde der Hausherrin in die Vorhalle. Dort stand der Prätorianer bereits. Er wirkte erschöpft. Als Tigellinus die Freunde erblickte, straffte er die Schultern.

„Es ließen sich noch keine Beweise gegen Subrius finden", sagte der Prätorianer. „Ich habe seine Villa durchsuchen lassen – vergeblich. Keine fehlende Gürtelschnalle. Dann haben wir Subrius lange verhört. Aber es ist ihm nichts nachzuweisen."

„Und jetzt?", fragte Domitia mit der ihr eigenen Kühle und Schärfe. „Was wirst du jetzt tun, Tigellinus?"

Der Prätorianer sah seine Frau an. „Es gibt eine zweite Spur. Einige Bürger haben sich inzwischen gemeldet. Sie haben Christen dabei beobachtet, wie diese an mehreren Stellen in der Stadt Feuer legten!"

Ein kurzes Leuchten ging über Domitias Gesicht. „Die Christen? Ich habe es doch geahnt."

Entsetzt blickten sich die Freunde an. Die Christen hatten bestimmt nichts mit dem Brand zu tun, Tigellinus unterlag einem entsetzlichen Irrtum! Julian, Kim und Leon wurde klar, dass sie den wahren Täter rasch finden mussten.

„Ich habe Verhaftungen angeordnet. Noch heute beginnen wir mit den Verhören", ergänzte Tigellinus. „Wir werden die Brandstifter schon schnappen, verlass dich darauf!"

Domitia bedachte ihren Mann mit einem wohlwollenden Blick. „Daran habe ich keine Zweifel."

„Aber auch auf dich wartet Arbeit", sagte Tigellinus nun. „Wir bekommen heute Abend hohen Besuch."

„Ich werde in der Küche Bescheid geben", erwiderte Domitia mit der Gelassenheit einer Frau, die genau weiß, dass sie selbst keinen Finger würde krümmen müssen. „Mit wie vielen Personen rechnest du?"

„Mit nur einer", sagte Tigellinus.

„Nur eine Person?", fragte seine Frau irritiert.

„So ist es. Nero kommt heute Abend." Der Prätorianer richtete seine Augen auf die Freunde. Seine Stimme wurde gefährlich leise. „Der Kaiser will unsere kleinen Freunde hier kennenlernen – und ihnen ein paar Fragen wegen Subrius stellen."

Julian hatte plötzlich einen Kloß im Hals. Da stimmte doch etwas nicht! Wenn Nero sie sprechen wollte, warum ließ er sie dann nicht in seinen Palast bringen? Und wieso kam Nero allein, wo war sein Gefolge? Außerdem behagte Julian die Vorstellung überhaupt nicht, von einem womöglich wahnsinnigen Kaiser verhört zu werden.

Verhör, schoss es Julian durch den Kopf. Das ist der richtige Ausdruck. Es würde keine harmlose Plauderei werden, ganz sicher nicht! Julian ahnte, dass sie heute Abend höllisch aufpassen mussten.

Gefährliche Fragen

Es war ein schwülheißer Abend, und so hatte Domitia angeordnet, dass die Cena im Atrium stattfinden sollte, das die Sklaven inzwischen festlich hergerichtet hatten. Liegen waren herangeschleppt und mit Blüten bestreut worden. Eine Nero-Büste stand neben dem Altar für die Hausgötter, beleuchtet von einer der vielen Fackeln, die überall angebracht worden waren. Drei Musiker, mehrere Tänzerinnen und ein junger Mann, der gut Gedichte vortragen konnte, hielten sich in den angrenzenden Räumen bereit, um auf ein Fingerschnippen von Domitia ihre Künste darbieten zu können. Aus der Küche drangen knappe Kommandos und feine Gerüche.

Kim, Julian, Leon und Kija hockten am Wasserbecken in der Mitte des Atriums, beobachteten die Vorbereitungen und versuchten, nicht im Weg zu sein. Sie hatten damit gerechnet, dass man sie zu irgendwelchen Handlangerdiensten einspannen würde, aber nichts dergleichen geschah. Das war seltsam und gefiel ihnen überhaupt nicht. Es schien, als wolle man sie für irgendetwas schonen. Eine seltsame Erwartungshaltung, wenn nicht sogar Spannung, lag in der Luft.

„Ich will hier raus", sagte Kim leise, während sie Kija hinter den Ohren kraulte. „Hier kommen wir dem Brandstifter nicht auf die Schliche."

„Wir können nicht weg", entgegnete Leon ebenso leise. „Jedenfalls nicht jetzt. Das würde uns sofort verdächtig machen."

Julian seufzte. „Genauso ist es. Hier sind wir wenigstens vor Subrius sicher. Der hat uns bestimmt noch nicht verziehen, dass wir in seinem Haus herumgeschnüffelt haben."

„Mag sein", sagte Kim. „Aber eigentlich sollten wir den Spieß umdrehen. Nicht Subrius sollte uns jagen, sondern wir ihn! Das ist schließlich unsere Aufgabe. Deswegen sind wir doch überhaupt nach Rom gereist!"

Erneut seufzte Julian. Oft bewunderte er Kims Mut. Aber jetzt durften sie nicht unüberlegt handeln.

„Lasst uns Neros Besuch abwarten", sagte er. „Vielleicht bringt uns das ein Stück weiter. Zudem …" Er brachte den Satz nicht zu Ende, weil unter den Sklaven unvermittelt große Hektik ausgebrochen war.

„Er ist da!", rief jemand. „Der Kaiser ist da!"

Unschlüssig erhoben sich auch die Freunde. Julian spürte, wie seine Handflächen feucht wurden. Was erwartete sie?

Nun erschien ein Sklave, der Blüten auf den Boden streute. Ihm folgte der Kaiser, flankiert von Tigellinus und Domitia. Nero trug eine einfache, weiße Tunika, die einige Flecken aufwies, billige Sandalen und keinerlei Ringe oder sonstigen Schmuck. Anders ausgedrückt: Der Kaiser sah aus wie ein gewöhnlicher Bauer oder Handwerker.

„Bitte, nimm Platz, mein göttlicher Kaiser", sagte Tigellinus nun und deutete auf eine der Liegen.

Doch Nero überhörte das. Er sah sich um und wirkte dabei wie ein Tier, das Gefahr wittert. Sein Blick fiel auf die drei

Freunde, die unwillkürlich ein wenig dichter zusammenrückten. Neros dunkle Augen wurden schmal.

„Sind das die Kinder, von denen du mir berichtet hast?", fragte er.

„Ja", sagte Tigellinus und lächelte angestrengt.

Der Kaiser nickte. „*Valde bona.*" Seine kleinen Augen ruhten für jeweils wenige Sekunden auf den Gesichtern der Freunde. Dabei blieb seine Miene ausdruckslos. Sie verriet nicht, was er dachte oder was er vorhatte. Nun nahm der Kaiser auf der Liege Platz. Sofort sprang ein Sklave herbei und reichte Nero einen *Scyphus*, einen mit Edelsteinen besetzten Pokal.

„Wir haben Wein aus Antium für dich besorgt", sagte Domitia unterwürfig. „Ich hoffe, er wird dir munden, edler Kaiser."

„Aus Antium? Hervorragend, ich liebe diese Rebsorte." Nero grinste breit. „Lass mir einschenken!"

Nachdem er getrunken hatte, begann Nero zu erzählen. Er habe ganz bewusst einfache Kleidung angezogen, um sich unerkannt unters römische Volk mischen zu können.

Julian spitzte die Ohren. Das erklärte, warum Nero ohne Leibwächter und Gefolge gekommen war.

„Ich wollte wissen, was das Volk über mich denkt", sagte Nero nun und schwieg vielsagend.

„Und?", fragte Tigellinus. „Ich gehe davon aus, dass sie dich als Retter preisen, nachdem, was du alles für den Pöbel getan hast."

Der Kaiser lachte auf. „Von wegen! Das Volk hasst mich. Man macht mich für den Brand verantwortlich. Und zwar weil es meinen Prätorianern nicht gelingt, die wahren Täter zu schnappen. Du hast bisher versagt, Tigellinus. Und du bist ein unverbesserlicher Speichellecker."

Die Freunde bemerkten, wie jede Farbe aus dem Gesicht des Prätorianers wich. Aber er wagte wohl nicht zu widersprechen.

„Deswegen bin ich ja jetzt auch bei dir", fuhr Nero fort. „Auf dich und deine Ergebenheit kann ich mich wenigstens verlassen. Was ich ja nicht von allen Prätorianern sagen kann. Zudem …!" Er brach den Satz ab, weil erneut ein Sklave auftauchte. Hinter ihm ging ein Mann, den Nero zu kennen schien. Er hielt den Kopf gesenkt. Als er hochsah, um den Kaiser zu begrüßen, erschraken Julian, Kim und Leon: Der Mann hatte eine lange Narbe im Gesicht – das musste der Mann sein, der sie seit ihrer Ankunft auf dem Forum Romanum verfolgte! Ganz offensichtlich stand er im Dienste des Kaisers, denn jetzt beugte er sich dicht zu Nero herab und flüsterte ihm etwas ins Ohr. Der Kaiser lauschte angestrengt. Dann warf er einen finsteren Blick auf die Freunde, die ebenfalls auf einer Liege Platz genommen hatten. Julian musste heftig schlucken.

„Schon gut", sagte Nero schließlich und entließ den Boten mit einer Handbewegung, als wolle er eine lästige Fliege verscheuchen.

„Schlechte Nachrichten?", fragte Tigellinus übertrieben besorgt.

„Ja", erwiderte Nero. „Überall ist Verrat und Lüge. Einer der Senatoren hat sich abfällig über mich geäußert, wurde mir soeben zugetragen. Aber das ist kein Problem. Ich werde den Herrn enteignen lassen. Das ist für einen Senator die Höchststrafe, schlimmer als der Tod. Mein getreuer Diener hat mir allerdings noch etwas anderes berichtet. Und damit wären wir bei euch!" Lauernd fixierte der Kaiser die drei Freunde.

Julian hielt dem Blick mit einiger Mühe stand und rang sich ein Lächeln ab. In seinem Kopf wirbelten die Gedanken – was hatte der Spitzel mit der Narbe über sie verbreitet? Und handelte es sich bei dem festgenommenen Senator etwa um Gaius Calpurnius Piso?

„Oh, wie ich sehe, habt ihre eine Katze dabei", bemerkte Nero jetzt. „Ein schönes Tier. Komm mal her!" Er streckte die Hand nach Kija aus.

Kija machte einen Buckel und dachte überhaupt nicht daran, der Aufforderung zu folgen.

„Komm her!", wiederholte Nero aggressiv.

Kim gab der Katze einen kleinen Stups, und nun spazierte Kija aufreizend langsam auf den Herrscher zu.

Nero griff nach ihr, doch Kija wich aus.

„Was für ein stolzes Tier", kommentierte der Kaiser. Er richtete sich auf und versuchte mit beiden Händen, die Katze zu erwischen. Erneut wich Kija aus und verpasste Nero einen Hieb auf die Hand.

„Ach, du Schande", entfuhr es Kim.

„Verfluchtes Katzenvieh!", brüllte Tigellinus und schnauzte einen der Sklaven an: „Fangt die Katze und tötet sie!"

„Halt!", rief Nero. „Lasst sie laufen. Ich mag stolze Menschen – und stolze Tiere. Es ist so selten, dass jemand Stolz besitzt, nicht wahr, Tigellinus?"

Betreten sah der Prätorianer zu Boden, während Kija in weiten Sätzen zu den Freunden zurücklief und sich hinter Kim versteckte.

Domitia rettete die Situation, indem sie einwarf: „Bestimmt ist das Essen fertig." Sie klatschte zweimal in die Hände, und die Vorspeisen wurden gereicht.

Mit spitzen Fingern pflückte der Kaiser eine mit Ziegenkäse gefüllte Olive vom Silbertablett und schob sie in den Mund.

„Was ist denn das?", knurrte er und spuckte die Olive aus. „Das schmeckt ja widerlich bitter!"

Entsetzt sprang Tigellinus auf. „Tut mir leid. Wie konnte das nur passieren? Soll ich den Koch bestrafen lassen?"

Ein feines Lächeln umspielte Neros wulstige Lippen, als er verlangte: „Lass den Koch auspeitschen! Hier im Atrium!"

Tigellinus' Augen weiteten sich. Doch sofort hatte er sich im Griff. „Natürlich, wenn du es wünschst." Er schnippte mit den Fingern, und augenblicklich stürzte ein Sklave herbei. In knappen Worten instruierte der Prätorianer ihn, was zu tun sei.

Die Freunde sahen sich fassungslos an. Aus einem völlig nichtigen Anlass fällte der Kaiser ein derart grausames Urteil und niemand wagte ihm zu widersprechen – das durfte doch nicht wahr sein! Gerade als Kim etwas sagen wollte, äußerte Nero kichernd: „War nur ein Scherz. Ich bin heute in gnädiger Stimmung. Aber wirf diesen untalentierten Koch raus, Tigellinus, damit er nie wieder meinen Gaumen beleidigen kann, wenn ich bei dir zu Gast bin."

Die Freunde atmeten auf. Vielleicht war Nero nicht wahnsinnig, aber wie er mit anderen Menschen spielte, zeigte, dass er sehr grausam war.

Der nächste Gang, der aus mit Pinienkernen und gehacktem Schweinefleisch gefüllten Haselmäusen bestand, schien dem Herrscher schon eher zu munden. Zumindest beschwerte er sich nicht.

Kim, Leon und Julian bekamen so gut wie nichts herunter. Nur Kija verspeiste die „Leckereien", die sie von Kim erhielt, mit Heißhunger.

Eine halbe Stunde verging mit belanglosen Plaudereien und dem Vortrag des Dichters, den Nero allerdings nicht weiter beachtete. Irgendwann brachte der Kaiser ihn mit einer Handbewegung zum Schweigen und wandte sich wieder an die Freunde.

„Ihr habt also bei meinem Prätorianer Subrius gewohnt", leitete Nero die Befragung ein.

Die Freunde nickten.

„Und vergangene Nacht seid ihr ihm hinterhergeschlichen, als er zum Hafen ging – richtig?", fragte der Kaiser nach.

Wieder ein stummes Nicken.

„Das habe ich dir doch alles berichtet", mischte sich jetzt Tigellinus ein. „Und …"

„Sei still", fiel Nero ihm ins Wort. „Ich will mir ein eigenes Bild machen."

Der Prätorianer biss die Zähne zusammen und enthielt sich eines Kommentars.

Julian wurde jetzt klar, warum Nero sie aushorchte. Er wollte wissen, ob es wirklich eine Verschwörung gab und wie gefährlich sie ihm werden konnte.

„Einige Senatoren murren", sagte Julian. „Sie sind unzufrieden mit deiner Amtsführung. Aber wir kennen ihre Namen nicht."

Nero legte den Kopf in den Nacken und lachte schallend. „Senatoren murren immer. Sie halten sich für wichtig, aber in Wirklichkeit sind sie es nicht. Und damit haben sie oft ein Problem." Schlagartig wurde Nero wieder ernst. Todernst. „Aber sag mir, mein Junge, welche Rolle spielt Subrius in diesem Spiel? Und welche haben die Christen?"

Ein Schweißtropfen bildete sich in Julians Nacken und bahnte sich seinen Weg an der Wirbelsäule entlang. „Über die Christen wissen wir nichts. Wir haben nichts gehört, was sie belastet. Und Subrius scheint ein Freund dieser Senatoren zu sein – aber mehr auch nicht", sagte Julian ausweichend.

„Und er hat den Brand gelegt, um mir zu schaden", stellte Nero fest.

„Das wissen wir nicht!", sagte Julian schnell. „Dafür haben wir keine Beweise!"

Wieder lachte der Kaiser. „Beweise? Wer braucht schon Beweise, um ein Todesurteil zu fällen? Die Löwen haben immer Hunger, und bei einer groß angelegten Verschwörung darf man keine Zeit verlieren. Das kann sich Rom nicht leisten." Er wusch sich die Hände in einer Schale und trocknete sie an einem Tuch ab, das ihm ein Sklave reichte. „Und nun kommt es mir so vor, als wolltet ihr diesen Subrius und die Christen beschützen. Auf welcher Seite steht ihr? Gehört ihr auch zu denen, die murren – zu diesem undankbaren Pöbel, der meinen Kopf fordert?"

Julian wurde schwindelig. Er warf einen Hilfe suchenden

Blick auf seine Freunde. Doch Kim und Leon schwiegen. Sie alle wussten, dass auch nur eine einzige falsche Antwort ihren Tod bedeuten könnte.

„Was ist, beim Jupiter?", forschte Nero nach. „Hat es euch die Sprache verschlagen?"

Julian gab sich einen Ruck. Er sah dem Kaiser offen ins Gesicht. „Nein, wir murren nicht. Aber unser Charakter verbietet es uns, jemanden ohne Beweis einer bestimmten Tat zu bezichtigen."

Nero wirkte überrascht. „Charakter? Was für ein edles Wort. Ich habe es in letzter Zeit selten gehört." Er streifte Tigellinus mit einem kurzen Blick. Dann wandte er sich wieder an die Freunde. „Eure Einstellung ehrt euch. Es gibt derzeit zu wenige Menschen in dieser Stadt, die so denken. Das ist so ähnlich wie mit dem Stolz." Er machte eine kleine Pause, bevor er auf seinen leeren Silberteller deutete. „Gibt es hier eigentlich noch etwas zu essen?"

„Entschuldige", sagte Tigellinus und warf den Sklaven böse Blicke zu. „Wie wär's mit etwas feinem Gebäck?"

Die drei Freunde waren unendlich erleichtert, dass das Verhör zu Ende zu sein schien. Zumindest vorerst, wie sie umgehend erfuhren.

„Ihr werdet in dieser Villa bleiben", ordnete Nero an. „Gut möglich, dass ich eure Aussage noch brauche. Natürlich könnte ich euch auch in meinem Palast unterbringen, aber dort kann ich niemandem mehr trauen. Also bleibt ihr bis auf Weiteres hier."

Während der Nachtisch verspeist wurde, traten die Musiker und Tänzerinnen auf. Ihre Darbietungen fanden den Beifall des Herrschers, und die Stimmung wurde immer gelöster, was sicher auch an dem guten Wein lag, den Nero in großen Mengen trank. Zu vorgerückter Stunde ließ sich der Kaiser eine Lyra bringen und sang selbst ein Lied. Seine Stimme hatte nur ein mäßiges Volumen und auch sein Lautenspiel war nicht gerade virtuos, aber seine kleine Zuhörergruppe klatschte artig.

Gegen Mitternacht erhob sich Nero schwerfällig und kündigte an, in seinen Palast zurückzukehren.

„Du kannst unmöglich allein gehen", sagte Tigellinus. „Das ist viel zu gefährlich."

„Ich bin ohne Schutz hierhergekommen, also werde ich auch ohne Schutz heimkehren. Die Dunkelheit und meine armselige Kleidung werden mich vor Angriffen bewahren. Solange mich niemand erkennt, bin ich nicht in Gefahr", beharrte der Herrscher mit einer gewissen Bitterkeit in der Stimme.

„Ich werde dich wenigstens ein Stück begleiten", bot der Prätorianer an.

Nero wirkte gleichgültig. „Wenn du das unbedingt willst."

Tigellinus ließ sich eine Fackel geben und ging voran. Nero folgte ihm ohne ein Wort des Abschieds oder Dankes an Domitia. Dann verschwanden die beiden Männer aus dem Atrium in die angrenzenden Aemilianischen Gärten.

Mürrisch befahl die Hausherrin den Sklaven, für Ordnung zu sorgen und den Freunden ein Zimmer im Obergeschoss zu zeigen, wo sie schlafen konnten.

Nur zu gern verdrückten sich die drei. Die ihnen zugewiesene Kammer erwies sich als groß und sauber. Kim und Julian ließen sich todmüde auf die Liegen fallen, während sich Leon noch ein wenig umsah. Dabei entdeckte er eine Tür, die auf die Dachterrasse hinausführte. Leon trat hinaus in die milde Nacht. Sein Blick fiel auf einen Park, der sich vor ihm im Mondlicht ausbreitete.

Die Aemilianischen Gärten, vermutete Leon und gähnte. Tigellinus und Domitia mussten wirklich unendlich reich sein, dachte er. Aber dennoch hätte Leon niemals mit ihnen tauschen wollen. Die beiden waren völlig Neros Willkür ausgesetzt. Im Moment hielt der Herrscher seine schützende Hand über das Patrizierpaar, aber diese Hand konnte im nächsten Moment auch ein Tod bringendes Schwert führen. Außerdem würde Leon sich nicht gern „Speichellecker" nennen lassen und …

Er brachte den Gedanken nicht zu Ende. Etwas zog seine Aufmerksamkeit magisch an. Und was er hinten im Park sah, dort, wo die Umrisse der Bäume mit der Nacht verschmolzen, versetzte ihn in Panik.

Eine heiße Spur

Leon stürzte ins Zimmer. „Feuer!", schrie er. „Im Park ist ein Feuer ausgebrochen!"

Kim und Julian sahen ihn voller Entsetzen an.

„Hat denn dieser Albtraum nie ein Ende?", stöhnte Julian und rappelte sich auf.

Sekunden später standen die Freunde zusammen auf der Dachterrasse. Das Feuer sah aus wie ein gelbrotes Band. Doch dieses Band lebte. Es wurde breiter, wuchs und wuchs. Leon befeuchtete seinen Zeigefinger und hielt ihn in die Luft.

„Zum Glück treibt der Wind das Feuer vom Haus weg", sagte er.

Kija schien das nicht zu beruhigen. Sie schmiegte sich dicht an Kim. Das Mädchen hatte einen Arm um die Katze gelegt und spürte ihren rasenden Herzschlag: Kija hatte Angst.

„Los, wir müssen Tigellinus und die anderen warnen!", rief Leon.

Das war jedoch gar nicht mehr nötig, stellten die Freunde fest, als sie kurz darauf das Erdgeschoss erreichten. Der Prätorianer erteilte dort den Sklaven wild gestikulierend Befehle. Seine Frau hielt sich unmittelbar hinter ihm und beobachtete die Szenerie angespannt.

„Treibt die Pferde zusammen und bringt sie in den Stall meines Bruders", ordnete Tigellinus gerade an. „Und dann ..."

„Du willst die Villa aufgeben?", fragte Domitia.

Der Prätorianer ächzte. „Ich will nur einige Wertsachen in Sicherheit bringen – mehr nicht! Es ist schon schlimm genug, dass unsere Aemilianischen Gärten in Flammen stehen!"

Seine Frau rümpfte die Nase. „Es wäre besser, du würdest die Sklaven anweisen, das Feuer aufzuhalten, bevor es uns zu nahe kommt! An Flucht können wir immer noch denken, wenn nichts anderes mehr geht."

Tigellinus starrte seine Frau wütend an. „Willst du mir sagen, was ich zu tun habe? Ich bin hier der *Pater Familias,* und du wirst das tun, was ich anordne!"

Verächtlich blickte Domitia ihn an. Es war ihr anzusehen, dass sie ihrem Mann noch einiges zu sagen hatte, aber sie schwieg – wohl auch deshalb, weil die drei Freunde und einige Sklaven in Hörweite waren.

Tigellinus fuhr fort, dem Personal Anweisungen zu geben. Wenig später glich die Villa einem Ameisenhaufen. Die zahlreichen Bediensteten begannen, alle möglichen Gegenstände auf Karren zu verladen und in Sicherheit zu bringen.

„Das Feuer scheint sich vom Haus wegzubewegen", sagte Kim vorsichtig zu Tigellinus.

„Mag schon sein", gab dieser zurück. „Aber der Wind kann drehen. Ich möchte kein unnötiges Risiko eingehen."

Kim nickte. „Ist Nero in Sicherheit?", fragte sie dann.

„Ich weiß es nicht, beim Jupiter!", sagte Tigellinus. „Aber ich bete zu den Göttern, dass es so ist. Ich brachte Nero ein

Stück bis zur Hauptstraße. Ab dort wollte er allein weitergehen. Das war das letzte Mal, dass ich ihn sah."

„Hast du auf dem Rückweg bereits das Feuer bemerkt?"

„Nein", antwortete der Prätorianer. „Aber ich weiß, wer es gelegt hat!"

Unbehaglich sahen die Freunde Tigellinus an. Sie ahnten, was kommen würde.

„Es waren die Christen!", zischte Tigellinus hasserfüllt. „Sie haben meinen Garten angezündet, weil sie sich für die Verhaftungen rächen wollen, die ich wegen des Brandes angeordnet habe. Aber dieses Haus wird das Feuer überstehen, und meine Familie wird dies auch – und dann werde ich blutige Rache nehmen! Diese Tat werden die Christen noch bereuen!"

Genau in diesem Moment rannte ein Sklave herein. „Herr!", schrie er außer sich. „Das Feuer kommt auf uns zu! Es hat bereits die Obstbäume erfasst!"

„Wie bitte?", entfuhr es dem Prätorianer. Er stürzte ans Fenster. Auch die Freunde kamen hinzu.

Das, wovor alle Angst gehabt hatten, war eingetreten: Der Wind hatte gedreht und trieb eine etwa drei Meter hohe Flammenwand geradewegs auf die Villa zu.

„Wasser", stammelte der Prätorianer. „Wir brauchen Wasser! Alle an die Brunnen. Bildet eine Löschkette! Rettet dieses Haus!"

Domitia, die sich die letzten Minuten mit verschlossener Miene zurückgehalten hatte, griff jetzt wieder in das Geschehen ein. Auch sie erteilte Kommandos, und das war dringend nötig, denn die Sklaven zeigten ein nur mäßiges Engagement, ihrem Herrn zu helfen. Zum einen hatten sie Angst um ihr Leben, zum anderen gehörte das prächtige Anwesen nicht ihnen. Anders ausgedrückt: Nicht *ihre* Besitztümer drohten in Flammen aufzugehen.

Domitia entging die lasche Haltung nicht. „Bewegt euch, schneller!", fuhr sie zwei Sklaven an. „Oder ich lasse euch hier an Ort und Stelle auspeitschen!"

Julian, Leon, Kim und Kija bekamen von Tigellinus die Order, sich keiner Gefahr auszusetzen. Offenbar fürchtete der Prätorianer um das Leben seiner wichtigen Zeugen, und so hielten sich die Freunde im Hintergrund.

Vor dem Haus hatte sich eine Löschkette gebildet. Einige Männer bespritzten die Villa mit Wasser, um sie vor Funkenflug zu schützen. Andere fällten die Bäume, die dem Haus am nächsten standen. Eine dritte Gruppe hatte auf Tigellinus' Anweisung hin begonnen einen Graben vor dem Anwesen auszuheben.

Unterdessen wälzte sich das Feuer auf die Villa zu. Eine alles verzehrende Welle aus Hitze, scheinbar unaufhaltsam. Stattliche Bäume verwandelten sich in Sekunden in Fackeln. Kunstvoll beschnittene Hecken und exotische Büsche wurden zu Asche. Die berühmten Aemilianischen Gärten hörten auf zu existieren.

Menschen und Feuer standen sich gegenüber wie zwei verfeindete Lager. Doch der Kampf war ungleich, denn während der Angreifer gierig zur Sache ging, zitterten die Verteidiger vor Angst. Tigellinus und Domitia duldeten jedoch keine Flucht, noch hatten sie ihre Sklaven im Griff.

„Wer flieht, stirbt", sagte Domitia kalt, und die Tatsache,

dass sie ein Schwert in den Händen hielt, verlieh dieser Drohung die nötige Glaubwürdigkeit.

Und wer nicht flieht, stirbt auch, dachte Julian, der mit seinen Freunden in der Tür stand, die zum Garten hinausführte. Julian gab seinen Freunden ein Zeichen und machte unauffällig einen Schritt zurück. Domitia und Tigellinus bemerkten dies nicht, und so konnten die Freunde in der Villa verschwinden.

„Was hast du vor?", fragte Kim.

„Das Feuer ist nicht aufzuhalten!", sagte Julian. „Es wird auch dieses Haus zerstören."

„Wir könnten vor den Flammen fliehen, zum Circus laufen und die Heimreise antreten. Die Gelegenheit ist günstig", stellte Leon fest. „Allerdings hätten wir dann zum ersten Mal einen Fall nicht gelöst."

„Ist das jetzt noch wichtig?", fragte Julian.

„Ja", erwiderte Kim. „Denn mir will eines nicht in den Kopf: Tigellinus hat doch Nero ein Stück begleitet, als dieser nach Hause ging, oder?"

„Na und?"

„Tigellinus und Nero gingen vom Atrium in die Aemilianischen Gärten", fuhr Kim fort. „Wenig später kehrte Tigellinus zurück."

„Das wissen wir doch! Worauf willst du hinaus?"

Kim lächelte. „Ihr erinnert euch vielleicht, dass ich Tigellinus fragte, ob er das Feuer auf dem Rückweg bemerkt habe. Diese Frage beantwortete er mit Nein. Und das kann eigentlich nicht stimmen."

„Richtig", entfuhr es Julian. „Denn Tigellinus ist mit ziem-

licher Sicherheit auch durch den Garten wieder zurückge-
kommen. Dabei hätte er das Feuer bemerken müssen!"

„Du sagst es!", rief Kim triumphierend. „Also lügt Tigellinus. Aber warum?"

„Vielleicht hat er selbst das Feuer gelegt, um den Verdacht
gegen die Christen zu erhärten", spekulierte Leon. „Und womöglich haben wir bei dem falschen Mann nach der fehlenden
Schnalle gesucht!"

Julian schüttelte den Kopf. „Das glaube ich nicht. Tigellinus' Motiv ist einfach nicht stark genug. Außerdem kann
ich mir nicht vorstellen, dass er sein eigenes Grundstück an-
zündet."

„Mag ja alles sein", sagte Kim. „Aber eines steht fest: Tigellinus hat gelogen. Und ich bin der Meinung, dass wir uns hier
mal ein …"

Kijas Miauen ließ sie den Satz nicht zu Ende sprechen. Es
war ein Laut, der sofortige Aufmerksamkeit einforderte, und
die Freunde wussten genau, dass Kija ihnen etwas zeigen
wollte. Schon war die Katze unterwegs. Sie flitzte geradewegs
auf das Atrium zu.

„Los, Jungs!", rief Kim begeistert. „Alle sind draußen, um
das Feuer zu bekämpfen. Niemand wird es merken, wenn wir
uns ein wenig umsehen!"

Kija sauste quer durch das Atrium, bog in einen Gang ein,
der an einigen Zimmern vorbeiführte, und gelangte schließlich zur Küche.

„Was willst du denn *hier*?", fragte Kim überrascht. „Jetzt
sag nicht, dass du hungrig bist und uns deswegen hierhergeführt hast."

Doch Kija hatte etwas ganz anderes im Sinn. Sie ließ die noch warme Herdstelle links liegen und sprang auf einen Fenstersims. Dort blieb sie hocken, sah nach draußen und miaute leise.

Die Freunde eilten herbei und sahen durch das Fenster in einen Hinterhof, in dem allerlei Gerümpel herumlag. Ratlos blickten sich die drei an.

In diesem Moment sprang Kija in den Hof und stolzierte zu einem Haufen, der aus Lumpen und anderem Müll zu bestehen schien. Wieder ertönte ein Miauen. Die Kinder liefen der Katze nach.

Kim kniete sich vor den kleinen Müllberg und begann, ihn mit spitzen Fingern zu untersuchen.

„Ich hoffe nur, dass sich das lohnt", sagte sie. „Im Müll von anderen Leuten herumzufischen, ist nicht unbedingt mein Hobby."

Da ertasteten ihre Finger etwas Schmales, Biegsames unter einem Tuchfetzen. Kim zog das Ding hervor und hielt es in das Mondlicht.

„Oh, mein Gott", wisperte sie. Kim hielt einen Gürtel in der Hand, an dem die Schnalle fehlte.

Der Plan

„Gib mir mal die Schnalle", flüsterte Kim und sah Julian an.

Der Junge war so aufgeregt, dass er sie fast fallen gelassen hätte. Alle hielten den Atem an, als Kim probierte, ob die Schnalle zum Gürtel gehörte.

„Passt ganz genau", sagte Kim atemlos.

„Dann ... dann hat Tigellinus den Brand gelegt", stammelte Julian. „Aber warum nur?"

„Das kann ich dir sagen, du Schnüffler!", ertönte da eine Stimme hinter den Freunden. Sie fuhren herum und erblickten Tigellinus, der sein Schwert gezogen hatte. Hinter ihm tauchte Domitia auf, und auch sie war bewaffnet.

„Überrascht?", fragte Tigellinus höhnisch. „Dann seid ihr dümmer, als ich gedacht habe. Habt ihr im Ernst daran geglaubt, dass wir euch unser Haus durchwühlen lassen – so, wie ihr es beim leichtsinnigen Subrius getan habt?"

Die Freunde blieben stumm. Nur Kija fauchte.

„Was hast du da in der Hand?", herrschte der Prätorianer Kim jetzt an.

Zögernd gab das Mädchen die Schnalle heraus.

„Oh!", entfuhr es Tigellinus. „Das Ding habe ich vermisst. Ich muss es verloren haben, in der Nacht, als der Brand ausbrach."

„Richtig", sagte Kim kühn. „Du hast die Schnalle verloren, als du das Feuer gelegt hast! Wir haben sie am Tatort gefunden!"

„So, so", Domitia lachte hell auf. „Wie überaus interessant. Zum Glück hat der Wind gedreht und treibt die Flammen vom Haus weg. Wir haben ein wenig Zeit für euch. Zeit, uns mit euch zu unterhalten, bevor wir die geeigneten Maßnahmen ergreifen."

Ein kalter Schauer lief Julian den Rücken hinunter.

„Genau", stimmte der Prätorianer seiner Frau zu. „Denn ich möchte zum Beispiel wissen, warum ihr mich überhaupt verdächtigt habt. Wie seid ihr mir auf die Schliche gekommen?"

Kim antwortete ihm. Dann hatte sie ihrerseits eine Frage: „Aber warum hast du das Feuer gelegt?"

Tigellinus warf seiner Frau einen Blick zu. Sie nickte: „Sag es ihr ruhig."

„Rom ist völlig heruntergekommen", schnaubte der Prätorianer verächtlich. „Die Stadt ist voller Schmutz und Armut, Krankheiten und Fäulnis."

„Du sagst es", ergänzte Domitia. „Das Feuer hat all das zerstört, was wir verachten. Nun ist es Zeit für einen Neuanfang. Und diesen Neuanfang werden *wir* gestalten. Viele Grundstücke sind nach dem Feuer nichts mehr wert. Wir werden sie kaufen – schließlich ist mein Vater der größte Bauunternehmer Roms – und in Neros Auftrag bebauen. Die Elendsviertel werden verschwinden und Platz machen für neue, elegante Thermen und schillernde Paläste. Wir werden Rom aufblühen lassen und dabei – nebenbei bemerkt – sehr reich werden!"

„Und in diesen Plänen ist für arme Menschen kein Raum", bemerkte Leon sarkastisch.

„Sehr richtig", bestätigte Tigellinus. „Der Pöbel wird vertrieben, falls dies das Feuer nicht bereits erledigt hat."

„Ihr seid nichts anderes als geldgierige Spekulanten", sagte Kim. „Ihr macht eure Geschäfte mit dem Feuer und dem Tod. Ihr seid Brandstifter und Mörder!"

Tigellinus lächelte nachsichtig. „Nun mal langsam, beim Jupiter. Wir werden etwas wunderschönes Neues erschaffen."

Kim hätte sich am liebsten die Ohren zugehalten, ihr war mittlerweile richtig schlecht.

Nun sah Tigellinus seine Frau versonnen an. „Sollen wir unseren Gästen mal die Baupläne zeigen? Vielleicht werden sie dann verstehen, warum das Feuer notwendig war."

Domitia war einverstanden, und so trieben sie die Freunde zurück ins Haus. Die Katze blieb dicht bei Kim, wie eine Leibwache.

„Die sind ja komplett verrückt", raunte Leon Julian zu. „Ihr Haus droht abzubrennen und die wollen uns Baupläne zeigen!"

Julian nickte.

Kurz darauf standen sie in einem geräumigen Arbeitszimmer, das von einigen Öllämpchen erhellt wurde. Dort gab es ein großes Schreibpult, auf dem Rohrfedern, ein Tintenfass sowie mit Wachs überzogene Holztäfelchen lagen, in die man mit einem Griffel Buchstaben ritzen konnte. Domitia zog eine *Papyrusrolle* aus einem Korb und breitete sie auf dem Schreibtisch aus, während ihr Mann die Kinder mit dem Schwert in Schach hielt. Nun holte sie eine Öllampe und stellte sie unmittelbar neben die Rolle. Das Licht fiel auf einen Stadtplan von Rom. Tigellinus' Frau deutete auf zwei Stellen am Tiber. „Hier werden wir ein Theater errichten und hier eine Therme", sagte sie stolz. Dann holte sie weitere Zeichnungen aus dem Korb. Es handelte sich um aufwendige Baupläne.

„Ja, ein Theater!", rief Tigellinus. „Das wird Nero gefallen. Er liebt die Musik und das Schauspiel. Vielleicht kann ich ihm sogar ein Stück schreiben – über den Brand von Rom."

„Gute Idee!", lobte Domitia. „Aber vergiss nicht, darin die Brandstifter zu benennen: die Christen."

Der Prätorianer lachte. „Das werde ich sicher nicht vergessen, meine Liebe!"

Kim konnte sich nicht mehr zurückhalten. „Natürlich, die Christen. Die passen auch nicht in euer Bild von einem neuen Rom!"

„Stimmt", bestätigte Tigellinus trocken. „Auch sie haben in unserer Stadt nichts verloren. Ihr seltsamer Glauben könnte unseren Göttern irgendwann einmal Konkurrenz machen. Und das wollen wir nicht. Aber die Christen sind wenigstens zu etwas nütze: Ihnen können wir den Brand in die Schuhe schieben. Niemand mag die Christen, ihnen traut man alles zu!"

„Also hast du das Feuer in deinem Garten selbst gelegt", vermutete Julian. „Du wolltest den Verdacht gegen die Christen verstärken und gleichzeitig von dir ablenken."

„Sehr gut erkannt", erwiderte der Prätorianer listig. „Denn wer zündet schon seinen eigenen Garten an?"

„So großartig war dein Plan nicht. Denn fast hätte das Feuer auf deine Villa übergegriffen", sagte Kim.

Tigellinus rümpfte die Nase. „Nun ja, als ich den Brand legte, herrschte Ostwind und der trieb die Flammen vom Haus weg. Dummerweise hat der Wind vorübergehend gedreht … Aber inzwischen ist ja alles wieder in Ordnung."

„In Ordnung?", brüllte Kim. „Der Brand wird vielen Menschen das Leben kosten! Und das findest du in Ordnung? Du bist ein feiger Mörder!"

Der selbstgefällige Ausdruck wich aus dem Gesicht des Prätorianers. Er war plötzlich sehr blass geworden, und seine Hände packten das Schwert fester.

„Jetzt reicht's mir! Wir haben genug geplaudert", zischte er.

Die Rettung

„Wir werden sie fesseln und vorerst in den Weinkeller sperren", rief Tigellinus. „Hol einen Strick, Domitia."

Seine Frau verschwand und kehrte kurz darauf mit dem Gewünschten zurück.

„Stellt euch vor den Schreibtisch, Hände auf den Rücken", befahl Tigellinus den Kindern. Dann lachte er. „Mir kommt gerade ein guter Gedanke, Domitia: Was hältst du davon, wenn wir dem Volk die Kinder als Brandstifter präsentieren? Als die wahren Schuldigen? Sie könnten im Auftrag von Subrius oder den Senatoren gehandelt haben."

„Eine reizende Idee", lobte Domitia.

Kim hörte die Worte wie durch einen Schleier. Wenn man sie der Brandstiftung bezichtigte, würden sie ins Gefängnis geworfen und mit Sicherheit zum Tode verurteilt werden! An ihren Beinen bemerkte sie Kija, die ängstlich miaute. Offensichtlich spürte das Tier die Gefahr.

„Hände auf den Rücken!", befahl Tigellinus erneut.

Oh nein, dachte Kim. Ich werde es den beiden nicht so einfach machen, ich werde kämpfen!

„Hast du nicht gehört?", brüllte Tigellinus.

Kims Blicke schossen durch den Raum. Konnte sie zur Tür stürmen und versuchen zu entwischen? Wohl kaum, der Prätorianer würde sie niederstrecken, bevor sie auch nur die Türklinke in der Hand hatte – oder seine Frau würde es tun. Es musste eine andere Möglichkeit geben. In diesem Moment versetzte Tigellinus ihr einen Stoß. Kim stolperte nach vorn gegen den Schreibtisch, blieb aber auf den Beinen. Unmittelbar vor ihrer Nase lagen die Pläne des schönen, sauberen Roms, in dem es keinen Platz mehr für die Armen geben sollte. Und da hatte Kim eine Idee! Sie packte die tönerne Öllampe und schleuderte sie auf die Zeichnungen. Die Lampe zerbrach und setzte die Baupläne in Brand.

„Bist du wahnsinnig?", rief Tigellinus und sprang zum Tisch. Er schubste Kim beiseite, riss die Pläne auf den Boden und versuchte, die Flammen auszutreten. Domitia kam ihrem Mann zu Hilfe und versengte sich dabei die Fußsohlen. Wütend schrie sie auf. Indes fand das Feuer in dem trockenen Papyrus reichlich Nahrung. Dichter Rauch erfüllte den Raum.

„Hol Wasser!", brüllte Tigellinus seine Frau an.

„Was ist mit den Kindern? Wir müssen sie einsperren!", keifte Domitia zurück. „Die Pläne sind jetzt nicht so wichtig!"

In dieser Sekunde flog ein Schatten auf sie zu – es war Kija, die die Patrizierin fauchend ansprang. Domitia taumelte zurück und prallte mit dem Kopf heftig gegen die offen stehende Tür. Ohnmächtig ging die Frau zu Boden.

„Das werdet ihr mir büßen!", schrie Tigellinus. Er überließ seine Pläne dem Feuer und stürzte sich auf die Freunde. Gerade als er Kim packen wollte, traf ihn Leon mit einem Schemel. Der Prätorianer hielt sich den schmerzenden Arm und war einen Moment unaufmerksam. Auf den gezielten Tritt, den Kim ihm verpasste, war er nicht vorbereitet. Er stürzte in die brennenden Pläne, der Saum seiner Tunika fing Feuer und Tigellinus schlug wie besessen auf die Flammen ein.

„Abflug, Leute!", rief das Mädchen und setzte mit einem Sprung über die bewusstlose Domitia hinweg.

Der Prätorianer, der seine brennende Kleidung gelöscht hatte, zog seine Frau aus dem verqualmten Zimmer und brüllte um Hilfe. Sekunden später rannten Sklaven herbei. Zwei Männer kümmerten sich um die bewusstlose Domitia, die anderen nahmen mit Tigellinus die Verfolgung der Freunde auf.

Diese hatten soeben das Atrium durchquert und die Haustür erreicht. Vor der Domus standen einige Karren, die von den Dienern mit Wertgegenständen beladen worden waren, um sie im Notfall in Sicherheit zu bringen.

Sofort enterte Kim einen dieser Wagen. „Los, mit dem Ding sind wir schneller!"

„Das bezweifle ich", rief Julian, sprang aber ebenfalls auf den Karren. „Vor die Kiste ist ein Ochse gespannt!"

„Hüh!", rief Kim, während sie vergeblich nach Zügeln suchte.

Der Ochse bewegte sich keinen Millimeter.

„Keine gute Idee!", ächzte Leon, der mit Kija inzwischen auch auf dem Wagen war. Er warf einen Blick über die Schulter. Die Verfolger würden sie gleich erreichen. Tigellinus hatte sich zusätzlich mit einem *Pilum*, einem Speer, bewaffnet.

In diesem Moment sprang Kija auf den Ochsen und grub ihre Krallen in das ausladende Hinterteil des fleischigen Kolosses. Der Ochse brüllte auf, machte einen Satz nach vorn und stürmte los – kurz bevor die Jäger den Wagen erreicht hatten.

„Wisst ihr, wie man den Karren lenkt?", rief Kim.

„Nö!", rief Leon zurück.

Julian, der sich krampfhaft an einer offenen Holzkiste festhielt, in der sich kleine Amphoren befanden, schüttelte ebenfalls den Kopf.

Der Wagen rumpelte in einem beachtlichen Tempo eine grob gepflasterte Straße hinunter, und niemand, außer dem Ochsen vielleicht, kannte das Ziel der wilden Flucht. Nach zweihundert Metern erreichte das seltsame Gefährt eine menschenleere Gasse mit Werkstätten.

„Tigellinus und die anderen haben Pferde und verfolgen uns!", rief Leon, der sich erneut umgedreht hatte. „Sie werden uns einholen!"

„Abwarten!", gab Julian zurück. „Wir haben hier schließlich …"

Weiter kam er nicht, denn der Karren war in ein Schlagloch gedonnert. Ein hässliches Krachen ertönte, der Wagen geriet ins Schleudern und schabte seitlich an einer Hauswand entlang. Es regnete Splitter, eine der Kisten fiel um, Amphoren zersprangen und süßlicher Weingeruch verbreitete sich.

Irgendwo über ihnen erschien jemand am Fenster und brüllte: „Ruhe, beim Bacchus! Kann man in dieser Stadt noch nicht einmal nachts schlafen?" Die Beschwerde verhallte unbeachtet.

Indes wurde der Karren langsamer, und die Reiter kamen ihm gefährlich nahe. Jetzt packte Julian eine der heil gebliebenen Amphoren und schleuderte sie dem nächsten Verfolger entgegen. Der Mann, es war Tigellinus, duckte sich geschickt, aber der unmittelbar hinter ihm reitende Sklave verfügte nicht über derartig gute Reflexe – das Gefäß traf ihn an der Brust und warf ihn aus dem Sattel.

„Eins zu null für uns", kommentierte Julian. Zu seiner Freude sah er, dass Leon und Kim seinem Beispiel nachkamen und die Verfolger mit einem Hagel aus Geschossen eindeckten. Zwei weitere Reiter stürzten von ihren Pferden. Um nicht doch getroffen zu werden, vergrößerte Tigellinus den Abstand zu den Fliehenden, ließ die Freunde aber nicht aus den Augen.

„Der wird nicht lockerlassen!", sagte Kim. „Er muss uns beseitigen, wir sind als Zeugen viel zu gefährlich für ihn!"

„Ja", stimmte Julian zu. „Und das Dumme ist, dass unserem Ochsen scheinbar die Puste ausgeht. Wir müssen zur Nero-Statue am Forum! Das ist unsere einzige Chance!"

Das mächtige Tier wurde noch langsamer und blieb unvermittelt und schnaufend wie eine Dampflok stehen. Der Karren stand nun mitten in der Gasse und blockierte diese. Rasch sprangen die Freunde vom Wagen. Hinter ihnen trommelten Hufe über die Straße, ein Kampfschrei ertönte und dann flog der Speer auf die Gefährten zu. Er verfehlte sie nur knapp und bohrte sich zitternd in den Wagen.

„Weg hier!", schrie Kim und rannte los.

„Gebt auf!", brüllte Tigellinus. „Wir haben euch sowieso gleich!" Schon glitt er vom Pferd und zog sein Schwert. Zwei seiner Männer hatten den Amphoren-Hagel überstanden und folgten ihrem Herrn.

Die Freunde hetzten durch die nächtliche Gasse. Wo waren sie – und vor allem: Wo war das Forum Romanum?

Kija stob an Kim vorbei und übernahm die Führung. Sie flitzte unter dem *Aquädukt* des Nero hindurch und bog in eine breite Straße ein, in der vor dem Brand die Goldschmiede ihre Werkstätten gehabt hatten. Die Verfolger blieben den Freunden dicht auf den Fersen. Nun tauchte ein großer Platz vor ihnen auf. Der Marmor der Gebäude schimmerte edel im Mondlicht – das Forum!

„Oh Kija, du bist die Beste!", rief Kim atemlos.

„Schnell zur Säule!", keuchte Leon und rannte los. Dabei stolperte er über eine nicht sauber verlegte Steinplatte und stürzte. Hart schlug er mit dem rechten Knie auf. Der Schmerz raubte ihm für einen Moment die Sinne.

„Komm hoch!", rief Kim und zog an Leons Arm.

„Ich sagte doch, dass ich euch kriegen würde!", erklang Tigellinus' Stimme dicht hinter ihnen. Lässig kam er heran, seine Männer dicht hinter sich. „Das ist nun das Ende. Euer Ende."

Mühsam kam Leon wieder auf die Beine. In seinem Knie pochte es. An einen Sprint war nicht mehr zu denken. Er warf einen Blick zurück. Zitternd sah er den Mann auf sie zukommen, der Rom in Brand gesetzt und eine Unzahl von Menschen getötet hatte – und auch keine Sekunde zögern würde, ihn und seine Freunde umzubringen.

Kim und Julian stützten ihren Freund. „Komm, wir schaffen es schon! Die Nero-Säule ist gleich da vorn!", wisperte Kim. Dann humpelten sie gemeinsam los.

Und bevor Tigellinus und seine Männer reagieren konnten, hatten sie das Denkmal erreicht. Vor den Augen des verblüfften Präfekten glitten die Gefährten durch das harte Gestein

und verschwanden in dem Denkmal, das für den Mann errichtet worden war, der noch heute als der vermeintliche Brandstifter von Rom in vielen Köpfen herumspukt.

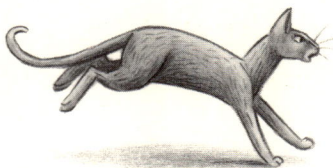

Der Träumer

Zwei Tage waren nach ihrer Rückkehr vergangen. Leon, Julian und Kim saßen bei Tebelmann im Geschichtsunterricht. Erneut war es ein sonniger Tag, an dem es Leon magisch nach draußen zog. Der Himmel war von einem strahlenden Blau, keine Wolke war zu sehen. Da fiel Leon der Rauch wieder ein, der nach dem verheerenden Brand wie eine Glocke über Rom gehangen hatte.

Was war aus Tertius und seiner Familie geworden?, fragte er sich. Was aus Subrius? Er bedauerte, dass er über ihr Schicksal nichts nachlesen konnte. Aber welches Geschichtsbuch befasste sich schon mit einem normalen Arbeiter oder Prätorianer aus Rom? Ganz anders sah es bei Gaius Calpurnius Piso aus – dessen grausames Schicksal war bekannt. Er war von Nero zum Selbstmord gezwungen worden. Aber Tigellinus, der Brandstifter von Rom, war offensichtlich davongekommen. Zumindest war er nie angeklagt worden. Das ärgerte Leon. Zwar hatten sie den wahren Brandstifter enttarnt, aber Tigellinus war seiner Strafe entgangen und …

„Nun Leon, wie sieht es aus?"

Leon fuhr aus seinen Gedanken auf. Wie in der letzten Unterrichtsstunde hatte er Tebelmanns Frage nicht mitbekommen.

Der Lehrer sah es ihm am Gesicht an. „Leon", meinte er mit einem Seufzer. „Du scheinst mir in letzter Zeit nicht richtig bei der Sache zu sein. Du bist ja ein richtiger Träumer geworden. Da du es offensichtlich noch nicht bemerkt hast: Wir unterhalten uns gerade über Nero und den Brand von Rom. Und du warst es doch, der Nero in der vergangenen Stunde einen Brandstifter genannt hat."

„Ja", sagte Leon zögernd. „Aber das war falsch. Nero hat Rom ganz sicher nicht angezündet."

Tebelmann hob eine Augenbraue. „Woher nimmst du diese absolute Gewissheit?"

Leon riskierte ein feines Lächeln. „Ich war dabei, als der Brand ausbrach", erwiderte er. Tebelmann war ein Lehrer, bei dem man sich solche vermeintlichen Spinnereien herausnehmen konnte, denn Tebelmann verfügte über Fantasie.

In der Klasse brach schallendes Gelächter aus. Nur Kim und Julian lachten nicht. Sie zwinkerten Leon verstohlen zu.

Wer war Nero?

Ohne Frage war Nero einer der berühmtesten römischen Herrscher. Doch dieser Ruhm ist zweifelhaft – denn für viele ist Nero ein wahnsinniger Massenmörder und Brandstifter. Das Klischee des verrückten Tyrannen wurde auch durch das Buch „Quo Vadis" und die Verfilmung (1951) mit Peter Ustinov in der Hauptrolle geprägt. Hier wird Nero als ein Monster, ein lächerlicher und ebenso selbstverliebter Musiker und Sänger dargestellt.

Neros „schlechte Presse" basiert auf den Berichten zweier Zeitgenossen, Sueton und Tacitus. Doch wie echt, wie authentisch sind diese Quellen? Sueton hat den Ruf, seinerzeit Skandalgeschichten gesammelt und publiziert zu haben. Tacitus gehörte der Klasse der Senatoren an, die Nero politisch bekämpfte. Also: War Tacitus' Bericht nur Propaganda gegen den ungeliebten Herrscher – und waren Suetons Zeilen nicht mehr als eine bluttriefende Klatschstory? Die meisten modernen Historiker hegen erhebliche Zweifel an diesen Berichten. Massimo Fini zum Beispiel sieht Nero längst rehabilitiert und nennt den Kaiser in seinem Buch „Nero – zweitausend Jahre Verleumdung" einen „bedeutenden Staatsmann, Künstler und Pazifisten", der den Brand nicht gelegt habe, weil Nero überhaupt kein Motiv gehabt hätte. Denn schließlich sei der Kaiser für das Volk eine Art Schutzgott gewesen, dem alles Gute, aber auch Schlechte, zugeschrieben wurde. Der Brand sei für das Ansehen des Kaisers eine Katastrophe gewesen.

Nero gehört zu den schillerndsten Figuren der Geschichte und über ihn ist immer viel spekuliert und fabuliert worden. Es gibt jedoch auch eine Reihe von Fakten, die unumstößlich sind:

Nero hieß eigentlich Claudius Germanicus Caesar und war der fünfte Kaiser Roms (54 bis 68 nach Christus). Geboren wurde Nero am 15. Dezember 37 n. Chr. in Antium unter dem Namen Gaius Domitius Ahenobarbus. Sein Vater war der Senator Subrius Domitius Ahenobarbus und seine Mutter Agrippina die Jüngere.

Neros Vater starb früh, und seine Mutter heiratete den damaligen Kaiser Claudius. Agrippina war sehr ehrgeizig. Sie wollte ihren Sohn auf dem Kaiser-Thron sehen. Ihr erster Schritt: Sie brachte Claudius dazu, seine zehnjährige Tochter Octavia mit dem zwölfjährigen Nero zu verloben. Schritt Nummer zwei: Agrippina überredete Claudius dazu, Nero zu adoptieren. Claudius ließ sich darauf ein, denn sein einziger Sohn Britannicus war gesundheitlich sehr schwach, und Claudius brauchte einen Nachfolger. Schritt Nummer drei: Claudius selbst musste den Thron räumen. Vermutlich war es Agrippina höchstpersönlich, die den Kaiser am 13. Oktober 54 n. Chr. vergiftete. Einen Tag später bestieg Nero den Thron, damals gerade einmal 17 Jahre alt.

Rasch entwickelte Kaiser Nero Selbstbewusstsein. Er setzte ehrgeizige Bauvorhaben um und machte sich als Dichter und

Sänger einen Namen. Er lag jedoch dauernd im Streit mit dem Senat, den er belächelte und immer wieder abkanzelte.

Einmal auf dem Thron, wurde Nero seiner umtriebigen Mutter rasch überdrüssig. Er begann, sie auszugrenzen. Sie rächte sich damit, dass sie plötzlich den jungen Britannicus über alles lobte. Und wirklich: Der schwächliche Jüngling entpuppte sich mehr und mehr als charmant und intelligent. Nero ahnte, dass ihm der 13jährige gefährlich werden konnte. Britannicus starb während eines Gastmahls an vergiftetem Wein, und man darf davon ausgehen, dass Nero hinter dem Mord steckte.

Für Agrippina war Britannicus' Tod ein schwerer Schlag. Aber sie ließ nicht locker und fand in Neros ungeliebter Ehefrau Octavia eine neue Verbündete gegen den eigenen Sohn. Nero wusste, dass seine Mutter nicht davor zurückschrecken würde, auch ihn irgendwann aus dem Weg zu räumen. Im März des Jahres 59 n. Chr. ließ Nero seine Mutter ermorden.

Von Octavia trennte er sich 62. n. Chr., um seine Geliebte Poppea Sabina zu heiraten. Die gemeinsame Tochter Claudia Augusta starb im Jahr 63 n. Chr. nur wenige Monate nach der Geburt. Nero soll völlig verzweifelt gewesen sein und sich noch mehr als zuvor der Musik und dem Theater gewidmet haben.

In der Nacht zum 18. Juli 64 n. Chr. brach der große Brand von Rom am Circus Maximus aus. Buden und Läden mit leicht brennbaren Materialien standen schnell in Flammen und aufkommender Wind sorgte dafür, dass das Feuer nicht einzudämmen war. Von den 14 damaligen Stadtbezirken blieben nur vier verschont, drei Bezirke galten als völlig zerstört. Rom brannte sechs Tage lang und nach einem ersten Verlöschen der Flammen dann noch einmal drei Tage. Dieser „zweite" Brand brach in den Aemilianischen Gärten aus, die dem Prätorianerpräfekten Tigellinus gehörten.

Zum Zeitpunkt der Katastrophe hielt sich Nero mit ziemlicher Sicherheit im 60 Kilometer entfernten Antium auf. Mit einiger Verzögerung traf er in seiner brennenden Hauptstadt ein, und diese Verzögerung machte ihn beim Volk, unter das sich der Kaiser gern verkleidet mischte, unbeliebt.

Nach seiner Ankunft leistete der Kaiser jedoch tatkräftige Hilfe. Er ließ seine Gärten für Obdachlose öffnen, Zelte errichten und Nahrungsmittel verschenken. Doch es nützte ihm nichts: Hartnäckig hielt sich das Gerücht, dass Nero selbst der Brandstifter war. Er habe das brennende Rom als Kulisse für ein Bühnenstück gebraucht.

Zudem gärte es im Senat und sogar in der Leibgarde, bei den Prätorianern. Der Senator Gaius Calpurnius Piso schien Nero als Brandstifter verdächtigt zu haben. Er verachtete dessen protzigen Lebensstil und hat ihm offenbar eine solch wahnsinnige Tat zugetraut. Piso war es auch, der im Jahr 65 n. Chr. die sogenannte Pisonische Verschwörung einfädelte. Nero sollte ermordet werden, aber die Verschwörer – darunter auch einige hochrangige Prätorianeroffiziere wie Subrius Flavus – verhielten sich so auffällig, dass der Plan schnell aufflog. Piso beging Selbstmord, es gab zwanzig Todesurteile und dreizehn Verbannungen.

Zurück zum Brand: Auch von Grundstücksspekulation war die Rede. Hier galt jedoch nicht Nero als Verdächtiger, sondern sein enger Vertrauter Tigellinus. Er habe neue Baupläne realisieren wollen – und dafür habe er „Platz" gebraucht.

Nero und seine Getreuen konnten die Gerüchte nicht zerstreuen, und so wurde eine Gruppe aus dem Umfeld der Juden – die Christen – als Brandstifter genannt. Der Zorn sollte sich gegen diese religiöse Minderheit richten, die im damaligen Rom in der herrschenden Klasse keine Sympathien genoss, im einfachen Volk jedoch zunehmend an Beliebtheit gewonnen hatte (und somit aus Sicht der Herrschenden eine Gefahr für die bestehende Ordnung darstellte). Mit unvorstellbarer Grausamkeit wurde gegen die Christen vorgegangen. Vermutlich wurden Tausende verbrannt, gekreuzigt und in der Arena von wilden Tieren zerrissen.

Nach dem Massaker ließ Nero seine Stadt wieder aufbauen. Historiker bescheinigen ihm heute dabei viel Umsicht und Exaktheit. Er begann auch mit dem Bau eines ungewöhnlich schönen Palastes, dem „Goldenen Haus". In der Vorhalle ließ Nero ein einzigartiges Bauwerk errichten – eine 35 Meter hohe Kolossalstatue, die seine Gesichtszüge trug.

Doch die Fertigstellung sollte Nero nicht mehr erleben. Im Jahr 68 n. Chr. erhob sich Galba, der Statthalter der spanischen Provinz Tarracina – damals bereits 73 Jahre alt – gegen Nero, der sich zu diesem Zeitpunkt gerade auf einer Griechenlandreise befand. Schnell fand Galba Unterstützung, unter anderem beim römischen Senat, der Nero schon immer gehasst hatte. Der Senat war es auch, der Galba zum neuen Kaiser ausrief und Nero zum Tode verurteilte. Nero versuchte sich der drohenden Verhaftung durch Flucht zu entziehen. Aber sein Plan wurde ausgerechnet von den Prätorianern verraten. Am 9. Juni nahm sich Nero im Alter von 31 Jahren das Leben, indem er sich einen Dolch in den Hals rammte. Seine letzten Worte sollen gewesen sein: *„Qualis artifex pereo*!" (Welch ein Künstler stirbt mit mir!)

Glossar

Amphitheater   bedeutet „Rundtheater" wegen seiner ovalen Form

Amphore   großes Tongefäß zum Lagern von Wein oder Öl

Antium   das heutige Anzio, ein Badeort, der 60 Kilometer südlich von Rom liegt

Aquädukt   römische Wasserleitung

Arena   1. Kampfplatz im Amphitheater, 2. Sand

Atrium   Innenhof eines römischen Hauses

Ave   Sei gegrüßt!

Bacchus   römischer Gott des Weins

Basilica Julia   Gerichtsgebäude auf dem Forum Romanum

Caupona   Wirtshaus

Cena   Abendessen, Hauptmahlzeit der Römer

Circus Maximus   Der Circus Maximus war der größte Circus im alten Rom. Ab dem Jahr 500 v. Chr. gab es dort bereits die ersten Rennen. Sein Fassungsvermögen betrug etwa 200.000 bis 375.000 Plätze. Im Circus Maximus wurden vor allem Wagenrennen ausgetragen. Es fanden aber auch Gladiatorenkämpfe und Tierhetzen statt. Viele christliche Märtyrer kamen hier ums Leben.

Curia   Versammlungsort des Senats auf dem Forum Romanum

Domus Haus

Domus Transitoria Neros Palast in Rom

Forum Romanum religiöses und politisches Zentrum des
alten Roms

Gerres in Salzlake konservierte Fische

Heiligtum der Vesta Die Vestalinnen bildeten die einzige
weibliche Priesterschaft Roms und huldigten einem der
ältesten Kulte. Sie waren die Wächterinnen des Herdfeuers,
das Tag und Nacht brannte und nie ausgehen durfte.

Insula heißt wörtlich übersetzt „Insel" und bezeichnet einen
von Straßen umgebenen Wohnblock mit mehreren Wohnungen.

Juno römische Göttin, Schwester und Gattin von Jupiter,
Himmelskönigin, Göttin der Frauen

Jupiter wichtigster Gott der Römer

Lacerna Mantel mit Kapuze

Laren Hausgötter

Legionär Soldat

Lugdunum das heutige Lyon in Frankreich

Ludi römische, meist sehr blutige Spiele im Circus

Lyra Leier

Mars römischer Kriegsgott

Mercurius römischer Gott des Handelns, mit Flügeln an den
Schuhen und dem Hut dargestellt

Ostia Küstenstadt an der Mündung des Flusses Tiber, 25 Kilometer von Rom entfernt

Palla eine Art Mantel aus einem rechteckigen Stück Stoff,
das gewöhnlich über eine Schulter und den Rücken dra-
piert wurde

Papyrus „Papier" der Römer, das aus den Stängeln einer Wasserpflanze, der Papyrusstaude, hergestellt wurde

Pater Familias Familienvater, Haushaltsvorstand. Ihm schuldeten alle Familienmitglieder und Sklaven Respekt und Gehorsam.

Patrizier/in Adelige, oberste Klasse in der römischen Gesellschaft

Peristyl überdachter Säulengang

Pilum Speer

Prätorianer Elitesoldaten, Leibwache des Kaisers

Prätorianerpräfekt hoher Beamter, Kommandeur der römischen Gardetruppe

Salve! Sei(d) gegrüßt!

Scelestus Gauner

Scyphus Trinkgefäß in der Form eines Pokals

Senat Gruppe von ehemaligen Beamten, die in Rom eine Art „Parlament" bildete. Sie diskutierten öffentliche Angelegenheiten und berieten die gewählten Beamten.

Sesterz römische Silbermünze

Stola Kleidungsstück der vornehmen Römerin. Das lange Stück Stoff wurde an der Taille befestigt und über die Schulter gelegt.

Sublicius-Brücke erste Brücke über den Tiber, die bereits 600 v. Chr. gebaut wurde

Therme öffentliches römisches Bad

Tiber Fluss in Rom

Toga Männerkleidungsstück. Ein großes, halbkreisförmiges Stück Stoff, das nur von römischen Bürgern getragen werden durfte.

Tribun hoher Offizier

Triclinium Speisezimmer

Tunika Dieses ärmellose Kleidungsstück bestand aus zwei rechteckigen Stoffstücken aus Wolle, die an den Seiten und an der Schulter zusammengenäht wurden und Öffnungen für Beine und Arme freiließen. Die Tunika reichte bei Frauen bis zu den Knöcheln, die Männer trugen sie meist kürzer.

Valde bona Sehr gut!

Via Sacra Prachtstraße in Rom, die das Forum Romanum durchquert

Vigiles Feuerwehr

Villa Landgut, manchmal auch luxuriöses Stadthaus

Vulcanus Gott des Feuers, mit einem Blitz dargestellt

Zenturio römischer Offizier, der an der Spitze von etwa 80 bis 100 Soldaten stand

Der rote Rächer

Inhalt

Die Spiele der Spiele

Zwei Männer umkreisen sich lauernd. Jeder wartet auf einen Fehler des anderen: eine winzige Unachtsamkeit, eine Vernachlässigung der Deckung. Jeder wartet auf diesen einen tödlichen Fehler. Schweiß läuft über die Gesichter der *Gladiatoren*. Es ist heiß im Sand der *Arena*. Tausende von Zuschauern drängen sich laut schreiend auf den Rängen des Colosseums. Sie feuern die Kämpfer an oder brüllen sie nieder – je nachdem, auf wen sie gewettet haben.

Der eine Gladiator, ein *Retiarius*, hat ein Netz in der linken Hand, in seiner Rechten ruht ein schwerer Dreizack aus Eisen. Leicht geduckt, jeden Muskel angespannt, steht er da und lässt den Gegner keine Sekunde aus den Augen. Sein Gegenüber trägt ein Schwert und schützt sich mit einem Schild. Der *Murmillo* scheint eine Attacke seines Gegners zu erwarten. Jetzt macht der Retiarius einen Ausfallschritt, täuscht eine Attacke mit dem Netz an. Der Murmillo hebt den Schild und entblößt für einen Moment die Deckung. In dieser Sekunde trifft ihn der Dreizack, den sein Gegner blitzschnell geworfen hat, in die Brust. Das Schwert gleitet aus der Hand des Murmillos. Er sinkt in den Staub der Arena. Der Sieger reckt die Fäuste in den Himmel und wird vom Publikum gefeiert.

Orchestermusik erklang, dann flimmerte der Abspann über die riesige Leinwand. Das Licht im Kinosaal ging langsam an. Kim, Leon und Julian erhoben sich aus ihren Sesseln.

„Der Held hat mal wieder gewonnen", sagte Kim beim Hinausgehen.

„Klar, was hast du denn erwartet?", erwiderte Leon, während er die kümmerlichen Popcorn-Reste aus seiner Tüte fischte. „Mir hat der Film jedenfalls gut gefallen."

„Mir doch auch", antwortete Kim. „Aber ich kann mir überhaupt nicht vorstellen, dass früher Zehntausende bei diesen brutalen Kämpfen zugeschaut haben."

Sie hatten das Kino verlassen und standen nun in der kleinen Fußgängerzone ihres hübschen Heimatstädtchens Siebenthann mit seinen vielen Fachwerkhäusern. Es war ein milder Sommerabend.

„Zehntausende? Du übertreibst", sagte Leon. Er hatte Lust auf etwas Süßes und nahm die nahe gelegene Eisdiele ins Visier. Drei Euro seines Taschengeldes waren noch übrig, und im *Venezia* gab es ein sensationelles Nusseis.

„Das tue ich nicht. Schließlich hat das Tebelmann doch heute Morgen im Unterricht erzählt. Hast du mal wieder gepennt?", grinste Kim.

„Ich?" Leon fühlte sich ertappt. Gut möglich, dass er im Geschichtsunterricht nicht ganz so aufmerksam gewesen war wie sonst, obwohl ihn das antike Rom, das Lehrer Tebelmann gerade mit ihnen durchnahm, sehr interessierte. Gestern Abend war es spät geworden, denn der begeisterte Sportler hatte in einem spannenden Buch über die letzte Fußballweltmeisterschaft geschmökert. Erst gegen Mitternacht hatte

Leon das Licht gelöscht. Er warf Julian einen Hilfe suchenden Blick zu.

„Kim hat Recht. Die *Ludi* waren immer ein großes Ereignis", sagte Julian, und seine Augen glänzten. „Das wollte sich niemand entgehen lassen."

Leons Gesicht mit den vielen Sommersprossen war ein einziges Fragezeichen. „Die Ludi?"

Lachend schlug Kim ihm auf die Schulter. „Du hast heute wirklich schwer gepennt. Ludi bedeutet Spiele. Die Spiele in der Arena!"

Leon wurde leicht rot. Er beschloss, das Thema zu wechseln. „Hat jemand Lust auf ein Eis?"

Im *Venezia* kamen sie schon bald wieder auf die Gladiatorenkämpfe zu sprechen.

„Das Colosseum war das größte *Amphitheater* der Welt, soviel ich weiß", erzählte Julian, während er sich über seinen Becher mit Erdbeer- und Zitroneneis hermachte. „Es bot 50.000 Menschen Platz!"

Plötzlich huschte ein Lächeln über Leons Gesicht. „Die Gladiatoren waren bestimmt richtige Helden. Tausende haben ihnen zugejubelt."

„Helden? Von wegen!", rief Kim. „Du lässt dich von dem Film blenden. Das waren in Wirklichkeit doch alle Gefangene, die in der Arena erschlagen wurden."

„Glaube ich nicht", widersprach Leon. „Im Film gab es doch auch Profis. Männer, die freiwillig zum Kämpfen in die Arena gingen und Stars waren."

Kim tippte sich an die Stirn. „Im Film vielleicht! Aber auch nur da!"

Leon schüttelte den Kopf. „Woher willst du das wissen? Steht das etwa in unserem Geschichtsbuch? Das wäre mir aufgefallen!"

„Hört auf zu streiten", rief Julian. „Wozu haben wir die beste Bibliothek der Welt zur Verfügung? Wir könnten doch mal nachschauen!"

Leon warf einen Blick auf die Uhr. „Von mir aus gern. Ich habe noch zwei Stunden Zeit."

Auch Kim war einverstanden. „Ich muss nur schnell nach Hause und Kija holen. Meine Eltern gehen heute aus, und Kija ist ja nicht gern allein, wie ihr wisst."

Eine halbe Stunde später schob Julian den Schlüssel ins Schloss der Bibliothek des Bartholomäus-Klosters, das im Jahr 780 erbaut worden war. Quietschend schwang die Tür auf. Die Räume lagen verlassen im Halbdunkel. Um diese Uhrzeit hatte die öffentliche Bücherei von Siebenthann längst geschlossen. Jetzt gehörte sie allein den drei Freunden. Sie schlichen über die knarrenden Holzböden. Kija glitt voran, die Augen weit geöffnet. Jede Faser ihres grazilen Körpers verriet Anspannung, vielleicht auch die Vorfreude auf ein neues Abenteuer. Die Freunde kamen an Tausenden von Büchern vorbei – Bücher, in denen das Wissen und die Geschichten dieser Welt aufgeschrieben waren.

Schließlich gelangten die Freunde in den Saal mit den Werken über das Altertum. Aus den Regalen zogen sie mehrere Bücher über Rom und setzten sich an einen großen Tisch.

„He, schaut mal!", rief Julian kurz darauf und deutete auf das Foto einer Marmorbüste in einem dicken Wälzer. „Das hier ist Kaiser *Titus*. Er hat das Colosseum im Jahr 80 nach Christus eingeweiht. Und jetzt kommt's: Diese Feiern dauerten 100 Tage und kosteten keinen Eintritt! Unglaublich! 100 Tage!"

„Ich habe auch etwas Interessantes entdeckt", meldete sich Leon zu Wort. „Ich hatte Recht! Hier steht nämlich, dass die Gladiatoren in zwei Kasernen auf den Kampf vorbereitet wurden. Die Trainer waren erfahrene Gladiatoren, die viel Geld verdient haben. Also gab es doch Profis! Mann, das müssen echt harte Typen gewesen sein!"

„Du klingst so, als würdest du am liebsten gleich als Gladiator in die Arena einziehen", lästerte Kim und grinste. „Leo heißt doch im Lateinischen Löwe, oder? Das passt doch! Leo, der Unbesiegbare, Held der Massen, Freund der Götter!"

„*Ave, Imperator, morituri te salutant*!", warf Julian ein und deutete eine Verbeugung an.

„Was?"

„Das heißt: ‚Sei gegrüßt, Herrscher, die Todgeweihten grüßen dich!' Steht hier jedenfalls. Mit diesem Spruch haben sich die Gladiatoren vor dem Kaiser verneigt. Dann begannen die Kämpfe."

Leon sah seine Freunde kopfschüttelnd an. „Auf den Arm nehmen kann ich mich selbst. Ich jedenfalls glaube, dass das Gladiatorenleben auch die Chance bot, berühmt zu werden."

Kim senkte die Stimme. „Warum überprüfen wir das eigentlich nicht?" Sie warf Julian einen vielsagenden Blick zu.

Julian hatte Kim verstanden. Die Wangen in seinem schmalen, klugen Gesicht glühten. „Vielleicht sollten wir Tempus wirklich mal wieder einen kleinen Besuch abstatten? Was meint ihr?"

„Ja! Ich möchte zur Eröffnung des Colosseums reisen. Da war bestimmt einiges los! Das wäre wirklich eine spannende Sache", rief Leon begeistert.

„Und informativ", ergänzte Kim. „Nächste Woche steht schließlich unsere Geschichtsarbeit über das alte Rom an. Würde mich nicht wundern, wenn Tebelmann eine Menge über die Spiele fragt."

„Worauf warten wir noch?", fragte Julian unternehmungslustig.

Die Freunde machten sich auf den Weg zu einer Wendeltreppe, die zu einem weiteren Saal führte. Auch hier standen Bücherregale dicht nebeneinander. Doch die Gefährten interessierte nur ein ganz bestimmtes Regal am Ende des Saales. Sie nickten sich kurz zu, dann schoben sie das Regal, das auf einer im Boden verborgenen Schiene stand, mit vereinten Kräften beiseite. Vor ihnen lag das mit Sternen, Sonnen, Mondsicheln, Fratzen und Totenköpfen verzierte Tor zu Tempus. Die Kinder zögerten einen Moment. Keines von ihnen wagte es, den nächsten Schritt zu machen. Plötzlich sprang Kija hoch und hängte sich an die Türklinke. Schwerfällig schwang das Tor auf. Nebel waberte im bläulichen Licht. Der Boden pulsierte im Rhythmus der Zeit gegen die Füße der Freunde. Unzählige Türen, über denen Jahreszahlen angeschrieben waren, waren zu sehen. Die Zeitdetektive drängten sich dicht aneinander und suchten nach der Tür mit der Zahl 80 nach Christus.

Julian entdeckte sie als Erster. Noch einmal sahen sich die Freunde an. Kim nahm die Katze auf den Arm. Sie waren bereit. Julian öffnete die Tür. Nun fassten sich die Freunde

an den Händen und konzentrierten sich mit aller Kraft auf
Rom. Denn nur so konnte Tempus sie an den richtigen Ort
bringen.

Dann fielen sie in ein schwarzes Nichts.

Im Untergrund

Eine trübe, übel riechende Welt empfing sie.

„Könnt ihr was sehen?", fragte Kim, die Kija fest an sich gedrückt hatte. Das Mädchen rieb sich die Augen.

„Nicht viel, aber riechen. Hier stinkt's ja fürchterlich!", erwiderte Leon.

„Allerdings", stimmte Julian ihm zu. „Wir sollten hier schnell raus – wo immer wir auch sind." Offenbar waren sie in irgendeinem unterirdischen Gang gelandet. Neben ihnen verlief ein Kanal. Nun ahnte Julian, wo sie sich befanden. „Das ist ein Abwasserkanal", stellte er fest.

„Na super", stöhnte Kim. „Kommt, Jungs, ich will hier weg. Da vorn ist Licht zu sehen." Sie ließ die Katze vom Arm.

Sofort flitzte Kija los, den Schwanz hoch erhoben. Zielstrebig lief sie auf den Lichtschein zu. Die Gefährten erreichten einen weiteren, viel breiteren Kanal, der von Öllampen erhellt wurde und durch den sich eine dunkle Flüssigkeit wälzte. Neben dem Kanal verlief ein schmaler Steg, der zu einer Leiter führte, die etwa fünfzig Meter entfernt war. Gerade, als die Kinder darauf zulaufen wollten, bemerkten sie einen Schatten, der die Leiter hinaufhuschte.

„Hallo!", rief Julian. „Führt diese Leiter aus dem Kanal heraus?"

Die Gestalt hielt inne und sah kurz in die Richtung der Kinder. Dann beeilte sie sich, die letzten Sprossen zu erklimmen. Wie ein flüchtiger Spuk war die Gestalt verschwunden.

„Seltsam", meinte Julian nachdenklich.

„Habt ihr gesehen, ob das ein Mann oder eine Frau war?", fragte Kim.

„Nein", antwortete Leon.

„Wie dem auch sei: Jedenfalls hat die Person offenbar etwas zu verbergen", sagte Julian.

Kim drängte ihre Freunde vorwärts. „Lasst uns den Weg über die Leiter mal ausprobieren. Ich muss hier raus! Mir wird gleich übel von dem Gestank!"

Zügig liefen die Gefährten über den Steg. Kim nahm die Katze wieder auf den Arm und kletterte die Leiter hinauf.

Ihre Freunde folgten ihr. Oben versperrte ein Holzdeckel den Weg. Kim reichte die Katze an Leon und stemmte den Deckel hoch. Endlich konnten sie diesen stinkenden Kanal verlassen. Nacheinander tauchten Kija, Leon und Julian auf. Die Luft war viel besser hier, aber das hellere Licht blendete sie.

„Willkommen in Rom!", rief Kim und lachte.

„Diesen Ort sollten wir uns gut merken. Von hier aus müssen wir die Rückreise antreten", sagte Julian. Er sah sich um, um sich alles genau einzuprägen. Sie standen in einer kleinen Holzbaracke, in der Kanalarbeiter allerlei Geräte lagerten: Rechen, Schaufeln und Öllampen.

„Was sagt ihr eigentlich zu meiner *Tunika*?", fragte Kim. Die Katze sah an ihr hoch, legte den Kopf schief und maunzte. „Gefällt dir wohl nicht? Tja, aber das ist hier Mode", fügte Kim grinsend hinzu.

Auch Leon und Julian trugen Tuniken, nur waren diese kürzer als die von Kim. Leon öffnete die Tür der Baracke und spähte vorsichtig hinaus. Vor ihm lag eine schmale Gasse. Der Junge gab seinen Freunden ein Zeichen. Sie huschten nach draußen.

Warm empfing sie die Nachmittagssonne. Noch einmal prägte sich Julian den Standort des Schuppens ein. Links von ihm verlief der gewaltige *Aquädukt* des Nero mit seinen vier Bogenreihen. Unmittelbar vor ihnen erhob sich ein zehnsäuliger Tempel.

„Wohin?", wollte Leon wissen.

Julian zuckte mit den Schultern. „Zum Colosseum!"

„Und wie kommen wir dahin?"

„Keine Ahnung", gab Julian zu. „Fragen wir uns durch."

Die Freunde liefen die Gasse hinunter und gelangten auf eine breitere Geschäftsstraße, in der dichtes Gedränge herrschte. Hier standen drei- bis viergeschossige Mietshäuser dicht nebeneinander. Die einfachen, teils schiefen Häuser lehnten sich gegeneinander, sodass sich ihre Dächer fast berührten und Schutz vor der Sonne boten. Oben wohnten die Bürger Roms, unten hatten sie ihre Läden: Bäcker, Obsthändler oder Metzger, die vor den Augen der Kundschaft schlachteten. Auch viele Werkstätten hatten geöffnet. Vor einem Haus saß ein Schuster auf einem Schemel und schnitt eine Sohle zurecht. Neben ihm hockten zwei Kinder auf dem Bürgersteig und waren in eine Partie „Zwölf Linien" vertieft, das ähnlich wie das Dame-Spiel funktioniert. Neugierig schaute Kim einem Glasbläser bei der Arbeit zu. Vor einer Töpferei standen Hunderte von Öllämpchen in allen Größen. Hammer-

schläge dröhnten aus einer Schmiede. Dann kamen sie an einer Reihe von Häusern vorbei, in denen ausschließlich Weber arbeiteten, die Stoffe in schlichtem Weiß, aber auch in leuchtenden Farben feilboten. An einem *Thermopolium* roch es lecker nach gebratenem Fisch, und aus einer *Caupona* drang der Lärm einiger früher Zecher.

„Ave! Kannst du uns bitte sagen, wie wir zum Amphitheater kommen?", fragte Kim eine junge Frau, die gerade an einem der öffentlichen Brunnen Wasser holte.

Die Frau stellte den Krug ab und sah Kim an, als hätte das Mädchen nicht alle Tassen im Schrank.

„Zum Amphitheater? Du bist wohl nicht von hier."

„Stimmt." Kim musste grinsen.

„Soll ich dir ein Geheimnis verraten?", fragte die Frau mit Verschwörermiene und lachte. „Schau mal um die Ecke. Dann stehst du direkt davor! Aber die Spiele beginnen erst morgen. Ich bin schon ganz aufgeregt. Unser Kaiser Titus hat uns ganz besondere Spiele versprochen." Nun wurde die Frau plötzlich ernst. „Hoffentlich wettet mein Marcellus, dieser elende *Nequissimus*, nicht wieder auf die Gladiatoren. Bei den letzten Spielen hat er viele *Sesterze* beim Wetten verloren. Dieses Mal soll es ja auch einen Wettbewerb mit Bogenschützen geben." Dann wuchtete sie den Krug hoch auf ihre Schulter und wandte sich zum Gehen.

Die Freunde bedankten sich. Wie schon bei ihrer ersten Zeitreise verstanden die Kinder die Landessprache ohne Probleme und konnten auch Lateinisch sprechen. Sie bogen um die Ecke und blieben mit offenen Mündern stehen. Vor ihnen erhob sich das gigantische Colosseum. Es hatte drei elegante

Arkadenreihen, über die sich noch ein viertes Stockwerk schwang, das mit aufwendig gestalteten Schilden verziert war. Darüber ragten dicke Holzstützen in den Himmel, die das gewaltige *Velum*, das Sonnensegel, trugen. Von allen Seiten strömten hoch beladene Karren auf das Colosseum zu, die verschiedene Waren anlieferten.

„Und jetzt?", fragte Leon. „Zu dumm, dass die Spiele erst morgen beginnen."

„Vielleicht können wir uns irgendwie nützlich machen", schlug Julian vor. Die Freunde mischten sich unters Volk und gelangten durch einen der nummerierten Eingänge in das Colosseum. Dort beschrifteten Handwerker Wegweiser. Einige Händler bauten bereits ihre Stände auf, wo sie später Süßigkeiten, Gebäck und Getränke anbieten wollten.

„Platz da! Platz da! Beim *Jupiter*!", brüllte ein Mann die Freunde an. „Ich bringe hungrige Löwen im Namen des Kaisers. Platz da, Platz da!"

Die Kinder drängten sich in eine Ecke. Ein Käfig auf Rädern wurde ganz nah an ihnen vorbeigeschoben.

„Da ist ja wirklich ein Löwe drin!", rief Julian. Ein Schauer lief ihm über den Rücken.

Der Käfig war nur aus Holzstangen zusammengezimmert und sah nicht besonders stabil aus. Der Löwe beobachtete ihn mit kalten Augen.

„Was hast du denn gedacht?", lachte Kim. „Meinst du, im Colosseum treten Eichhörnchen auf?" Sie bemerkte, dass Kijas Ohrmuscheln weit nach vorn gedreht und ihre smaragdgrünen Augen weit geöffnet waren – ein deutliches Zeichen, dass die Katze aufgeregt war.

„Nein, natürlich nicht", entgegnete Julian. Er atmete auf, als der Löwenkäfig in einem der Gänge verschwunden war.

Nun tauchte ein hagerer Mann auf, der eine Mistgabel geschultert hatte. Er lief an den Freunden vorbei, blieb dann aber stehen und drehte sich langsam um.

„Was habt ihr denn hier verloren?", fragte er leise.

Leon und Kim sahen sich ratlos an, doch Julian reagierte schnell. „Ave! Wir sind neu in der Stadt und suchen Arbeit", sagte er.

„Ihr?" Der dunkle Mann mit den dichten, krausen Haaren war argwöhnisch. „Könnt ihr denn ordentlich zupacken?"

„Klar!", rief Julian. „Wir sind kräftig, zuverlässig, schnell, gehorsam, nicht auf den Kopf gefallen und sind überhaupt …"

„Ja, ja, schon gut", wehrte der Mann ab. „Du redest ja wie ein Sklavenhändler, der seine Ware anpreist. Eure Köpfe interessieren mich nicht. Ich brauche nur eure Muskeln. Ich könnte Hilfe beim Ausmisten gebrauchen."

„Machen wir!"

Der Mann stützte sich auf seine Mistgabel. „Wo sind eure Eltern?", fragte er lauernd.

„Eltern? Oh, die sind … äh … weg", stotterte Julian.

„Weg?"

„Ja, eigentlich sind sie … tot. Ziemlich tot, genau gesagt."

„Ich glaube euch kein Wort. Aber was soll's. Hauptsache, ihr arbeitet gut. Als Lohn bekommt ihr von mir etwas zu essen. Und vielleicht habe ich hin und wieder ein paar Sesterze für euch übrig. Außerdem dürft ihr neben den Ställen schlafen."

„Großartig."

„Sehr richtig", sagte der Mann. „Nicht jeder in Rom hat ein

Dach über dem Kopf. Ich heiße übrigens Androtion, stamme aus Griechenland und bin für die wilden Tiere im Amphitheater verantwortlich. Die Löwen, Tiger, Krokodile und Bären. Und nun sagt mir eure Namen."

Die Freunde gehorchten.

„Hm", machte Androtion. „Julian und Leon gehen ja noch – aber Kim? Beim Zeus, so einen komischen Namen habe ich noch nie gehört! Na ja, egal. Und nun kommt."

Androtion führte sie einen langen Gang entlang, der unter das Colosseum führte. Die Freunde staunten erneut, denn unter dem Amphitheater tat sich eine ganz eigene Welt auf. Es gab zahlreiche Gänge, Rampen, Aufzüge, Lagerräume und Käfige, aus denen ein grässliches Gebrüll ertönte. Außerdem roch es ziemlich stechend nach dem Urin der Raubkatzen.

„Die Tiere haben Hunger", erklärte Androtion. „Sie haben immer Hunger."

„Ich würde gern beim Füttern helfen", bot Kim an.

„Nein", entschied Androtion. „Für den Kampf in der Arena müssen die Tiere hungrig sein. Wir geben ihnen nur so viel zu fressen, dass sie nicht sterben. Aber bald wird es für sie ein Festmahl geben."

„Ein Festmahl?"

„Ja, bei dem, was diese Römer ‚Spiele' nennen", meinte Androtion verächtlich. „Bei den *Venationes*, diesen schrecklichen Tierhatzen, bei denen Menschen und Tiere abgeschlachtet werden. Die Römer sind brutal und grausam." Der Grieche hatte einen leeren Stall erreicht und blieb stehen. „Der Schlimmste von allen ist Marcus", fuhr Androtion fort. „Er liebt die Spiele. Außerdem ist er als *Ädil* für die Eröffnungsspiele verantwortlich. Der Kaiser setzt ihn mächtig unter Druck, damit diese Spiele besonders spektakulär werden. Diesen Druck gibt Marcus an uns weiter. Er schikaniert uns, wo er nur kann. Ich glaube, es gibt keinen Arbeiter im ganzen Amphitheater, der ihn nicht hasst." Er deutete auf den Stall. „Genug geschwatzt. Macht den Stall hier sauber. Mistgabeln und ein Karren stehen dort in der Ecke. Wenn ihr fertig seid, sagt mir Bescheid. Ihr findet mich bei den Löwen. Neue Ware ist gerade angekommen. Dann zeige ich euch, wo ihr den Mist abladen könnt. Auf geht's!" Androtion wandte sich zum Gehen.

„Bitte, eine Frage noch …", sagte Leon.

Androtion wandte ihm sein düsteres Gesicht zu. Die Lippen des Griechen waren schmal und fest aufeinandergepresst. Leon konnte sich nicht vorstellen, dass dieser Mund auch mal lächelte.

„Sprich", forderte Androtion den Jungen auf.

„Warum arbeitest du hier, wenn du die Spiele so verachtest?", fragte Leon und erschrak selbst ein wenig über seine eigene Kühnheit.

Auf Androtions Stirn bildete sich eine Falte. Für einen Moment fürchtete Leon, dass der Grieche gleich wütend würde, doch Androtion blieb ruhig.

„Ich habe keine andere Arbeit gefunden", sagte er. „Auf den Straßen von Rom gibt es Tausende, die in großer Armut leben und die sich um diese Stelle reißen würden. Ich bin nur ein einfacher Mann und will überleben. Die Spiele ernähren mich."

„Verstehe", murmelte Leon. „Und was gibt es diesmal für Besonderheiten bei den Spielen?"

Androtions Miene verfinsterte sich weiter. „Besonderheiten? Es wird noch mehr Tote und Verletzte geben als sonst. Aber diesmal nicht nur in der Arena …"

Etwas in der Stimme des Griechen ließ die Freunde frösteln.

„Wie meinst du das?"

„Ein unheimlicher Bogenschütze erpresst Marcus, diesen verfluchten Menschenschinder", flüsterte Androtion, und seine dunklen Augen begannen plötzlich zu leuchten. „Der Bogenschütze nennt sich der ‚rote Rächer'. Er scheint Marcus oder die Spiele zu hassen. Niemand hat den Rächer bisher zu Gesicht bekommen. Schon zweimal hat er auf Marcus geschossen, hört man. Aber offenbar will er Marcus gar nicht treffen, sondern nur davor warnen, die Spiele auszutragen. Jedes Mal hängt an den roten Pfeilen eine Botschaft – anscheinend eine Drohung, dass die Spiele in Aufruhr und Gewalt enden werden, beim *Ares*!"

„Aber die Spiele hier sind doch immer gewalttätig", wagte Julian einzuwerfen.

Androtion ballte seine Hände zu Fäusten. Seine Stimme war kalt und seine Worte peitschten förmlich durch den Raum. „Ja, das schon. Doch diesmal soll das Blut nicht nur in der Arena fließen, sondern auch unter den Zuschauern auf den Tribünen!"

Mit diesen Worten drehte sich der Grieche abrupt um und verschwand in einem der dunklen Gänge.

Der Dieb

„Der rote Rächer? Das klingt ja mächtig spannend!", freute sich Kim, sobald der Grieche außer Hörweite war.

„Du sagst es!", rief Julian. „Wer mag sich nur hinter diesem geheimnisvollen Namen verbergen?"

Leon schnappte sich eine der Mistgabeln und begann mit der Arbeit. „Ich finde, dass wir genau das herausfinden sollten", erklärte er entschlossen.

„Wir?"

„Klar, warum nicht?", erwiderte Leon gelassen. „Immerhin haben wir schon die Verschwörung gegen die Pharaonin Hatschepsut aufgeklärt!"

Julian war nicht überzeugt. „Wir haben doch überhaupt keine Spur."

„Doch, die haben wir", widersprach Leon. „Wir kennen das Motiv des Täters: Hass."

Julian schwieg. Während er arbeitete, beobachtete er seine Freunde. Kim und Leon waren in ein Gespräch über den Rächer vertieft und entwarfen die abenteuerlichsten Theorien, warum der Bogenschütze den Leiter der Spiele bedrängte.

Kija ließ das alles kalt. Sie hatte sich in einer Ecke ausgestreckt und damit begonnen, ihr seidiges, hellbraunes Fell zu putzen.

Wie sollen wir den Rächer unter diesen vielen Menschen hier finden?, fragte sich Julian. Plötzlich kam er sich hilflos vor, doch als er sah, mit welchem Feuereifer seine Freunde bei der Sache waren, hob sich seine Stimmung wieder.

Am frühen Abend tauchte Androtion wieder auf. Die Freunde durften endlich die Mistgabeln in die Ecke stellen. Androtion kündigte Julian, Leon und Kim an, dass er sie bereits vor Tagesanbruch wecken würde. Dann gab es Abendbrot: einen Krug mit kühlem Wasser, Ziegenkäse, Oliven und frisches Brot. Sobald sich die Kinder gestärkt hatten, zeigte Androtion ihnen ihr Lager: eine zugige Kammer neben den Ställen mit einem winzigen Fenster, drei Holzpritschen mit dünnen Strohmatten, das war's.

„Sehr gemütlich hier", lästerte Kim und hockte sich im Schneidersitz auf eine der Liegen. Kija sprang auf ihren Schoß und ließ sich hinter den Ohren kraulen. Gleich darauf begann sie zu schnurren.

„Ich habe keine Lust, jetzt schon in dieser traurigen Bude herumzuhocken", meinte Leon. „Lasst uns etwas unternehmen!"

„Gute Idee, ich will mir das Forum Romanum anschauen!", rief Julian. „Bist du auch dabei, Kim?"

„Logisch!"

Sie durchquerten das Kellergeschoss des Colosseums und gelangten zu einem der Ausgänge. Draußen hatte es bereits zu dämmern begonnen. Die Freunde ließen sich treiben und genossen die einzigartige Atmosphäre der Kaiserstadt. Menschenmassen drängten sich auf den Straßen. Es schien, als sei

Rom jetzt, wo sich der Tag zu neigen begann, erst richtig erwacht. Das tagsüber geltende Verbot für private Fahrzeuge war nun aufgehoben. Von überall her drängten Karren, die mit den verschiedensten Waren voll beladen waren, in die laute, bunte Stadt. Peitschen knallten und Kutscher fluchten.

„Das ist ja noch schlimmer als die Rushhour in einer unserer Großstädte", bemerkte Kim, während sie zum Forum Romanum spazierten. Endlich standen sie auf der Via Sacra, die den berühmten Platz mit seinen Tempeln und Statuen durchquerte.

„Hier ist das Zentrum des römischen Reichs, das Zentrum der Macht", rief Julian beeindruckt und zog seine Gefährten zum Saturntempel und zum Tempel der Vesta.

„Schaut mal, da drüben scheint ein Markt zu sein", erkannte Kim. Sie und Leon schoben Julian in die *Basilika*, eine mehrschiffige Halle, in der Märkte abgehalten wurden und Gerichtsverhandlungen stattfanden. Hier herrschte ein seltsames Zwielicht. Verschiedene Gerüche kamen von allen Seiten – Fisch, Kohl, verschiedene Gewürze, Wein und Gebratenes. Kija hob die Nase und begann zu schnüffeln. Sie strebte auf einen Fischstand zu.

Auf der anderen Seite der Halle entdeckte Kim den Stand eines Schmuckhändlers, der sie magisch anzog. Während sie die Waren begutachtete, fiel ihr eine hübsche Frau auf. Sie mochte etwa achtzehn Jahre alt sein und war in kostbare Stoffe gekleidet. Über ihrer hellblauen Tunika trug sie eine elegante *Stola*, die mit Purpurstreifen verziert war. In barschem Ton erteilte die junge Frau einem Sklaven Anweisungen, was er für seine Herrin einkaufen sollte. Dann holte sie unter der Stola einen Lederbeutel hervor und gab dem Sklaven ein paar Münzen. Während sie weiter auf den Sklaven einredete, trat ein Mann blitzschnell an die *Patrizierin* heran und entriss ihr den Geldbeutel. Ebenso schnell war der Dieb wieder in der Menge verschwunden. Fassungslos starrte das Opfer des Diebstahls auf die nun leere Hand. Dann begann die Frau zu schreien: „Haltet den Dieb! Haltet den Dieb! Beim *Mars*!" Doch niemand machte Anstalten, den Täter zu verfolgen – nicht einmal der Sklave, der einfach nur mit offenem Mund dastand.

„Kommt, Jungs!", rief Kim entschlossen. „Den schnappen wir uns!" Schon war Kim losgeflitzt, die Katze dicht an ihrer Seite.

Geschickt wuselte der Dieb durch die Menge. Aber seine Verfolger waren nicht weniger gewandt. Immer wieder blickte der Täter hektisch über die Schulter. Die Verfolger kamen immer näher! In seiner Panik stieß der Dieb einen Stand mit Früchten um, die den Freunden genau vor die Füße kullerten. Die Kinder gerieten ins Straucheln, doch Kija setzte elegant über alle Hindernisse hinweg, machte einen weiten Satz und sprang auf den Rücken des Diebes. Als Kija ihm in den Nacken biss, schrie er auf und ließ die Beute fallen. Die Katze schnappte sich den Lederbeutel und brachte ihn den Freunden.

„Toll gemacht, Kija!", rief Kim und streichelte das Tier. Kija streckte sich ein wenig, wirkte aber so, als habe sie soeben etwas völlig Selbstverständliches getan. Dann gingen die Freunde zu der Patrizierin zurück. Kühl blickte die junge Frau auf die einfach gekleideten Kinder herab.

„Ich glaube, ich bin euch zu Dank verpflichtet. Aber Halt, erst will ich nachsehen, ob Geld fehlt."

„Wie bitte?", brauste Kim auf. „Wie kannst du es wagen, uns zu verdächtigen?"

„Ich kann und darf alles", antwortete die Patrizierin knapp und hochmütig. „Ich bin Regina, die Tochter des Ädilen Marcus."

„Von Marcus?", fragte Leon erstaunt nach. „Etwa *der* Marcus?"

„Ja, *der* Marcus. Der Leiter der Spiele", erwiderte Regina mit einem überheblichen Lächeln.

„Mir egal, wer du bist!", rief Kim. „Ich lasse mich von dir nicht so arrogant anquatschen! Immerhin waren wir es, die deinen Geldbeutel zurückgeholt haben!"

„Psst, beruhige dich", bat Julian.

„Lass sie nur", sagte Regina jetzt, während sie Kims wütendes Gesicht interessiert musterte. „Ich mag mutige Mädchen wie dich. Was hältst du davon, wenn ich dich mit nach Hause nehme? Zum Dank sozusagen." Regina begann, mit ihren Löckchen zu spielen, die das oval geschnittene Gesicht einrahmten. „Du könntest für mich arbeiten, dich zum Beispiel als *Ornatrica* um meine Haare kümmern. Aber für deine Freunde habe ich ehrlich gesagt keine Verwendung."

Kim wirkte nicht begeistert.

„Geh ruhig", flüsterte Leon ihr ins Ohr. „Du wärst im Haus des Chefs der Spiele! Besser geht's doch gar nicht! Denk doch mal an den roten Rächer!"

„Klar", meinte auch Julian. „Wir bleiben in engem Kontakt. Wir finden sicher eine Möglichkeit, uns täglich zu sehen."

Kim willigte schließlich ein. „Aber darf wenigstens die Katze mit?", fragte sie.

„In Ordnung", antwortete Regina. „Aber ich muss dich vorwarnen. In unserem Haus gibt es bereits einen Kater. Und der hasst andere Katzen. Folge mir."

Schweren Herzens verließ Kim ihre Freunde und marschierte mit Kija der jungen Patrizierin hinterher.

Regina ist eine ziemliche Ziege, dachte Kim. Und zu Hause benimmt sie sich wahrscheinlich noch schlimmer. Andererseits hatte Leon Recht. Im Haus des Spielleiters konnte sie womöglich Hinweise auf den Rächer finden. Und diesen Gedanken fand Kim sehr spannend.

Die Drohung

Nach einem kurzen Fußmarsch erreichte die kleine Gruppe ein exklusives, zweigeschossiges Stadthaus. Am Haupteingang öffnete ein Sklave die Tür, verneigte sich und ließ die Herrin und ihr Gefolge ein. Dann huschte der Sklave durch die Vorhalle ins *Atrium* und meldete dem Hausherrn die Ankunft seiner Tochter.

„Da bist du ja, *Pupa*", rief Marcus, sobald er Regina erblickt hatte. Der Ädil war ein korpulenter Mann mit Halbglatze und kleinen, flinken Augen. Er wirkte sehr nervös.

„Nenn mich nicht Pupa", knurrte Regina. Missmutig ging sie zu dem kleinen Hausaltar, wo den *Laren*, den Hausgöttern, geopfert wurde.

„Mir scheint, du bist schlecht gestimmt", sagte Marcus. „Was ist passiert? Und wer ist dieses Mädchen? Wir haben doch genug Sklaven."

Regina wandte sich von den Göttern ab und starrte auf den Wasserspeier in Form eines Fisches, der am Rand des großen Wasserbeckens stand. „Das Mädchen wird mir dienen. Sie hat zwar eine große Klappe, aber das gefällt mir. Außerdem hat sie mir meinen gestohlenen Beutel zurückgebracht."

„Man wollte dich bestehlen? Die Tochter des Ädilen? Das ist ja grässlich! Beim Jupiter!", fuhr Marcus auf.

„Diese ganze Stadt ist grässlich, Vater", erwiderte Regina. „Voller Dreck, Lärm und Diebe. Hoffentlich können wir bald wieder in unser Landhaus ziehen! Wenn diese Spiele nur schon vorbei wären. Hoffentlich werden wenigstens ein paar Verbrecher hingerichtet."

„Die Spiele – erinnere mich bloß nicht daran!", rief Marcus.

Kim beobachtete ihn genau. Es schien ihr, als ob der Ädil zitterte.

„Ich war vorhin wieder beim Kaiser", sagte Marcus jetzt. „Nichts kann ich ihm recht machen. Ständig hat er etwas an meinem Programm für die Einweihung auszusetzen. Dabei habe ich sogar eine Seeschlacht in der Arena vorgesehen. Mit richtigen Schiffen. So etwas hat Rom noch nie gesehen! Aber nein, der Kaiser hat immer etwas zu meckern! Zu kleine Schiffe, zu wenig Gladiatoren, was weiß ich! Er verlangt, dass diese Spiele ihn beim Volk beliebt machen und ihm ewigen Ruhm bescheren. Es sollen göttliche Spiele werden, einzigartig und unübertroffen."

„Na und? Wo liegt das Problem?", fragte Regina.

„Das Problem? Das Problem besteht darin, dass *ich* für diese Spiele verantwortlich bin, Pupa, und …"

„Nenn mich nicht Pupa!"

„Entschuldige, Regina, aber versteh doch: Mein guter Ruf steht auf dem Spiel. Jetzt muss ich zu einer Geschäftsbesprechung aufs Forum."

Der Ädil drückte seiner Tochter einen Kuss auf die Wange, obwohl diese den Kopf abwandte. Dann war er verschwunden.

Zur Entspannung nahm Regina ein Bad und ließ sich von Kim bedienen. Die Patrizierin behandelte Kim nach wie vor von oben herab. Schon bald sehnte sich Kim nach ihren Freunden und zum Colosseum zurück. Dort mochte es dunkel sein und stinken, aber Kim wurde nicht wie eine Sklavin behandelt. Nach dem Bad musste Kim Reginas Haare kämmen und mit einer Brennschere zu Locken drehen. Kim war froh, dass sie sich immer selbst die Haare schnitt und daher einige Übung im Frisieren hatte.

Prompt kam ein Lob von Regina. „Das machst du für den Anfang gar nicht schlecht", sagte sie und lächelte Kim sogar kurz an. „Für heute ist es genug. Du darfst dich jetzt zurückziehen." Regina schnippte mit den Fingern, und ein Sklave erschien.

„Zeig Kim eine Kammer, wo sie mit ihrer Katze schlafen kann."

Der Sklave führte Kim und Kija durch das herrschaftliche Haus. Unterwegs kamen sie an der Küche vorbei, aus der es nach einem feinen Braten und Zwiebeln roch. Kija schnüffelte interessiert. Plötzlich blieb sie abrupt stehen. Aus der Küchentür kam ein dickes, fauchendes Fellknäuel geschossen: Brutus, der Kater. Er stürmte auf Kija zu, hielt dann aber inne. Mit flach an den Kopf gepressten Ohren fixierte das feiste Tier die neue Katze in seinem Revier. Sein buschiger Schwanz peitschte hin und her. Brutus wagte nicht, Kija anzugreifen. Diese blieb völlig ruhig. Sie hockte sich hin, leckte desinteressiert ihr Fell und ließ Brutus weitertoben. Er beeindruckte sie nicht.

Kim lachte. „Komm, Kija, lass uns weitergehen."

Die Katze gehorchte und lief an Brutus vorbei, ohne ihn zu beachten.

Kims Kammer lag im ersten Stock. Sie war klein, aber sauber und hatte ein Fenster, das unmittelbar über dem Haupteingang des Hauses lag und den Blick auf einen Baum und die Straße freigab. Ein Öllämpchen verbreitete ein schwaches, warmes Licht.

„Wenn du Hunger hast, geh in die Küche. Dort wird man dir ein paar Reste geben", sagte der Sklave und verschwand.

Dann waren Kim und Kija allein. Das Mädchen verspürte keinen Hunger und probierte das Bett aus. Es war viel bequemer als die Liegen im Colosseum. Die Katze sprang auf den schmalen Fenstersims und spähte auf die nächtliche Straße hinaus.

Wie es Leon und Julian gehen mag?, fragte sich Kim, während sie zur Holzdecke starrte. Vermutlich schliefen sie schon – neben Bären-, Löwen- und Tigerkäfigen unter der gewaltigen Arena. Womöglich hatten sie auch etwas Neues vom roten Rächer gehört. Marcus dagegen hatte den unheimlichen Bogenschützen mit keiner Silbe erwähnt. Schade, dachte Kim und gähnte.

Plötzlich wurde sie unendlich müde. Und als Kija zu ihr kam und sich an sie kuschelte, schlief Kim sofort ein.

Mitten in der Nacht schreckte Kim hoch. Ein Geräusch, ein dumpfer Schlag gegen Holz, war von der Straße zu hören gewesen. Kim überlegte, ob sie aufstehen und aus dem Fenster schauen sollte, doch sie war zu müde. Bestimmt war draußen nur etwas umgefallen. Kim schloss wieder die Augen. Damit war Kija nicht einverstanden. Die Katze stupste Kim in die Seite.

„Hör auf, Kija, wir können morgen spielen", bat Kim.

Doch Kija ließ nicht locker. Sie maunzte immer wieder und gab keine Ruhe, bis sich Kim endlich erhob. Mit einem Satz war die Katze auf dem Fensterbrett. Kim schlurfte zu ihr und sah hinaus. Ruhig und verlassen lag die Straße im Mondlicht.

„Was ist los mit dir?", fragte Kim die Katze. „Da ist doch nichts!"

Kim sah Kija mit gerunzelter Stirn an. Plötzlich sprang Kija in den Baum vor dem Fenster und kletterte behände hinab auf die Straße.

„Kija!", rief Kim besorgt, aber die Katze hörte nicht auf sie und war im Dunklen verschwunden. „So ein Mist!", schimpfte Kim leise. Auf Zehenspitzen schlich sie aus ihrem Zimmer und glitt die Treppe hinunter. Dann huschte sie zum Haupteingang des Hauses. Vorsichtig hob Kim den schweren Holzriegel, der das Eingangstor sicherte. Das machte einen fürchterlichen Lärm. Kim fürchtete, das ganze Haus aufgeschreckt zu haben und Ärger zu bekommen. Angestrengt lauschte sie – doch die Villa schien in tiefem Schlaf zu liegen.

Nun zog Kim das massive Tor auf und spähte auf die Straße. Kija! Die Katze hockte genau vor der Tür und schaute Kim mit großen Augen an.

„Da bist du ja, du alte Streunerin!", flüsterte Kim und wollte das Tier auf den Arm nehmen, doch Kija wich aus. Ein Stück entfernt hockte sie sich wieder hin und starrte auf eine Stelle an der Tür. Kim drehte sich um – und erschrak. Ein Pfeil

steckte in der Tür! Das war also das dumpfe Geräusch gewesen! Kims Herz schlug schneller. Um den Pfeil war ein Stück *Papyrus* gerollt.

Entschlossen packte Kim den Pfeil und zog ihn aus dem Holz. Kija maunzte zufrieden und lief zurück ins Haus. Rasch schloss Kim das Tor und verriegelte es wieder. Dann schlich sie mit ihrem Fund zurück in ihr Zimmer. Mit klopfendem Herzen untersuchte sie den Pfeil im Schein der Öllampe. Er war blutrot eingefärbt. Kim ahnte, was sie in den Händen hielt … eine neue Botschaft des roten Rächers!

„Gut gemacht, Kija", sagte Kim zur Katze, während sie den Papyrus vom Pfeil löste. Ihre Finger zitterten leicht, als Kim das Schriftstück glättete und las:

Letzte Warnung, Marcus!
Eröffne diese Spiele nicht.
Sonst wirst du sterben – und nicht nur du!
Der rote Rächer

Gefahr für den Kaiser

Androtion hatte seine Ankündigung wahr gemacht und Leon und Julian im Morgengrauen aufgescheucht. Stunde für Stunde hatte der Grieche die beiden Jungen und seine anderen Helfer durch die unterirdischen Gänge des Colosseums gehetzt. Zunächst hatten sie wieder die Löwen, Tiger und Bären mit Trinkwasser versorgen müssen. Die Tiere brüllten vor Hunger und gebärdeten sich aggressiv. Immer wieder warfen sie sich wütend gegen die Gitterstäbe. Die Freunde hatten das Gefühl, dass die Tiere vor Hunger fast durchdrehten. Dann war auch noch einer der handbetriebenen Aufzüge kaputtgegangen.

„Das muss natürlich ausgerechnet am Tag der Eröffnung passieren! Beim *Zeus*!", hatte der Grieche geflucht, der extrem nervös und gereizt war. „Marcus wird mich den Löwen als Appetithappen servieren, wenn nicht alles wie am Schnürchen läuft!"

Mit vereinten Kräften gelang es ihnen, den Aufzug zu reparieren. Doch Androtions Laune besserte sich nicht. Nun war es gleich Mittag. Wenigstens gönnte der Grieche den Freunden eine kleine Pause.

Leon und Julian verließen die stickigen Gänge unter dem Colosseum und mischten sich unter das Volk, das in das Amphitheater strömte und die Ränge zusehends füllte. Das gigantische Velum war schon aufgezogen worden und schützte vor den unbarmherzigen Sonnenstrahlen. Händler mit Bauchläden liefen die fünfzig Sitzreihen aus weißem Kalkstein auf und ab und boten Wasser, Wein, Brot sowie Früchte an.

Das Volk war sehr aufgeregt und konnte es kaum erwarten, dass die Spiele endlich begannen. Ganz unten, ganz nah an der Arena, wo jetzt eine Kapelle spielte, waren die besten Plätze für Verwandte und Freunde des Kaisers. An der Nordseite hatte auch Titus selbst eine Loge. Nach oben aufsteigend folgten die Plätze für die Soldaten, die Zivilisten, für die Lehrer und ihre Schüler. Ganz oben hatten die Frauen ihre Sitzplätze, bevor die 5000 Stehplätze für Sklaven und arme Leute kamen.

„Ob Kim wohl schon da ist?", überlegte Leon.

Julian schützte seine Augen mit der Hand vor dem grellen Licht. „Denke schon. Sie wird ja mit Regina kommen. Aber ich kann sie nicht entdecken. Es ist einfach zu viel los."

Kim war tatsächlich schon da und hatte einen guten Platz. Sie durfte mit Kija und Regina direkt neben der Kaiser-Loge sitzen, die noch verwaist war. Marcus lief dort unruhig auf und ab und wartete, dass der Imperator auftauchen würde. Unterdessen begannen einige Akrobaten in der Arena ihre Kunststücke vorzuführen. Doch immer wieder drang aus den vergitterten Gängen, die zur Arena führten, das grässliche Gebrüll der wilden Tiere.

„Gleich geht's los!", freute sich Regina und fuhr sich durch ihre von Kim elegant frisierten Haare. „Ich bin mächtig gespannt!"

„Dein Vater scheinbar auch", erwiderte Kim.

Regina lächelte. „Ach was, der ist immer so nervös. Glaube bloß nicht, dass er sich von den Drohungen dieses lächerlichen Erpressers beeindrucken lässt."

Kim schwieg lieber. Noch in der Nacht hatte sie Marcus geweckt und ihm den Pfeil mit der Botschaft gezeigt. Der Ädil war nach außen ruhig geblieben, aber seine Stimme hatte plötzlich merkwürdig hell und leicht hysterisch geklungen.

Das Mädchen brannte darauf, Leon und Julian von der Warnung des Rächers zu erzählen. Vielleicht konnte Kim nach den Spielen bei ihren Freunden vorbeischauen und sie informieren. Kim schaute wieder zu Marcus hinüber. Der Ädil stand vor der Loge mit dem Baldachin und glotzte auf den Thron des Kaisers, als könne er ihn damit herbeizaubern.

Endlich ertönte ein Fanfarenstoß. Der Kaiser nahte mit seinem Gefolge! Ein Aufschrei der Begeisterung ging durch das Amphitheater, das mit 50.000 Menschen bis auf den letzten Platz gefüllt war. Alle waren aufgesprungen und bejubelten den Kaiser. Titus ließ sich minutenlang feiern. Dann hob er die Hand. Der Lärm erstarb augenblicklich.

Es war totenstill, als der Kaiser zu seinem Volk sprach: „Ich, euer Kaiser, schenke euch dieses Amphitheater und diese Spiele. Sie sollen hundert Tage dauern und nie vergessen werden!"

Damit setzte sich Titus. Der Jubel brandete wieder auf. Hundert Tage! Das hatte es noch nie gegeben! Auch Kim klatschte mit. Dann beobachtete sie, wie der Kaiser seinem Ädil ein Zeichen gab. Marcus erhob sich. Er sah selbst aus wie ein Herrscher, der Herrscher der Spiele: Der Ädil trug über seiner roten Tunika eine Toga mit einem breiten Purpurstreifen. Auf seinem Kopf ruhte ein schwerer Kranz aus goldenen Blättern. In seiner linken Hand hielt er ein Zepter aus Elfenbein, das mit einem Adler gekrönt war, der die Flügel ausgebreitet hatte. In der Rechten hatte er ein schlichtes, weißes Tuch: die *Mappa*. Unten in der Arena starrten die Hauptdarsteller des ersten Programmpunktes auf das Tuch. Die vier Wagenlenker in ihren leichten, zweirädrigen Wagen, den *Quadrigen*, warteten auf das Zeichen zum Start. Die jeweils vier Pferde tänzelten unruhig auf der Stelle. Ließ Marcus die Mappa fallen, begann das Rennen. Das Publikum johlte, schrie und pfiff. Ein wahres Fieber hatte die Menge gepackt. Kim knabberte aufgeregt auf ihrer Unterlippe. Doch in dem Moment, in dem Marcus das Signal geben wollte, schoss ein brennender Pfeil heran, riss Marcus die Mappa aus der Hand und nagelte sie an einen Pfosten am Baldachin des Kaisers.

Alle starrten entsetzt zur Loge des Kaisers. Niemand wagte es, sich zu rühren. Dieser Vorfall war so ungeheuerlich, dass alle vor Schreck wie gelähmt waren. Vom Pfosten stieg schwarzer Rauch auf. Kim fürchtete schon, die ganze Loge könnte in Brand geraten, wenn nicht endlich jemand das Feuer löschte. Doch niemand rührte sich – nicht einmal Kaiser Titus, der mit Todesverachtung auf den brennenden Pfeil starrte. Nun hielt es Kim nicht mehr auf ihrem Platz. Sie sprang auf, lief die wenigen Meter zur Loge, schnappte sich einen Krug mit Wasser und goss es über den Pfeil. Dabei erkannte sie, dass der Pfeil dort, wo er noch nicht angekokelt war, rot angemalt war – wieder eine eindeutige Botschaft des roten Rächers!

Titus blickte wohlwollend auf das Mädchen. „Mir scheint, du hast mehr Mut als dieses ganze Dienerpack, das mich umgibt."

Ehrfürchtig verneigte sich Kim und trat zwei Schritte zurück. Sie hörte, wie der Kaiser einem *Zenturio* den Befehl gab, überall nach dem Bogenschützen zu suchen.

„Marcus!", rief der Kaiser schneidend. „Sind das die sensationellen Spiele, die du mir versprochen hast? Beim Mars!" Er klatschte höhnisch. „Ich bin wirklich begeistert. *Valde bona*, mein Freund, *valde bona*!"

Der Ädil lachte falsch. Schweiß stand auf seiner Stirn. „Nur ein unbedeutender Zwischenfall, mein Kaiser, nicht der Rede wert, wenn du mich fragst."

„Ich frage dich aber nicht, du *Stultissimus*! Dieser Pfeil hätte auch mich treffen können, beim Jupiter! Mich, den Kaiser! Und jetzt starte endlich das Rennen, wenn du nicht die Vorspeise für die Löwen werden willst!"

Zitternd vor Wut und Angst gehorchte Marcus. Er ließ sich ein anderes Tuch geben. Das Rennen begann. Schlagartig kochte die Stimmung im weiten Oval wieder hoch, und Kim lief zu ihrem Platz zurück. Die Rennfahrer lieferten sich einen brutalen Kampf. Mit ihren Peitschen schlugen sie nicht nur auf ihre Pferde ein, sondern auch auf ihre Kontrahenten. Nach der ersten Runde stürzte einer der Fahrer aus seiner *Quadriga* und wurde vom Wagen mitgeschleift. Der Sand unter ihm färbte sich rot. Kim konnte nicht mehr hinsehen, während Regina begeistert aufsprang. Stattdessen konzentrierte Kim sich lieber auf den Pfeil. Von wo war er abgeschossen worden? Er hatte leicht schräg im Pfosten gesteckt, musste also von unten abgefeuert worden sein. Kim entdeckte mehrere vergitterte Zugänge, durch die Pferdewagen, Gladiatoren und Tiere in die Arena gelangen konnten.

Ja, dachte Kim, der Schütze muss in einem dieser Zugänge gelauert haben. So muss es gewesen sein. Hatten Leon und Julian etwas beobachtet?

„He, ist dir schlecht?", fragte Regina lachend. „Du kannst wohl kein Blut sehen?"

Das ist *die* Gelegenheit!, durchfuhr es Kim. Sie nickte, entschuldigte sich und stahl sich mit Kija davon. Sie musste unbedingt mit ihren Freunden sprechen!

Ein riskanter Plan

Kim rannte in einen der Gänge, der in das Kellergeschoss des Colosseums führte. Überall wimmelte es von Soldaten, die nach dem roten Rächer fahndeten. Nach kurzer Suche fand Kim ihre Freunde in der Nähe eines Bärenkäfigs.

„Habt ihr das mitbekommen?", fragte Kim atemlos.

„Klar! Es war plötzlich so merkwürdig still, und da haben wir natürlich nachgeschaut."

„Und?"

Leon zupfte an seinem Ohrläppchen – wie immer, wenn er scharf nachdachte. „Hm, ich würde sagen, dass der Pfeil von hier unten irgendwo abgeschossen wurde. Hätte der Schütze auf den Rängen gestanden, hätte man ihn gesehen und gestoppt. Er hat sich wahrscheinlich in das Untergeschoss des Colosseums geschlichen. Bei den vielen Menschen, die hier herumlaufen, fiel er gar nicht auf. Pfeil und Bogen hatte er vielleicht unter einem Umhang verborgen gehabt. Vermutlich lauerte der Rächer in einem der Zugänge, die in die Arena führen. Kommt mal mit!" Er führte seine Gefährten zu einem der Gitter. Sie spähten hindurch.

Gerade ehrte der Ädil Marcus den Sieger des Wagenrennens.

„So, wie der Pfeil im Pfosten steckt, wurde er genau von hier abgeschossen", stellte Leon fest.

„Gut beobachtet!", lobte Kim nach einem Blick zur Loge des Kaisers.

„Ja, genau", stimmte Julian zu. Die Wangen in seinem schmalen, klugen Gesicht begannen plötzlich vor Aufregung zu glühen. „Doch jetzt kommt's: Kurz vor dem Zwischenfall habe ich Androtion gesehen. Genau hier! Ich war Wasser holen und kam zufällig vorbei. Androtion lehnte am Gitter und spähte hinaus."

„Bist du dir sicher?"

„Hundertprozentig!", bekräftigte Julian.

„Androtion …", murmelte Leon nachdenklich. „Er wusste ja auch verdächtig gut über die ersten Pfeilattacken Bescheid. Außerdem hat er ein Motiv – er hasst Marcus."

„Gestern wurde auf Marcus' Villa geschossen", rief Kim und berichtete von den Ereignissen in der vergangenen Nacht.

Leon straffte seine kräftigen Schultern und flüsterte: „Wir sollten Androtion im Auge behalten."

„Gute Idee", meinte Kim. „Nur leider müsst ihr dabei auf mich verzichten. Ich muss zu meiner Herrin Regina zurück."

„Ist sie immer noch so zickig?"

„Ihr habt ihren Kater noch nicht erlebt. Dagegen ist Regina harmlos", lachte Kim. „Wir sehen uns morgen. Mir fällt schon eine Ausrede ein, wie ich wieder Kontakt zu euch aufnehmen kann! Viel Glück!"

Sobald Kim verschwunden war, fragte Julian vorsichtig: „Wie willst du Androtion im Auge behalten? Schließlich verlässt er immer gegen Abend das Colosseum. Hast du schon einen Plan?"

„Logisch", meinte Leon und sah hinaus in die Arena. Dort wurde gerade ein Gitter hochgezogen und vier Tiger stürzten brüllend auf den Kampfplatz. Acht bis zu den Zähnen bewaffnete Gladiatoren erwarteten sie dort. Ein grässliches Gemetzel begann unter dem frenetischen Jubel des Publikums.

„Oh mein Gott", entfuhr es Leon. Die Farbe war aus seinem Gesicht gewichen.

Julian zog seinen Freund vom Gitter weg. Im Hauptgang kam ihnen ein Trupp Soldaten entgegen. Die Männer sprachen davon, dass es noch keine Spur von dem unheimlichen Schützen gab.

„Du wolltest mir noch deinen Plan verraten", forderte Julian Leon auf. „Falls du wirklich einen hast …"

„Klar habe ich den", erwiderte Leon gelassen. „Wir hängen uns heute Abend an Androtion ran. Ich würde gerne mal einen Blick in seine Wohnung werfen. Wenn wir dort zum Beispiel rote Pfeile finden, haben wir den roten Rächer überführt!"

Bei Einbruch der Dämmerung leerte sich das Colosseum. Das Volk war bestens unterhalten worden. Marcus hatte ihm brutale Tierhatzen und tödliche Gladiatorenkämpfe geboten – und einen unerhörten Anschlag. Der Brandpfeil war *das* Thema unter den Zuschauern. Der Name des roten Rächers machte überall die Runde. Es wurde getuschelt und spekuliert. Leise Ehrfurcht mischte sich mit der Angst vor Anschlägen. Wer war so unerschrocken und lebensmüde, diese Pfeile abzuschießen? Und wie konnte es sein, dass man den Schützen nicht fasste? Wem hatte der Pfeil überhaupt gegolten? Marcus oder etwa dem Kaiser selbst?

Für Julian und Leon war der Arbeitstag noch nicht zu Ende. Sie rechten den mit Blut getränkten Sand der Arena, fütterten und tränkten die Tiere, die das Massaker überlebt hatten. Vorhin hatten die Freunde gesehen, wie einige tote Gladiatoren auf einem Karren eilig aus dem Colosseum geschoben wurden. Androtion konnte alles nicht schnell genug gehen. Er war immer noch nervös und hektisch. Doch endlich waren alle Arbeiten erledigt.

„Legt euch bald schlafen", riet Androtion den Jungen und steckte ihnen ein paar Münzen zu. „Morgen erwartet euch wieder ein harter Tag. Ich gehe jetzt."

Julian und Leon nickten. Sie ließen dem Griechen einen kleinen Vorsprung und folgten ihm dann unauffällig.

Androtion bog vor dem Colosseum nach rechts ab und ging mit zügigen Schritten die Straße hinab. Dann verschwand er in einer *Insula*, einem der lauten Wohnblöcke.

„Und jetzt?", fragte Julian müde und hungrig.

„Ihm nach, was sonst?", erwiderte Leon und ging voran. Sie gelangten in einen schmutzigen Innenhof. Von hier führten Treppen in die drei oberen Stockwerke. Leon und Julian beobachteten, wie Androtion ganz nach oben stieg.

„Und jetzt?", fragte Julian erneut und gähnte.

„Du musst ihn irgendwie aus der Wohnung locken. Dann schlüpfe ich hinein und schaue mich dort um", dachte Leon laut nach.

„Ah ja", sagte Julian gedehnt.

Ein Junge in ihrem Alter lief an ihnen vorbei und musterte sie argwöhnisch. Leon hatte eine Idee.

„Ave, kannst du mir einen Gefallen tun?"

„Warum sollte ich?", erwiderte der Junge und begann, in der Nase zu bohren.

„Weil wir dich dafür bezahlen werden."

Ein Lächeln huschte über das Gesicht des fremden Jungen. „Das ist etwas anderes. Was soll ich tun?"

„Ruf Androtion nach unten. Sag ihm, dass ein Bote vor dem Haus eine wichtige Nachricht für ihn habe."

„Warum machst du das nicht selbst?"

„Weil mich niemand dafür bezahlt."

„In Ordnung, ich mach's. Wie viel?"

Leon zog eine Münze aus seinem Beutel hervor und schnippte sie dem Jungen zu.

Geschickt fing dieser das Geldstück auf. Doch dann schüttelte er den Kopf. Leon musste das Honorar verdoppeln. Während sich Julian unten versteckte, rannten Leon und der andere Junge die Treppe hinauf. Zielstrebig ging der junge Römer zu Androtions Tür und klopfte. Leon verschanzte sich unterdessen hinter einem Mauervorsprung im Gang. Mit klopfendem Herzen sah Leon, dass sein Plan funktionierte: Ohne die Wohnungstür zu verschließen, lief der Grieche mit dem Jungen die Treppe hinab. Blitzschnell sprang Leon hinter dem Mauervorsprung hervor und flitzte in Androtions Wohnung.

Leon versuchte, sich rasch zu orientieren. Im letzten Licht des Tages erkannte er einen viereckigen Raum, der offenbar als Wohn- und Schlafraum diente. Neben dem Fenster ragte ein schmuckloser Schrank fast bis zur Decke. Am kleinen Tisch in der Mitte des Zimmers standen zwei Stühle. In der Ecke war Androtions Bett mit einem Kopfkeil und einer Decke. Daneben gab es eine weitere Tür. Leon zögerte. Wo sollte er anfangen zu suchen? Wertvolle Sekunden verstrichen.

Fang an!, ermahnte Leon sich. Androtion kann jeden Moment zurückkommen!

Leon begann, die Wohnung planmäßig zu durchsuchen. Zuerst nahm er sich den Schrank vor. Ein paar Kleidungsstücke, eine weitere Decke, Krüge und Becher aus Ton, zwei Öllämpchen, ein bisschen Krimskrams – mehr nicht. Enttäuscht wandte sich Leon dem Bett zu und spähte darunter. Wieder nichts.

In diesem Moment hörte er draußen auf dem Gang Geräusche. Schweiß trat auf Leons Stirn. Mit schnellen Schritten war er an der Wohnungstür, zog sie einen Spalt auf und spähte hinaus. Zwei Kinder spielten Fangen. Erleichtert ging Leon zurück und setzte die Suche fort.

Nun widmete er sich dem angrenzenden Zimmer: ein fensterloser Raum, fast völlige Dunkelheit. Leon überlegte, ob er ein Öllämpchen anzünden sollte. Aber womit? Außerdem hatte er keine Zeit. Er streckte die Arme aus und tastete sich in den Raum hinein. Plötzlich stieß er mit dem Fuß gegen etwas Hartes. Er bückte sich, fühlte Holz und erkannte, dass es eine Truhe sein musste. Und da war auch eine Art Riegel zum Verschließen der Truhe! Leon kniete sich hin und klappte den Deckel auf. Vorsichtig griff er hinein. Er fühlte etwas Weiches in seinen Händen. Eine Tunika, vermutete Leon. Er wühlte weiter in der Truhe, fand aber nichts, was sich wie ein Pfeil anfühlte.

Gerade, als er sich wieder aufrichten wollte, hörte er gedämpfte Stimmen! Die stammten unmöglich von den Kindern!

Das waren Männerstimmen! Leon sprang aus dem dunklen Zimmer und flitzte zur Wohnungstür. Er hatte schon die Tür in der Hand, als er wieder eine Stimme hörte. Leon gefror das Blut in den Adern – das war Androtion! Er musste schon vor der Wohnungstür sein! Leons Fluchtweg war versperrt. Panisch blickte er sich um. Das Bett! Mit einem Satz war Leon unter das Bett gekrochen und versteckte sich dort. Die Decke hing zum Glück fast bis zum Boden. Die Tür flog krachend auf.

„Diese verdammten Kinder. Haben nichts als Blödsinn im Kopf", sagte Androtion zu sich selbst.

Leon linste unter der Decke hervor. Androtions Füße liefen zum Tisch, machten halt, drehten um und kamen genau auf das Bett zu. Leon hielt die Luft an. Androtion setzte sich auf die Liege! Das Holz ächzte. Offenbar hatte sich der Grieche jetzt der Länge nach ausgestreckt.

Hoffentlich fängt er bald an zu schnarchen, dachte Leon. Dann schleiche ich mich hinaus.

Doch Androtion dachte gar nicht daran einzuschlafen. Er summte ein Lied vor sich hin und redete weiter mit sich selbst. Leon hatte das Gefühl, dass der Grieche auf etwas wartete.

Eine halbe Stunde mochte vergangen sein, als es an der Tür klopfte. Androtion stand auf und öffnete.

„Androtion, mein Freund: Was sagst du zu der frohen Botschaft?"

„Wunderbar, beim Zeus, besser hätte es gar nicht laufen können", anwortete Androtion und lachte. Es war das erste Mal, dass Leon ihn lachen hörte. Staub kitzelte in Leons Nase. Er musste sich fürchterlich beherrschen, um nicht laut zu niesen.

„Willst du einen Schluck Wein?", fragte Androtion seinen Gast.

„Nur zu gern."

Androtions Füße verschwanden in der angrenzenden Kammer.

„Kein schlechter Tropfen", lobte der Besucher kurz darauf.

„Ich habe ihn von einem Syrer an der Straßenecke", erwiderte Androtion. „Der ist neu hier."

„Muss ich mir merken", sagte der andere Mann. „Aber nun zu unserem Freund. Wie hat er reagiert?"

Wieder lachte Androtion. „Du hättest sein Gesicht sehen sollen. Es war so weiß wie die Mappa!"

„Eigentlich habe ich mir geschworen, dieses brutale Gemetzel in der Arena niemals anzuschauen", sagte der Gast jetzt. „Aber nun ist es etwas anderes. Morgen werde auch ich kommen."

„Nur zu! Es wird sich lohnen. Nun trink aus, mein Freund. Ich habe Hunger. Lass uns etwas essen gehen. Wenn wir uns beeilen, bekommen wir noch einen Platz in meiner Lieblings-*Caupona*."

„Dein guter Wein macht es mir leicht, schnell zu trinken, beim *Dionysos*!", bemerkte der Besucher.

Leon hörte, wie er seinen Becher auf dem Tisch abstellte. Dann wurden wieder Schritte laut. Die Tür schwang auf und wurde geschlossen. Nun vernahm Leon ein Geräusch, das ihm überhaupt nicht gefiel: Ein Schlüssel wurde gedreht. Leon war in der Wohnung eingeschlossen!

Der Junge krabbelte unter dem Bett hervor, klopfte den Staub von seiner Tunika und überlegte verzweifelt, wie er hier rauskommen konnte. Das Fenster! Leon öffnete es und sah hinaus. Tief unter ihm pulsierte das Leben auf der Straße. Viele Geschäfte und natürlich alle Kneipen waren geöffnet. Doch wie sollte Leon aus dem dritten Stock nach unten gelangen? Er blickte zur Seite. Ein Sims zog sich von Androtions Fenster an der Mauer entlang. Er mochte etwa zwei Fuß breit sein und verlor sich in der Dunkelheit, die sich inzwischen wie ein schwarzes Tuch über Rom gelegt hatte. Leon gab sich einen Ruck, kletterte auf den Sims und presste sich mit dem Rücken an die Hauswand. Schritt für Schritt schob er sich vorwärts und vermied es, nach unten zu sehen. Nach zwanzig Metern war der Sims zu Ende. Etwa drei Meter unter sich erkannte Leon das Dach eines anderen Hauses. Unsicher knabberte Leon auf seiner Unterlippe herum. Es gab kein Zurück. Entschlossen machte er einen Schritt nach vorn und sprang nach unten. Der Aufprall war hart und nahm ihm den Atem. Eine Minute blieb Leon liegen. Er sah sich um und erkannte, dass er auf einer Dachterrasse gelandet war. Eine Treppe führte ihn bequem nach unten auf die Straße.

Julian begrüßte ihn aufgeregt: „Wo hast du so lange gesteckt?"

„Habe einen kleinen Spaziergang gemacht", kam es ironisch zurück. „Du hättest mich warnen müssen, dass Androtion so schnell wieder raufkommt. Fast hätte er mich erwischt!"

„Wie hätte ich dich denn warnen sollen?", wehrte sich Julian. „Es war aber doch klar, dass Androtion relativ schnell wiederkommt, wenn unten kein Bote steht. Dein Plan war eben nicht richtig durchdacht!"

„Schon gut, lass uns nicht streiten", lenkte Leon ein. Er erzählte Julian in allen Einzelheiten von seinem Besuch in Androtions Wohnung. „Der zweite Mann war auch ein Grieche. Er sprach vom Gott Dionysos. Und das ist doch ein griechischer Gott, nicht wahr?", schloss er seinen Bericht.

„Ja", bestätigte Julian. „Aber was besagt das schon? Schade, dass du keine Pfeile gefunden hast."

Leon schüttelte bedauernd den Kopf. „Androtion ist unser Mann!", war er überzeugt. „Er ist der rote Rächer. Und der andere Kerl ist sein Komplize. Du hättest sie mal hören sollen, wie sehr sie sich über den Anschlag im Colosseum gefreut haben!"

„Aber das ist kein Beweis", gab Julian zu bedenken.

„Mag sein", gab Leon zu. „Den müssen wir eben noch finden!"

Feuer!

Am nächsten Tag wurde es sehr heiß in Rom. Die Sonne brannte gnadenlos auf das Colosseum und die Arbeiter herab. Es war stickig in den mächtigen Mauern. Alle waren noch gereizter als sonst. Leon und Julian versuchten, Androtion möglichst aus dem Weg zu gehen. Während sie den Mist der Raubkatzen aus den Käfigen räumten, unterhielten sie sich leise. Wie konnten sie Androtion überführen? Doch es fiel ihnen nichts ein. Vergeblich hatten sie gehofft, dass Kim und Kija vorbeikommen würden. Schon oft hatte Kim die rettende Idee gehabt. Doch die beiden tauchten nicht auf. Und so konnten die Jungen auch am zweiten Tag der Eröffnungsfeierlichkeiten nur die Augen offen halten.

Am Nachmittag war es wieder so weit. Abertausende von Zuschauern waren durch die wegen des Rächers inzwischen gut bewachten Eingänge ins Amphitheater geströmt. Fanfaren kündigten den Beginn der Spiele an. Wann immer Julian und Leon kurz Zeit hatten, schauten sie in die Arena. So sahen sie, wie Marcus vor der Loge des Kaisers stand und die Spiele abermals vor 50.000 Zuschauern eröffnete. Los ging es mit harmlosen Boxkämpfen. Dann wurden exotische Tiere durch die Arena geführt: ein Kamel, zwei Elefanten, schließlich mehrere Strauße aus den römischen Kolonien.

Danach wurde ein dicker Mann, der den Kopf gesenkt hielt, von Gladiatoren durch das Amphitheater gejagt. Es wurde laut verkündet, dass der dicke Mann seine Miete nicht gezahlt habe. Gelächter brandete auf. Eine Frau, die versucht hatte, unwirksame Mittelchen gegen Bauchschmerzen zu verkaufen, wurde ebenfalls durch die Arena getrieben und ausgelacht.

Aber nach diesem Vorgeplänkel wurde es ernst: Während eine Kapelle spielte, rannten Arbeiter in die Arena und hoben hölzerne Bodenplatten hoch. In Windeseile legten sie einen breiten Kanal frei, der bereits geflutet worden war. Dann wurden zwei Segelschiffe zu Wasser gelassen. An Bord waren jeweils zwanzig schwer bewaffnete Männer.

„Unserem ehrwürdigen Kaiser gefällt es, uns heute mit einer Seeschlacht zu unterhalten!", rief Marcus. Die Menge jubelte Titus zu.

Die Schiffe fuhren aufeinander zu, und die Besatzungen versuchten, das gegnerische Boot zu erobern. Ein brutales Hauen und Stechen begann unter den Anfeuerungsrufen der Zuschauer. Sogar der Kaiser klatschte begeistert.

„Ich würde lieber über Bord springen, als mich abstechen zu lassen", stammelte Julian.

„Das glaube ich nicht", gab Leon tonlos zurück. „Im Wasser tummeln sich Krokodile …"

Jetzt erkannte auch Julian, dass die mächtigen Tiere nur darauf warteten, dass jemand über Bord fiel. Angewidert wollten sich die Freunde abwenden. Doch in diesem Moment flog ein brennender Pfeil an den Schiffen vorbei hoch hinauf in das gigantische Sonnendach, das sich über das Colosseum spannte. Sofort fing das Velum Feuer.

„Der rote Rächer!", schrie Julian. „Das kann nur der rote Rächer gewesen sein!"

Das Feuer breitete sich mit rasender Geschwindigkeit aus. Brennende Fetzen des *Velums* fielen in die Arena, setzten die Segel der Schiffe in Brand und lösten unter dem Publikum eine Panik aus. Die Menschen sprangen hektisch auf und rannten zu den Ausgängen. Einige stolperten und wurden einfach niedergetrampelt. Schreie gellten durch das Amphitheater. Soldaten marschierten auf und bildeten zusammen mit einigen Besonnenen eine Löschkette. So konnten sie wenigstens verhindern, dass das Feuer auf die Holzstangen übergriff, die das Velum spannten. Die Schiffe in der Arena hingegen standen lichterloh in Flammen. Innerhalb weniger Minuten hatte sich das Amphitheater in ein Tollhaus verwandelt. Und das Publikum, das gekommen war, um andere um ihr Leben kämpfen zu sehen, versuchte nun, die eigene Haut zu retten.

„Hoffentlich kommen Kim und Kija da gut raus!", rief Julian besorgt.

„Bestimmt", versuchte Leon seinen Freund zu beruhigen. „Du weißt doch: Kija war schon die Lebensretterin der Pharaonin Hatschepsut!"

Julian nickte stumm. Die kluge Katze aus Ägypten hatte sie nicht nur in einigen kniffligen Situationen beschützt, sondern ihnen auch geholfen, herauszufinden, wer Hatschepsut nach dem Leben trachtete.

Plötzlich erwachte Julians detektivischer Spürsinn wieder. Er deutete auf den vergitterten Gang, der ihnen genau gegenüberlag. „Der Pfeil kam von da drüben", sagte er. „Komm, lass uns dort mal nachsehen."

„In Ordnung, aber wir müssen aufpassen, dass wir Androtion nicht in die Arme laufen. Der hat bestimmt was dagegen, wenn wir uns von der Arbeit davonschleichen und hier herumschnüffeln."

Die Jungen rannten durch die unterirdischen Gänge des Colosseums und gelangten unbehelligt an ihr Ziel.

„Da, ein Pfeil!", rief Julian aufgeregt. Er beugte sich über seinen Fund. „Sieh nur, er ist rot angemalt."

„Blutrot", präzisierte Leon. „Die Farbe des Rächers."

„Den Pfeil hat er hier absichtlich liegen lassen", vermutete Julian. „Der Rächer will eine Art Visitenkarte zurücklassen."

„Vorsicht", rief Leon in diesem Moment. „Nicht bewegen!"

Julian sah ihn verständnislos an: „Warum?"

„Da sind Spuren, gleich neben dir. Die könnten vom Rächer stammen! Zertrampel sie nicht!", warnte Leon und bückte sich. „Sieht aus wie der Abdruck einer Sandale, oder?"

Julian gab ihm Recht.

„Hm", machte Leon. „Es gibt nicht viele Arbeiter im Colosseum, die Sandalen tragen. Die meisten laufen barfuß herum. Aber einer trägt immer Sandalen."

Julian sah seinen Freund an, und seine Augen wurden schmal. „Androtion ..."

„Richtig!", meinte Leon und begann, den Abdruck mit seinen Händen zu vermessen. „Drei Handbreit", verkündete er und richtete sich wieder auf. „Jetzt müssten wir nur herausfinden, ob Androtions Schuhgröße mit diesem Abdruck übereinstimmt!"

„Wie willst du das anstellen? Meinst du, dass Androtion dir seine Quadratlatschen freiwillig unter die Nase hält?"

„Unter die Nase? Ne, lieber nicht", erwiderte Leon und rümpfte grinsend die Nase. „Aber es wird sich schon eine Gelegenheit ergeben, warte nur ab. Komm, wir suchen Kim und Kija."

Unbemerkt von Androtion schlichen sich die Jungen aus dem Colosseum. Draußen herrschte immer noch Chaos, doch die Freunde hatten Glück: Ein Sklave wies ihnen in dem großen Durcheinander den Weg zur Familie des Marcus, die den Platz vor dem Amphitheater noch nicht verlassen hatte. Der Ädil schrie mit hochrotem Kopf auf einen Zenturio ein. Die Freunde hörten, dass es Tote und Verletzte unter den Zuschauern gegeben hatte.

Hinter Marcus stand seine Frau Blandinia, deren Stirn von einer Zornesfalte geteilt wurde. Tochter Regina wirkte ebenfalls sehr gereizt. Nervös tippte ihr Fuß mit der eleganten Ledersandale auf den Boden. Offenbar wollte sie rasch nach Hause und hatte keine Lust, auf ihren Vater zu warten. Mehrere breitschultrige Sklaven hatten sich schützend um die Patrizierfamilie gruppiert. Ganz am Rand warteten auch Kim und Kija!

Julian und Leon liefen zu ihr. Kim schloss die Freunde überglücklich in die Arme. Kija stupste sie mit der Nase an.

„Schön, euch beide zu sehen!", sagte das Mädchen.

„Ein Glück, dass ihr beide gut aus dem Hexenkessel herausgekommen seid", erwiderte Julian. Leon beugte sich zu der schönen Katze hinab und kraulte sie hinter den Ohren, was Kija mit ausgiebigem Schnurren honorierte.

„Bei uns verlief alles einigermaßen glatt", erzählte Kim und senkte die Stimme. „Aber Kaiser Titus hat getobt. In Marcus'

Haut möchte ich derzeit nicht stecken. Titus macht wieder ihn für den erneuten Anschlag verantwortlich."

„Wir haben eine neue Spur!", erzählte Leon, nachdem er sich versichert hatte, dass man sie nicht belauschte. Dann berichtete er von dem Pfeil und dem Abdruck der Sandale.

Kim riss die Augen auf. „Gut gemacht, Jungs", lobte sie. „Dann sind wir dem Rächer wirklich ganz dicht auf den Fersen. Aber ob es wirklich Androtion ist? Ich weiß nicht …"

„Warum?"

„Ich kann es mir irgendwie nicht vorstellen."

„Warum denn nicht?", kam es zurück.

„Keine Ahnung, vielleicht ist es meine weibliche Intuition", lachte Kim.

„Ach komm, hör bloß auf", rief Leon, aber auch er lachte.

Julian hob die Hand. „Achtung, ich glaube, Marcus will gehen."

Der Ädil hatte den Zenturio mit einem ärgerlichen Fluch fortgeschickt und rief Regina zu: „Komm, Pupa, wir wollen nach Hause."

„Du sollst mich nicht Pupa nennen! Wie oft soll ich dir das denn noch sagen?", fuhr die junge Frau auf.

„Schon gut", sagte ihr Vater gedankenverloren. „Nun komm, Pupa. Und du auch, Blandinia."

„Darf ich darauf hinweisen, dass alle nur auf dich warten! Beim Jupiter!", giftete seine Frau zurück.

Kim hob bedauernd die Schultern. „Schade, aber ich muss wieder los – zurück in die Villa von Pupa und ihrem Papa."

„Halt die Augen auf", meinte Julian. „Wenn der Rächer

geschnappt wird, erfährt es Marcus bestimmt als einer der Ersten!"

„Alles klar!", sagte Kim zum Abschied. „Ich halte euch auf dem Laufenden."

Ein neuer Verdacht

Die Stimmung in der Familie des Ädilen war noch immer eisig. Überrascht hatte Kim festgestellt, dass sich weder Blandinia noch Regina hinter Marcus stellten – im Gegenteil. Ebenso wie der Kaiser schienen sie Marcus für den katastrophalen Verlauf der Spiele verantwortlich zu machen.

„Die Götter sind gegen dich", hatte Kim Blandinia verächtlich sagen hören. „Durch diese Sache werden wir noch zum Gespött von ganz Rom. Der Kaiser wird dich des Amtes entheben. Und dann sind wir ruiniert!"

Und Regina hatte düster den römischen Dichter Ovid zitiert: *„Tempora si fuerint nubila solus eris."* In Zeiten, wenn Wolken am Himmel sind, wirst du allein sein.

Marcus hatte vor Zorn bebend geschwiegen.

Später in der Villa – die Dämmerung war bereits hereingebrochen – war der Ädil im Atrium auf und ab gegangen – wie die Tiger in den zu engen Käfigen des Colosseums. Immer wieder waren Boten gekommen und hatten Briefe überbracht. Aber die erlösende Nachricht kam nicht: Die Suche nach dem roten Rächer verlief ergebnislos.

Kim war in die Küche abkommandiert worden, wo sie mitgeholfen hatte, die *Cena* vorzubereiten. Kija war mitgekommen. Und der feiste Brutus war fast durchgedreht, als die ägyptische Katze so frech in seinem Reich herumspaziert war. Doch wie auch bei ihrem letzten Zusammentreffen hatte Kija ihn einfach übersehen. Das hatte Brutus noch mehr provoziert. Aber der Kater war feige. Er hatte es wieder nicht gewagt, Kija zu attackieren. Kija hatte sich unter einen Tisch gesetzt und in aller Ruhe begonnen, ihr Fell zu putzen, während Kim bei der Zubereitung des Mahls geholfen hatte. Es hatte einen feinen Wildbraten mit Zuckererbsen und Bohnen gegeben. Zum Nachtisch waren Aprikosen aus Armenien und Datteln aus Afrika gereicht worden.

Inzwischen war es später Abend, und man erlaubte Kim, sich zurückzuziehen. Müde ging sie mit Kija in ihr Zimmerchen und warf sich auf ihr Bett. Gedämpft drangen die Geräusche von der Straße zu ihr hinauf. Kim verschränkte die Arme hinter dem Kopf.

Der Tag lief wie ein Film vor ihren geschlossenen Augen ab. Die Spiele in der Arena, die Seeschlacht, der Pfeil, das Feuer, das Chaos. Marcus krank vor Angst vor Titus, der die Karriere und das Leben des Ädilen in seinen Händen hielt. Und Blandinia, Marcus' Frau, der das Ansehen in der Öffentlichkeit offenbar über alles ging.

Tolle Familie, dachte Kim. Da spürte sie Kijas Schnauze an ihrer Hand.

„Was ist, meine Kleine?", fragte Kim und schaute in die schräg stehenden Augen der Katze. Kija maunzte aufmunternd und lief zur Tür.

„Du willst noch mal raus?"

Die Katze blickte zurück und blinzelte.

„Was? Ich soll mit?"

Kija maunzte erneut. Sie wirkte aufgeregt.

Kim blies die Backen auf. Sie hatte eigentlich überhaupt keine Lust mehr, sich von ihrem Lager zu erheben. Aber es schien, als wolle Kija ihr etwas zeigen. Kim dachte an die Nacht zurück, in der die Katze sie zu dem Drohbrief des roten Rächers geführt hatte. Seufzend stand das Mädchen auf und öffnete die Tür. Sofort flitzte Kija hinaus und lief zielstrebig Richtung Esszimmer. Kim schlich hinter ihr her und war froh, dass sie niemandem begegnete, der ihr unangenehme Fragen stellen konnte.

Das *Triclinium* lag gleich neben der Küche und war vom Gang lediglich durch einen schweren Vorhang getrennt. Undeutlich vernahm Kim die Stimmen von Marcus und Blandinia. Sie klangen erregt. Einmal schrie Marcus sogar auf. Was war da los? Kims Neugier war geweckt. Das Mädchen sah sich um. Der Gang war leer. Gut so! Auf Zehenspitzen schlich Kim näher, bis sie den Stoff des Vorhangs berührte. Durch einen Spalt spähte sie in das Speisezimmer. Marcus und Blandinia lagen noch auf den Speisesofas. In Griffweite standen halb volle Weingläser und Süßweinbrötchen mit Honig und Pfeffer auf silbernen Tabletts. Marcus' Wangen waren gerötet und seine Augen glasig.

„Dieser Titus!", rief Marcus in diesem Moment. „Er missbraucht die Spiele, um seinen eigenen Ruhm zu vergrößern!"

Blandinia nahm mit spitzen Fingern eines der Brötchen. „Was regst du dich auf, Marcus?", fragte sie kühl. „Die Kaiser haben die Spiele immer genutzt, um sich darzustellen und das Volk für sich einzunehmen. Es sind die Spiele der Kaiser."

Ärgerlich schüttelte Marcus den Kopf. „Nein, beim Jupi-

ter!", widersprach er heftig und griff nach seinem Weinglas. Er nahm einen großen Schluck, bevor er weitersprach: „Dieses Amphitheater ist ein Symbol. Ein Symbol des Sieges über Chaos und Gesetzlosigkeit, des Sieges des Guten über das Böse. Versteh doch, Blandinia: Das Amphitheater verkörpert das, was uns Römer so stark macht. Hier zeigen wir unseren Feinden, was mit ihnen geschieht, wenn sie es wagen, Rom anzugreifen und unsere Ordnung zu stören. Aber Titus will durch diese Spiele nur seine persönliche Macht festigen."

„Die Ordnung stören?", wiederholte Blandinia kauend. „So wie es dieser Rächer tut, meinst du das?"

Kim biss sich auf die Lippe. Blandinia verstand es offensichtlich, Salz in die Wunden ihres Mannes zu streuen. Ein Geräusch ließ sie zusammenfahren. Kim fuhr herum, aber es war niemand zu sehen. Vielleicht war es nur eine Maus gewesen. Erleichtert atmete Kim auf und lauschte weiter, während die Katze lautlos um ihre Beine strich.

„Du sagst es, Blandinia!", rief Marcus jetzt aus und sprang auf. „Aber auch er wird den Tod finden. Ich werde diesen Mistkerl jagen und erlegen wie ein … wie ein Stück Wild, bei *Diana*."

Seine Frau winkte ab. „Setz dich wieder hin, Marcus, und verschütte keinen Wein. Die Bezüge der Speisesofas stammen aus *Nemausus*!"

„Ja, ja, schon gut", gab Marcus zurück. Er wirkte wütend und verzweifelt.

„Finde diesen Rächer bald", riet seine Frau. „Und die Spiele werden auch deine Spiele werden – jedenfalls ein bisschen."

Der Ädil lachte höhnisch auf. „Nein, das glaube ich nicht.

Auch wenn wir diesen verfluchten Rächer zur Strecke gebracht haben, wird Titus nicht aufhören, mich zu quälen. Er hasst mich … und ich … ich hasse ihn, beim Mars!"

Blandinia stieß einen spitzen Schrei aus. „Ist dir der Wein zu Kopf gestiegen? Wie kannst du nur so etwas sagen? Wenn der Kaiser das hören würde, ließe er dich von den Bestien zerreißen."

Kim wurde es warm. Marcus hasste den Kaiser? Das war ja mehr als interessant!

„Pah, ich pfeife auf den Kaiser, und ich pfeife auf diese Spiele. Sie haben ihren Sinn längst verloren. Titus hat sie missbraucht. Der Kaiser ist eitel und selbstgefällig."

Blandinia tippte sich an die Stirn. „Wenn dich jemand hört! Du redest dich noch um Kopf und Kragen!"

Der Ädil goss sich Wein nach. „Warten wir es ab", zischte er. „Ich bin mit meiner Meinung nicht allein, glaube mir!"

„Wie meinst du das?" Blandinias Stimme klang jetzt unsicher.

„Im Senat gibt es genügend Männer, die Titus' Regierungsstil ablehnen", verriet Marcus. „Mächtige Männer, hörst du? Männer, die bereit sind, Entscheidungen zu treffen und die nicht mehr lange warten wollen!"

„Deine Worte machen mir große Angst", flüsterte Blandinia.

„Angst? Ja, vielleicht!", rief Marcus. „Aber ich werde es nicht mehr sein, der Angst haben muss, Blandinia." Plötzlich begann er zu lachen. „Titus wird Angst haben! Jawohl, der Kaiser!"

„Hör auf, hör bitte auf, beim Jupiter!", rief Blandinia entsetzt. „Das klingt ja fast so, als würdest du die Anschläge dieses unheimlichen Bogenschützen begrüßen."

Marcus antwortete mit einem höhnischen Lachen.

„Und wer sollen diese mächtigen Männer sein, von denen du gesprochen hast?", wollte Blandinia wissen.

„Du wirst sie morgen kennenlernen, wenn du willst. Ich erwarte sie zur *Cena*."

„Nett, dass ich auch mal erfahre, dass Gäste kommen", erwiderte seine Frau beleidigt. „Ich muss schließlich alles vorbereiten."

„Du? Du meinst wohl, du musst unseren Sklaven sagen, dass sie alles vorbereiten", erwiderte Marcus. „Oder sind es immer noch zu wenige? Dann kaufe ich gleich morgen welche. Im Hafen liegt ein Schiff mit erstklassigen Sklaven aus Nubien."

„Nein, schon gut", meinte Blandinia. „Aber, da du gerade die Sklaven erwähnst … wo stecken diese Faulpelze? Der Weinkrug ist leer! Alles muss man in dieser Villa selbst machen."

Durch den Spalt im Vorhang sah das Mädchen, wie sich Blandinia erhob. Kims Nackenhaare stellten sich auf. In Windeseile floh sie über die kühlen Fliesen mit den aufwendigen Mosaiken. Kija folgte ihr. Hinter einer Säule neben der Treppe versteckten sie sich. Schritte kamen näher. Dann ertönte Blandinias nörgelnde Stimme, die nach den Sklaven rief. Aus der Küche wurden Rufe laut. Entschuldigungen wurden gestammelt. Die Hausherrin verzog sich grummelnd Richtung Triclinium. Als wieder Ruhe herrschte, wagte sich Kim aus ihrem Versteck und kehrte mit der Katze in ihre Kammer zurück.

Atemlos legte sie sich aufs Bett. Nur langsam konnte sie das verarbeiten, was sie gerade von Marcus gehört hatte. Der Ädil hasste den Kaiser – und nicht nur er! Während Kim die Katze streichelte, die angenehm warm auf ihrem Bauch lag, wurde das Bild vor ihren Augen immer klarer. Der Verdacht nahm ihr fast den Atem: Steckte Marcus etwa selbst hinter den Anschlägen? Hatten er und die Senatoren den Rächer beauftragt, die Spiele zu sabotieren, um dem Kaiser zu schaden? Sollten die Drohbriefe an Marcus nur den Verdacht von ihm ablenken?

Was für ein geschicktes Manöver, dachte Kim. Der Gedanke war so ungeheuerlich, dass sie lange keinen Schlaf fand. Und langsam kroch die Angst in ihr hoch: War sie hier im Haus eines hinterhältigen Verschwörers, der über Leichen ging?

Der Gladiator

Am nächsten Morgen hatte Kim Glück. Regina schlief lange, und weder Blandinia noch Marcus hatten Aufträge für sie. So machte sich Kim eine Zeit lang in der Küche nützlich, während Kija im Zimmer blieb und auf der Fensterbank in der Sonne döste. Aber in einem unbeobachteten Moment schlüpfte Kim aus dem Haus und rannte zum Colosseum. Sie fand ihre Freunde an einem Lastenaufzug, der wieder einmal kaputtgegangen war. Die Kinder verdrückten sich in eine dunkle Ecke, wo sie ungestört reden konnten. Aufgeregt erzählte Kim von ihrem neuen Verdacht.

„Das ist ein Hammer!", rief Leon, als das Mädchen geendet hatte.

„Allerdings", stimmte Julian ihm zu. „Da wäre ich auch nie drauf gekommen. Wir sollten ab sofort zweigleisig ermitteln. Du, Kim, behältst Marcus im Auge. Sperr vor allem heute Abend beim Festmahl in Marcus' Villa die Ohren auf. Leon und ich kümmern uns weiterhin um Androtion."

„Habt ihr seine Sandalen schon mit den Spuren am Gitter vergleichen können?", wollte Kim wissen.

„Nein, dazu hatten wir bis jetzt noch keine Gelegenheit. Aber die wird kommen", versprach Leon.

Da dröhnte Androtions Stimme durch den Gang. „He,

wo stecken die beiden kleinen Faulpelze schon wieder, beim Zeus?"

Kim grinste. „Der meint euch, Jungs!"

Leon und Julian seufzten.

Der Grieche tauchte auf. „Was hat das Mädchen hier verloren?", fragte er ungehalten. „Pack mit an oder verschwinde!"

„Dann wähle ich das Zweite", bemerkte Kim spitz.

„Werd nicht frech!", riet Androtion ihr und baute sich drohend vor ihr auf.

Kim flitzte an ihm vorbei zum Ausgang. „Wir sehen uns!", rief sie ihren Freunden zum Abschied zu.

„Los, holt das Futter aus dem Aufzug", ordnete Androtion an.

Wortlos machten sich die Jungen an die Arbeit. Sie trugen riesige Fleischbatzen, die von Fliegen umschwirrt wurden, zu den Käfigen.

„Und denkt dran: Gebt jedem Tier nur wenig!", befahl der Grieche. „Marcus will nicht, dass sie morgen fett und faul in der Arena herumliegen."

„Morgen?"

„Ja", erklärte Androtion. „Heute gibt es keine Seeschlacht. Die Schiffe müssen noch repariert werden." Er lächelte kaum merklich. „Dafür hat ja der Rächer gesorgt ..."

Leon und Julian warfen sich einen vielsagenden Blick zu.

Gegen Mittag sahen Leon und Julian ihre Chance gekommen. Der Grieche hatte allen eine kurze Pause gegönnt. Nun lag Androtion vor einem der Käfige, den Kopf auf ein Bündel

Stroh gebettet, und hatte die Augen geschlossen. Neben ihm lag eine Mistgabel.

„Jetzt!", zischte Leon.

„Was ist, wenn er aufwacht?"

„Dann haben wir ein Problem. Aber wenn wir es jetzt nicht wagen, wann dann?"

Julian nickte stumm und folgte Leon, der vorsichtig auf den Schlafenden zuging und sich bückte.

„Drei Handbreit", murmelte Leon und beugte sich über Androtions rechte Sandale, um sie zu vermessen.

„Was wird das, wenn es fertig ist?", knurrte der Grieche in diesem Moment.

Den Freunden gefror das Blut in den Adern.

Mit einem Ruck richtete sich Androtion auf. Seine Augen funkelten zornig. Er packte Leon an den Schultern und schüttelte ihn: „Was ist hier los?"

„Öh, wir dachten, du schläfst …", stammelte Leon.

„Ich schlafe nur, wenn ich allein bin", antwortete der Grieche hart. „Aber jetzt verlange ich eine Erklärung: Wolltet ihr mich bestehlen? Antwortet!"

„Nein, wir dachten nur … also, das war so", stotterte Leon weiter. „Wir wollten eigentlich …"

„Wir glauben, dass du der rote Rächer bist", sagte Julian plötzlich. Jetzt war es heraus.

„Ich? Wie kommt ihr denn darauf?" Der Grieche lachte kurz auf und ließ Leon los.

Leon rieb seine schmerzenden Schultern, während Julian Androtion alles über ihre Ermittlungen im Amphitheater erzählte. Den Verdacht gegen Marcus verschwieg er jedoch.

„Nein", sagte der Grieche anschließend, „ich bin nicht der rote Rächer. Zwar kann ich Marcus wirklich nicht leiden, aber so weit würde ich nicht gehen."

Leon wurde wieder mutiger. „Dann kannst du uns ja kurz deine Sandale geben."

Androtion starrte den Jungen an. Leon hatte größte Mühe, dem Blick standzuhalten.

„Für diese Frechheit sollte ich dich in den Löwenkäfig werfen", sagte der Grieche eiskalt. Leon wich unwillkürlich einen Schritt zurück. „Aber ich brauche dich noch zum Arbeiten. Ich sage euch noch mal: Ich bin nicht der rote Rächer. Es gibt andere, die viel mehr Grund hätten, sich an Marcus zu rächen. Und jetzt lasst mich in Ruhe!"

Augenblicklich wurden Julian und Leon hellhörig. „Wen meinst du?"

Doch Androtion hatte sich wieder hingelegt.

„Ihr sollt mich in Ruhe lassen", wiederholte er und schloss die Augen. „Und wenn ihr noch einmal an meinen Sandalen rumspielt, dürfen sich die Löwen über eine Zwischenmahlzeit freuen, das schwöre ich euch, beim Zeus!"

„Es gibt keine anderen", versuchte Julian den Griechen zu provozieren.

„Oh doch, Kleiner. Halb Rom hat einen Grund, auf Marcus wütend zu sein – aber vor allem Aurelius."

„Aurelius?"

„Nein, vergesst den Namen", versuchte Androtion abzulenken. „Und wenn ihr jetzt nicht endlich die Klappe haltet, werde ich wirklich ungemütlich!" Mit der Hand tastete er nach der Mistgabel neben sich.

Julian und Leon traten den Rückzug an.

„Er ist der rote Rächer!", sagte Leon, als sie allein waren. „Sonst hätte er doch zugelassen, dass wir seine Sandale vermessen."

„Ja, das macht ihn verdächtig", meinte auch Julian. Plötzlich schnippte er mit den Fingern. „Ich weiß, wie wir herausfinden können, ob Androtion der Rächer ist!"

„Was hast du vor?"

„Warte ab!", rief Julian und zog Leon Richtung Treppe. Sie stürmten die Stufen hinauf und erreichten das Erdgeschoss des Colosseums. Dort trafen sie einen alten, bärtigen Arbeiter in einer schmutzigen Tunika, der zwei Eimer Wasser schleppte.

„Ave!", grüßte Julian. „Kannst du uns helfen?"

„Kommt drauf an", meinte der Alte und setzte die Last ab.

„Wir suchen jemanden, der schreiben kann."

Der Alte schüttelte den Kopf. „Oh, das kann ich nicht."

„Dann kennst du bestimmt jemanden, der es kann. Kann Androtion vielleicht schreiben?", setzte Julian nach.

„Androtion?" Der Alte lachte höhnisch. „Der kann es ganz sicher auch nicht. Niemand, der hier im Colosseum arbeitet, kann es. Da müsst ihr schon zu einem dieser feinen Patrizier gehen." Er spuckte aus.

„Was? Androtion kann wirklich nicht schreiben?", fragte Julian mit gespielter Überraschung. „Ich dachte immer, alle Griechen wären so gebildet."

„Ach was", winkte der Alte ab. „Die tun nur immer so. Hier sind alle gleich, beim Mars! Wir können alle ordentlich anpacken, aber schreiben? Nö! Das nützt hier keinem was." Wieder spuckte der Alte aus.

Julian nickte Leon zu und der verstand gleich, was sein Freund meinte: Wenn Androtion nicht schreiben konnte, konnte er auf keinen Fall die Drohbriefe an Marcus verfasst haben!

„Nein, schreiben kann keiner, der im Colosseum arbeitet. Das würde ich wissen. Schließlich bin ich schon viele, viele Jahre hier", bekräftigte der Alte.

Das brachte Julian auf eine neue Idee. „Dann hast du bestimmt schon mal den Namen Aurelius gehört, oder?"

Der Alte kratzte seinen struppigen Bart. „Aurelius ... Aurelius ...", murmelte er vor sich hin. „Ja, da war mal einer, der so hieß, glaube ich. Ein Gladiator ..."

„Erinnere dich!", feuerte Julian ihn an. „Was weißt du über ihn?"

„Ja ... doch ... ich sehe ihn wieder vor mir: Ein großer Kerl mit breiten Schultern." Plötzlich legte sich ein Schatten auf das Gesicht des Alten. „Warum willst du das eigentlich wissen?"

„Äh, wir wollen Gladiatoren werden", sagte Julian. Leon sah ihn verblüfft an. „Ja, und Aurelius soll besonders gut sein", fuhr Julian fort.

Der Alte nahm seine Eimer wieder hoch. „Das stimmt. Wenn ich mich recht entsinne, war er einer der besten. Und ihr wollt wirklich Gladiatoren werden? Ihr seid ja verrückt! Beim Jupiter! Da seid ihr so gut wie tot."

„Wo finden wir Aurelius?"

Der Alte sah über die Köpfe der Kinder hinweg in die Ferne und wirkte mit einem Mal traurig. „Ich weiß nicht genau, aber wahrscheinlich liegt er auf dem Friedhof. Gladiatoren werden meist nicht besonders alt. Vielleicht hat er auch überlebt. Soll ab und zu vorkommen. Möglicherweise ist er Ausbilder geworden in einer der Gladiatorenkasernen in der Via Labicana. Dort werden Kämpfer für die Arena ausgebildet. ‚Frischfleisch‘ für die Spiele sozusagen."

Damit zog der Alte weiter.

„Androtion ist nicht der Rächer", sagte Julian, als sie wieder unter sich waren. „Das ist so gut wie sicher."

„Sieht so aus. Die Fangfrage mit dem Schreiben war eine gute Idee von dir", lobte Leon. „Aber jetzt haben wir einen neuen Verdächtigen: Aurelius."

„Du sagst es. Falls er noch lebt, sollten wir ihn mal unter die Lupe nehmen."

„Also werden wir uns in den Kasernen umhören", schlug Leon vor. „Vielleicht kennt man Aurelius dort."

Der Augur

„Wie sehe ich aus?", fragte Regina.

„Blendend", erwiderte Kim, die den Spiegel so hielt, dass Regina ihre Haarpracht von hinten sehen konnte. Eine Stunde lang hatte Kim ihrer Herrin die Haare geflochten und sie mit Schmucknadeln und Blumen verziert. Besonders hübsch wirkten die zarten Löckchen, die in Reginas Stirn fielen.

„Na ja, ich weiß nicht so recht, etwas brav vielleicht, schrecklich langweilig", urteilte Regina mit verkniffenem Mund. Ihre Lippen waren dezent geschminkt. „Wie eine liebe Pupa!"

„Du siehst wirklich gut aus!", betonte Kim noch einmal.

Regina fuhr herum und sah Kim aufgebracht an. „Wer sagt denn, dass ich gut aussehen will?"

Kim hob die Schultern. Sie sah zu Kija hinunter, die die Szene mit großen Augen verfolgte.

„Mein Vater will, dass ich heute besonders hübsch aussehe", sagte Regina düster. „Ich soll auf seine Gäste Eindruck machen, beim Jupiter. Ich bin doch auch nur Dekoration in diesem reichen, traurigen Haus. Und jetzt geh in die Küche und mach dich dort nützlich!"

Dort herrschte große Hektik. Die letzten Vorbereitungen für das große Mahl wurden getroffen. Blandinia führte ein hartes Regiment und schaute dem Koch immer wieder auf die

Finger. Stumm half Kim mit, während sich Kija über ein paar Fischreste im Abfall hermachte. Der fette Kater Brutus versuchte Kija mit einem bedrohlichen Fauchen zu vertreiben. Doch er konnte Kija damit nicht beeindrucken.

Kurz darauf hörte Kim, wie ein Sklave die ersten Gäste ankündigte, indem er ihre Namen laut ausrief. Der Koch klatschte in die Hände. Das war das Zeichen, dass die Diener den ersten Gang auftragen durften. Mit einem Tablett beladen betrat Kim das Triclinium. Neben der Tür stand Regina wie ein hübscher, aber weitgehend unbeachteter Einrichtungsgegenstand. Von Blandinia war überhaupt nichts zu sehen. Offenbar hatte sich ihre Beteiligung an diesem Fest in den Vorbereitungen erschöpft.

Mehrere Männer, darunter auch der Hausherr Marcus, lagen auf den Speisesofas. Sie hatten ihre Köpfe mit Kränzen geschmückt.

Kim reichte Gläser mit Wein und Honig herum. Dann stand Marcus auf und brachte einen Trinkspruch aus. Kim huschte in die Küche zurück und trug Schalen mit eingelegten Austern herein. Dabei beobachtete sie heimlich Marcus' Gäste. Es waren augenscheinlich reiche Römer, die eine wichtige gesellschaftliche Stellung innehatten. Kim sperrte die Ohren auf, aber Marcus und seine Gäste sprachen nur über belanglose Themen wie Theateraufführungen und Steuerpolitik.

Das Essen zog sich hin und artete immer mehr in ein Gelage aus. Kim war überrascht, mit welcher Geschwindigkeit die Patrizier den süßen, schweren Wein tranken. Regina hatte sich längst zurückziehen dürfen, doch Kim flitzte unentwegt zwischen Küche und Triclinium hin und her. Als zweiter

Gang wurden gefüllte Haselmäuse und – als besondere Attraktion – gebratener Strauß serviert.

Nur einmal legten die Männer während dieser Völlerei eine kurze Pause ein: Sie gingen ins Atrium und brachten den Laren ein Opfer dar. Das Ganze dauerte nicht länger als zwei Minuten, dann wurde weitergefeiert. Nachdem die Diener feinste Eierkuchen mit Nüssen als Nachtisch gereicht hatten, traten Musiker und leicht bekleidete Tänzerinnen auf. Die Stimmung unter den Männern wurde noch ausgelassener.

Kim war dazu übergegangen, ganze Krüge mit Wein hereinzubringen, dann brauchte sie nicht wegen eines einzelnen Glases zu rennen. Inzwischen ging es auf Mitternacht zu. Kim fürchtete, dass die fröhliche Runde heute wohl nichts Wichtiges mehr besprechen würde.

Mein Verdacht war anscheinend ganz unbegründet. Die Männer scheinen völlig harmlos zu sein, dachte das Mädchen müde. Hoffentlich haben Leon und Julian mehr Erfolg als ich.

Am liebsten wäre Kim gleich ins Bett gegangen, aber ihr Dienst war noch nicht beendet. Das Mädchen hielt sich in Rufweite des Speisezimmers auf und spielte eine Zeit lang mit Kija. Die Feier wollte kein Ende nehmen. Kim hockte sich an die Wand, ließ den Kopf auf die angezogenen Knie sinken und döste ein.

Eine Viertelstunde mochte vergangen sein, als Kim von Kija geweckt wurde. Kim schreckte hoch und wusste für einen kurzen Moment nicht, wo sie sich befand. Dann aber hörte sie wieder den Gesang der Musiker und das Gegröle der Feiernden aus dem Triclinium.

„Wein, mehr Wein! Beim *Bacchus*!", brüllte Marcus.

Dienstbeflissen sauste Kim in die Küche und füllte einen Krug mit frischem Wein. Als sie zurückkehrte, stellte sie fest, dass die Männer in den Garten umgezogen waren. Offenbar war die Luft im Triclinium zu heiß und stickig geworden. In Marcus' Garten, der von einem *Peristyl*, einem überdachten Säulengang, umgeben wurde, plätscherten mehrere Wasserspeier und trugen zur Kühlung bei.

Kim füllte die Gläser nach. Dabei fiel ihr ein alter Mann auf, der sich ein wenig abseits hielt und die anderen kritisch und von oben herab musterte. Dieser Mann hatte vorher am Mahl nicht teilgenommen. Er musste später gekommen sein. Er war auffallend groß und schlank. Seine Gesichtszüge waren kantig und hart. Er hatte buschige Augenbrauen und der Mund war nur ein Strich. Als er Kim mit seinen dunklen Augen ansah, schienen sie sie wie ein scharfes Schwert zu durchdringen. Rasch sah Kim zur Seite, aber sie spürte den Blick des Mannes weiter auf sich ruhen. Kim fühlte sich ertappt und beeilte sich, wieder in die Küche zu kommen. Doch damit war Kija nicht einverstanden. Sie zupfte so lange an Kims Tunika, bis das Mädchen ihr widerstrebend zurück in den Garten folgte.

Überrascht stellte Kim fest, dass es dort nun mucksmäuschenstill geworden war. Marcus und seine Gäste standen um den großen Mann herum und schienen auf etwas zu warten. Kim duckte sich rasch hinter eine Bronzestatue.

„Nun, Gaius, willst du für uns in die Zukunft sehen?", fragte Marcus. Seine Stimme verriet Ungeduld.

Ein *Augur*!, dachte Kim und ihre Müdigkeit war wie weggeblasen.

„Ich will es versuchen", gab der Große ruhig zurück. „Lasst mir die Leber eines Schafes bringen."

Kurz darauf eilte ein Sklave mit dem Gewünschten heran. Er lief direkt an der Statue vorbei, hinter der sich Kim verbarg, bemerkte aber weder das Mädchen noch die Katze.

Der Augur legte die Leber auf einen kleinen Altar im Peristyl. Die anderen Männer umringten ihn in ehrfurchtsvollem Abstand.

„Na, Gaius, wie steht es um die Zukunft unseres Kaisers?"

„Sei still, ich muss mich konzentrieren." Der Augur beugte sich dicht über die Leber und begann, vor sich hin zu murmeln. Kim verstand leider kein Wort. Dann hob der Augur die Arme zum Himmel und stieß einen heiseren Schrei aus. Erschreckt fuhren die Zuschauer zurück.

„Was ist, Gaius?"

„Der Kaiser, der Kaiser", stammelte der Augur. „Unser Kaiser ist in Gefahr!"

„Ach, tatsächlich?", fragte Marcus aufgeregt. „Was siehst du noch?"

Der Augur schüttelte den Kopf. „Nichts Gutes, meine Freunde, nichts Gutes, beim Jupiter. Ich sehe schwarze Wolken über ihm. Ich sehe Zerstörung und Aufruhr …"

„Aufruhr? Erzähl uns mehr darüber!", bat Marcus. Seine Gäste nickten begeistert.

Der Augur vergrub sein Gesicht in den Händen. „Es tut weh, was ich sehe! Ich sehe Blut und Tränen, Aufstand und Mord!"

„Aber warum? Was passiert?"

„Ein Mann kommt, der Hass in seiner Brust trägt. Dieser rote Rächer!"

„Der Mann, der die Spiele verhindern will, der hat doch schon ein paarmal zugeschlagen. Das ist nichts Neues, sprich weiter."

Erneut schüttelte der Augur den Kopf. „Nein, die Bilder schwinden. Es ist vorbei." Mit diesen Worten bahnte er sich einen Weg durch die Zuschauer und verschwand in der Villa.

„Da habt ihr's!", sagte Marcus und ballte die Fäuste. „Auch der Augur sieht Titus' Ende nahen. Und Gaius ist der beste Augur weit und breit! Er irrt sich nie!"

„Wenn der Rächer nicht bald gefangen und getötet wird, wird Titus zum Gespött in ganz Rom", meinte einer der Gäste. „Die Anschläge des Rächers machen ihn allmählich lächerlich."

„Ja!", rief Marcus begeistert. „Böse Gerüchte machen die Runde. Sie verbreiten sich wie ein langsam wirkendes Gift. Das Volk sagt, dass der Kaiser die Stadt nicht mehr im Griff habe. Ist das nicht wunderbar?"

Kim traute ihren Ohren nicht. Marcus freute sich über die Taten des Rächers und sprach in großer Runde darüber! Wenn der Kaiser das erfahren würde, wäre dies Marcus' Todesurteil.

„So ist es", stimmte ein anderer Gast Marcus zu. „Als ich heute Mittag in den *Thermen* war, wurde offen über Titus gelacht. Das ist eigentlich undenkbar."

„Nein, jetzt nicht mehr", frohlockte Marcus. „Denn die Zeiten haben sich geändert, meine Freunde. Aber ich glaube nicht, dass einer von euch das bedauert, beim Mars!"

Zustimmendes Nicken und leises Lachen.

Marcus' Augen blitzten. „Die Zeiten haben sich wirklich geändert. Titus' Zeit ist abgelaufen!"

Angst

„Könnt ihr euch das vorstellen? Eine Gruppe von einflussreichen Männern, die das Ende von Titus' Herrschaft herbei-
sehnt! Die haben sich richtig über die Anschläge des Rächers
gefreut!", berichtete Kim ihren Freunden am nächsten Abend.

Die heutigen Spiele waren ohne Zwischenfälle verlaufen.
Vor einer Stunde waren der Ädil, Blandinia und Regina einer
Einladung in das Haus eines Senators gefolgt. Und so war Kim
zum Colosseum geflitzt. Jetzt war sie mit Julian, Leon und
Kija unterwegs zur Via Labicana, wo die Gladiatorenkasernen
lagen.

„Das klingt wirklich spannend", meinte Julian, „aber es ist
noch kein Beweis dafür, dass Marcus und seine Freunde hinter den Anschlägen stecken. Deine Aussage würde gegen die
Aussagen dieser mächtigen Männer stehen. Du kannst dir
selbst ausmalen, was mit dir geschehen würde …"

„Schon klar, Raubtier-Futter", seufzte Kim.

Nun mischte sich auch Leon ein. „Mir fehlt außerdem das
Motiv. Gut, Marcus fühlt sich von Titus drangsaliert. Er scheint
ihn zu hassen. Das ist ein Motiv. Aber die anderen? Was haben
sie für einen Grund, Titus vom Thron zu stoßen? Ich glaube,
wir sollten uns lieber auf diesen Gladiatoren Aurelius konzentrieren."

„Für mich bleiben Marcus und seine Gäste höchst verdächtig", beharrte Kim. „Wir dürfen uns nicht nur auf eine Spur beschränken."

„Das werden wir auch nicht, sondern weiter zweigleisig fahren", antwortete Julian. An einer Kreuzung blieb er stehen. „Hat jemand eine Idee, in welche Richtung wir gehen müssen?"

„Nö, aber ich habe ja einen Mund, um zu fragen", erwiderte Kim und sah sich um. Doch es lief ihnen gerade niemand über den Weg. Da maunzte Kija laut. Ihre Ohren waren aufgestellt und nach vorne gedreht.

Kim beugte sich zu Kija hinunter. „Und? Hast du eine Ahnung, du rätselhafte, ägyptische Katze, wie wir uns in diesem unübersichtlichen Rom zurechtfinden könnten?"

Wieder maunzte Kija. Es klang fast wie ein Lachen. Dann glitt ihr eleganter Körper nach links und verschwand in einer schummrigen Straße. Die Freunde hatten Mühe, der Katze zu folgen.

„Aus Kija werde ich nicht schlau", murmelte Kim und grinste in sich hinein.

An der nächsten Kreuzung hielt Kija an. Vor den Gefährten erstreckte sich eine lang gezogene Mauer mit einem Eisengitter als Tor, das wie ein Spinnennetz zwischen zwei Türmen klebte.

„Ich höre Schwerterklirren!", rief Julian. „Das wird die Kaserne sein. Danke, Kija!"

Die Freunde liefen zum Gitter und spähten hindurch. Sie erblickten eine große Sandfläche, die sie an den Kampfplatz im Colosseum erinnerte. Mehrere Rekruten schlugen mit unterschiedlichen Waffen auf einen *Palus*, eine dick gepolsterte Holzpuppe, ein. Immer wieder wurden die jungen Kämpfer von einem bulligen Mann angebrüllt. Dem Ausbilder fehlte die linke Hand.

„Sie trainieren sogar am Abend", sagte Leon. „Das ist wirklich ein harter Job."

„Kein Wunder", erwiderte Kim. „Nach dem morgigen Ruhetag stehen am Freitag die besten und härtesten Gladiatorenkämpfe in der Arena an. Sagt jedenfalls Marcus. Es soll ein Höhepunkt der ganzen Feierlichkeiten werden."

„Und morgen finden wirklich keine Spiele statt?", wollte Julian wissen.

„So ist es. Morgen ist Ruhetag. Hat euch Androtion das nicht gesagt?"

„Nein, aber der erzählt nie besonders viel", meinte Julian. „Hoffentlich haben wir dann auch frei."

Leon schüttelte den Kopf. „Glaube ich nicht. Die Käfige müssen jeden Tag ausgemistet werden. Aber jetzt sagt mir mal lieber, wie wir vorgehen sollen. Wir können schlecht in die Kaserne reinmarschieren und mal eben nach Aurelius fragen."

„Man wird uns erst gar nicht einlassen", vermutete Kim. „Aber da drüben ist eine Schenke. Hören wir uns doch dort mal um."

„Da fliegen wir vermutlich hochkant wieder raus", vermutete Julian.

„Kommt auf einen Versuch an. Los, Jungs", meinte Kim. Zögernd folgten Julian und Leon ihr.

Die Schenke mit dem Namen *Bei Flavius* hatte eine offene

Front zur Straße. Offenbar wurden die Schätze der Küche zum Mitnehmen auch vor dem Haus verkauft. Die Freunde betraten den düsteren Schankraum, in dem es noch wärmer war als draußen. Die Hitze rührte von einer offenen Kochstelle her. Ein paar grobe Tische und Stühle standen herum. Kein Gast saß dort. Fliegen führten einen scheinbar schwerelosen Tanz über einigen vergessenen Brotkrumen auf.

„Ave", sagte eine kehlige Stimme. Die Kinder fuhren herum. In einer dunklen Ecke stand Flavius hinter einer Art Tresen. „Was wollt ihr Gemüse hier?"

„Etwas zu trinken", antwortete Kim selbstbewusst.

„Ihr wollt Wein für euren Vater? Da kann ich eine *Amphore* mit gutem Sabinerwein empfehlen." Der Wirt griff in ein Regal.

„Nein, nein", sagte Kim, während sie sich setzte. „Wir wollen viermal Ziegenmilch."

Flavius beugte sich über den Tresen und beäugte seine Gäste genauer. Er war unrasiert. Über seine schweißglänzende Wange verlief eine gezackte Narbe. „Viermal?"

Kim deutete auf die Katze. „Ja, viermal."

Nun kratzte sich der Wirt hinter dem linken Ohr.

„Ziegenmilch", brummte er vor sich hin und zuckte mit den Schultern. „Warum nicht? Besser als gar keine Kundschaft." Er schlurfte in einen angrenzenden Raum und kam kurz darauf mit einem Krug, einer Schale und drei Bechern zurück. Bevor Flavius die Gefäße vor seinen Gästen abstellte, fragte er misstrauisch: „Habt ihr überhaupt Geld?"

Julian legte ein paar Münzen auf den Tisch. Der Wirt nickte und bediente Kinder und Katze. Dann ließ er das Geld in seiner Schürze verschwinden.

„Kinder kommen sonst nie hierher", sagte Flavius. „Eigentlich kommt sowieso kaum noch jemand. Meine wenigen Kunden sind Gladiatoren, und die werden nicht alt. Kann gut sein, dass ich den Laden bald zusperre. Vielleicht mache ich eine Schenke im Hafen von *Ostia* auf. Dort laufen die Geschäfte bestimmt besser."

„Hhm, lecker!", lobte Kim die Milch. Sie registrierte, dass sich Flavius über das Kompliment für die Milch freute. Er schien ein einsamer Mann zu sein.

„Gladiatoren, das klingt ja richtig aufregend", sagte das Mädchen jetzt.

Flavius lachte. „Aufregend? Aus welcher Welt kommst du, beim Mars? Das Leben eines Gladiators mag aufregend sein, aber es ist vor allem eins, mein Kind: verdammt kurz."

Kim tat so, als würde sie staunen. „Aber es gibt doch auch Gladiatoren, die erfolgreich sind und nicht früh sterben. Sagt mein Bruder jedenfalls immer. Männer wie Aurelius zum Beispiel."

Der Wirt machte einen Schritt zurück. „Aurelius? Woher kennst du diesen Namen?"

„Hab ich bei meinem Bruder aufgeschnappt", erwiderte Kim. „Aurelius war doch ein besonders guter Gladiator, oder?"

Flavius sah sich hektisch um, als wären noch andere Gäste im Raum, die mithören könnten. Trotzdem senkte er die Stimme. „Ja, er war gut, aber …" Der Mann verstummte.

Kim blickte in das Gesicht mit der hässlichen Narbe und erkannte, dass der Wirt auf der Hut war. Sie spürte, dass sie vorsichtig sein musste, wenn sie vermeiden wollte, dass Flavius das Gespräch beendete und sie kurzerhand hinauswarf. Ganz offenbar kannte Flavius den Gladiator, aber irgendetwas schien ihn zu beunruhigen. Nur was?

Kim trank noch einen Schluck Milch, um Zeit zu gewinnen. Leon und Julian sahen sie erwartungsvoll an. Nur Kija blieb völlig gelassen und schleckte in aller Ruhe die Ziegenmilch auf.

„Hat Aurelius auch hier in der Via Labicana trainiert?", fragte Kim schließlich.

Flavius wandte sich ab und ging zum Tresen zurück. Dort begann er, die Holzplatte mit einem fleckigen Tuch abzuwischen. Einige Fliegen ergriffen die Flucht. Kim fürchtete schon, dass Flavius nichts mehr sagen wollte. Hatte sie sich zu weit vorgewagt?

Dann sagte Flavius: „Ja, auch er war hier. Wie alle anderen auch. Sie kommen in die Via Labicana, um ausgebildet zu werden – für den sicheren Tod in der Arena."

„Nicht alle sterben dort, oder?"

Mit einer blitzschnellen Bewegung erlegte Flavius eine der Fliegen. Er hob sie vom Tisch auf und hielt sie gegen das schwächer werdende Licht, das von der Straße hereinfiel.

„Ihr Ruhm ist nur von kurzer Dauer, wenn überhaupt. Irgendwann sterben sie alle", sagte er müde.

Kim gab sich einen Ruck. Sie würde jetzt aufs Ganze gehen. „War Aurelius oft hier?"

„Warum willst du das wissen?", wich Flavius aus. „Warum interessierst du dich ausgerechnet für diesen Mann?"

„Weil mein Bruder auch Gladiator werden will", erzählte Kim. „Und immer redet er von Aurelius. Wie großartig er sei und wie erfolgreich. Aber ich will meinem Bruder diese Hirngespinste ausreden."

Flavius knabberte auf seiner Unterlippe herum. Er schien Kims Geschichte zu glauben. „Ja, Aurelius war öfter hier. Ein netter Kerl. Still, in sich gekehrt. Hat nie viel geredet. Ein trauriger, junger Mann und ein begnadeter Kämpfer. Die meisten hatten Angst vor ihm. Er war anders als die anderen. Er war kein gewöhnlicher Gladiator."

Kims Herz schlug höher. „Wie meinst du das?"

Flavius schüttelte den Kopf. Wieder begann er, hektisch auf der Tischplatte herumzuwischen. Dann warf er einen Blick zur Tür.

„Die meisten Gladiatoren werden zum Kämpfen verurteilt, weil sie ein Verbrechen begangen haben", erklärte er dann. „Andere sind Sklaven, die zum Kampf gezwungen werden. Sie alle wissen, dass sie dem Tode geweiht sind und finden sich damit ab. Entsprechend unmotiviert gehen sie zur Sache. Eine Ausnahme bilden natürlich die wenigen Freiwilligen, die hoffen, berühmt zu werden." Flavius machte eine kurze Pause, bevor er fortfuhr: „Doch Aurelius war anders. Er wollte leben, kein Gladiator sein."

„Also war er kein Freiwilliger", stellte Kim fest.

„Aurelius? Niemals, beim Jupiter!"

„Wurde er dazu verurteilt, in der Arena zu kämpfen? War er ein Verbrecher?"

Flavius' Unterlippe begann zu zittern. „Nein, ein Verbrecher war er nicht … das habe ich nie glauben können. Und jetzt hör auf mit der Fragerei!"

„Nur noch eine Frage: Lebt Aurelius noch?"

Der Wirt blickte auf seinen blank gewischten Tresen. „Nein, auch er ist tot. Er war ein guter Gladiator, aber nicht gut genug. Und jetzt hör endlich auf zu fragen, wenn du am Leben bleiben willst. Nimm deine Freunde mit und geh!" Er schaute Kim direkt an. In seinen Augen war nicht nur Vorsicht oder leise Furcht zu sehen – es war Panik!

Auf dem Friedhof

„Vor was hatte Flavius solche Angst?", rätselte Julian, als er mit seinen Gefährten zum Colosseum zurückging. Die Dämmerung war inzwischen über Rom hereingebrochen. Die ersten Fackeln erhellten düstere Plätze und Straßen, spendeten Licht und damit Sicherheit.

Leon zupfte an seinem Ohrläppchen. „Er scheint etwas zu wissen, was geheim ist … oder sehr gefährlich. Mit Aurelius hat etwas nicht gestimmt. Er war offenbar kein normaler Gladiator. Wir müssen jemanden finden, der noch mehr über ihn weiß."

„Meinst du wirklich, das bringt uns weiter?", fragte Kim. „Schließlich ist Aurelius tot. Lasst uns lieber die feinen Herren um Marcus im Auge behalten, wenn wir den Rächer finden wollen."

„Natürlich", sagte Julian schnell. „Aber die Sache mit Aurelius lässt mir keine Ruhe."

„Mir auch nicht", stimmte Leon ihm zu. „He, Kija! Hier geht es lang!"

Die Katze hatte die Kinder stehen lassen und strebte auf eine Gasse zu, die genau in der entgegengesetzten Richtung lag.

„Kija!", rief Leon noch einmal, als die Katze nicht reagierte.

„Lass sie ruhig", meinte Kim. „Du weißt doch, dass Kija ihren eigenen Kopf hat. Meistens hat sie ja ein gutes Gespür und vielleicht kann sie uns wieder weiterhelfen. Schließlich stecken wir in einer Sackgasse, oder?"

„Du willst ihr folgen?"

„Klar", entgegnete das Mädchen.

Leon und Julian wirkten unentschlossen. Die Katze war in einer absolut finsteren Gasse verschwunden und nicht mehr zu sehen.

Rom war bei Dunkelheit kein besonders sicheres Pflaster, sah man einmal vom Forum Romanum ab. Aber hier waren sie ein gutes Stück vom prächtigen Tempelbezirk entfernt.

„Wo bleibt ihr?", rief Kim, die Kija bereits hinterherlief. Seufzend setzten sich Julian und Leon in Bewegung.

Auf den Straßen war kein Mensch mehr zu sehen, aber aus den Häusern drang vereinzelt das Lachen von Kindern oder das Gezänk eines Ehepaares. Kija flitzte unbeirrt weiter, als habe sie ein klares Ziel vor Augen.

Julian gefiel die Sache überhaupt nicht. Er wäre am liebsten auf dem schnellsten Weg in die schützenden Mauern des Colosseums zurückgekehrt. Aber nein, jetzt musste er in finsterer Nacht mit seinen Freunden durch diese ärmliche Gegend rennen. Plötzlich vernahm er hinter sich ein Geräusch und drehte sich um. Gerade noch sah er im schwachen Mondlicht, wie sich ein Schatten hinter einer Hausecke verbarg. Julian wurde ganz heiß. Wurden sie verfolgt? Er hielt die anderen an und berichtete von seiner Befürchtung.

„Ach was", antwortete Kim, nachdem sie sich umgeschaut

hatte. „Da ist doch niemand. Du siehst Gespenster, Julian. Kommt, weiter!"

Schon waren sie wieder unterwegs und erreichten die *Porta Esquilina*, eines der Stadttore Roms. Die Wachen zeigten kein übermäßiges Interesse an den nächtlichen Streunern und ließen sie, ohne Fragen zu stellen, passieren.

„Was, um Himmels willen, sollen wir hier draußen vor der Stadt?", fragte Julian, als sie auf der Landstraße standen, die römische Hauptstadt im Rücken und die weiten Felder vor sich.

Kija maunzte energisch und lief auf eine Mauer zu.

„Lasst uns umdrehen", sagte Julian. Auch Kim wollte jetzt nicht mehr weitergehen.

„Aber es war doch deine Idee, Kija zu folgen", wunderte sich Leon.

„Na ja, ich konnte ja nicht ahnen, dass sie uns aus der Stadt hinausführt. Außerdem bekomme ich bestimmt mächtig Ärger mit Regina, wenn ich nicht bald zurück bin."

„Aber jetzt sind wir schon mal hier", meinte Leon. „Ich will wissen, was sich hinter der Mauer verbirgt. Wartet hier." Mit diesen Worten ging er los.

Wenige Minuten später ließ er einen Pfiff ertönen. Widerstrebend folgten Julian und Kim ihm.

„Ein Friedhof", begrüßte Leon sie atemlos. Er stand in einem Torbogen. Ein Kiesweg führte auf eine Reihe von Gräbern unterschiedlicher Größe zu.

„Jetzt reicht's!", rief Julian. „Da kriegen mich keine zehn Pferde rein! Wo ist Kija überhaupt?"

„Sei still!", bat Leon. „Es ist bestimmt kein Zufall, dass Kija uns hierhergeführt hat. Versteh doch: Wenn Aurelius tot ist, ist er vielleicht hier begraben worden!"

„Na und?"

„Sieh dir diese Gräber an", forderte Leon. „Die Inschriften auf den Grabsteinen enthalten zum Teil jede Menge Informationen über den Verstorbenen. Zum Beispiel, welchen Beruf er hatte. Vielleicht ist das auch beim Grab von Aurelius der Fall!"

„Ja, falls er hier wirklich beerdigt wurde", erwiderte Julian lahm.

„Genau das müssen wir jetzt feststellen", rief Kim, die nun wieder bei der Sache war. Sie ärgerte sich ein wenig, dass sie gerade fast einen Rückzieher gemacht hätte. „Lasst uns suchen!"

„Gut", stimmte Leon zu. „Am besten teilen wir uns auf. Ich gehe nach links, Kim nach rechts und Julian geradeaus, okay?"

Die anderen waren einverstanden, wenngleich Julian anzusehen war, dass ihn die nächtliche Spurensuche auf dem Friedhof wenig begeisterte.

Leon marschierte los und kam an *Columbarien* vorbei, an Mauern, in denen die Urnen ärmerer Bürger standen. Er ging weiter und gelangte zu einem großen Grabstein. Mühsam konnte Leon im Dunkeln die Inschrift entziffern. Demnach war der Tote ein erfolgreicher Fischhändler gewesen. Ein Geräusch ließ Leon aufhorchen. Schritte auf Kies. Er schoss herum. Keine Spur von Kim oder Julian. Aber Leon war sich sicher: Er hatte Schritte gehört! Hatte Julian vorhin doch Recht gehabt, wurden sie verfolgt? Leon huschte hinter einen

Grabstein und behielt den Weg im Auge. Da! Eine Gestalt löste sich hinter einem Baum, machte ein paar Schritte in Leons Richtung, wurde eins mit der Nacht, war wieder verschwunden. Leons Herz hämmerte wie wild.

Sie hätten sich auf keinen Fall trennen dürfen! Nicht nachts auf einem Friedhof! Einzeln waren sie perfekte Zielscheiben. Es war auch noch seine verrückte Idee gewesen! Leon verließ sein Versteck und rannte los. Egal, ob der Verfolger ihn sah. Egal, ob er ihn hörte. Leon musste zu seinen Freunden, so schnell es ging.

Der Junge hetzte keuchend über den Friedhof. Gerade als er die zierliche Silhouette von Julian ausmachte, schoss etwas von der Seite auf ihn zu. Leon schrie auf, erkannte aber, dass es Kija war, die ihn aufgeregt anfauchte.

„He, was ist denn mit dir los?", fragte Leon. Rasch beugte er sich zur Katze hinab und wollte sie auf den Arm nehmen. Doch Kija wich aus und sprang auf einen Grabstein. Leon begann zu schwitzen. Er hatte wirklich keine Zeit zum Fangenspielen. Da bemerkte er, dass Julian auf ihn zurannte. Auch Kim tauchte aus der Dunkelheit auf. Leon atmete tief durch und ging zur Katze, die auf dem Grabstein hockte. Der Junge sah genauer hin. Sein Herzschlag setzte aus: Kija hatte das Grab von Aurelius entdeckt!

„Schaut her!", rief Leon seinen Freunden zu. „Aber beeilt euch, wir werden verfolgt!"

Die Freunde warfen einen hastigen Blick auf die Grabinschrift.

„Ich fasse es nicht", meinte Kim. „Aurelius war nicht nur Gladiator, sondern auch ein hoher Beamter!"

„Na und?", fragte Julian etwas ungeduldig, während er ängstliche Blicke in die Dunkelheit schickte. „Lasst uns endlich abhauen. Ich will dem Kerl, der uns verfolgt, nicht in die Hände fallen."

„Ja, lasst uns verduften", meinte auch Leon. „Aber wir müssen herausfinden, wieso ein hoher Beamter Gladiator wurde."

„Alles zu seiner Zeit", flehte Julian. „Nur weg hier!" Er drehte sich um und wollte zum Ausgang des Friedhofs laufen. Doch er kam keinen Schritt weiter. Vor ihm hatte sich ein Mann aufgebaut, der die Kapuze seines Mantels tief ins Gesicht gezogen hatte.

Jetzt ist alles vorbei, dachte Julian voller Panik. Das ist der rote Rächer! Wir sind ihm zu dicht auf den Fersen. Gleich sind wir tot.

Der Mann stand einfach da, sagte kein Wort und rührte sich nicht.

„Wir … wir haben Besuch bekommen", stammelte Julian. Seine Stimme klang schrill. Nun drehten sich auch Kim und Leon um. Unwillkürlich rückten die Freunde dichter zusammen.

„Bleibt ruhig", befahl der Mann und zog die Kapuze zurück.

„Flavius!", entfuhr es Julian, der erleichtert war, dass er den Wirt vor sich hatte. „Warum bist du uns gefolgt?"

„Ich wollte wissen, wer ihr seid und was ihr im Schilde führt", antwortete Flavius. „Die Geschichte mit dem Bruder habe ich von Anfang an nicht geglaubt, Kleine." Er schlug den Mantel zurück und gab den Blick auf ein Schwert frei.

Die drei Freunde wichen einen Schritt zurück. Kija ließ

sich nicht einschüchtern. Ihr Schwanz peitschte aggressiv von einer zur anderen Seite.

„Drei Kinder, die so harmlos tun und viele Fragen stellen. Wer hat euch geschickt?", wollte Flavius wissen. Seine Hand schloss sich um den Griff des Schwertes. Betont langsam zog Flavius die Waffe aus der Scheide.

„Niemand!", antworteten die Freunde schnell.

Und dann erzählten die drei dem Wirt alles, was sie bisher über den roten Rächer in Erfahrung gebracht hatten.

„Gut, ich glaube euch", sagte Flavius, als die Kinder mit ihrer Geschichte fertig waren. „Aber Aurelius kommt nun wirklich nicht infrage. Er ist tot. Leider, denn er war wirklich ein feiner Kerl. Und irgendwie freue ich mich, dass sich jemand für sein Schicksal interessiert, beim Jupiter!"

„Ach?"

„Ja, denn Aurelius war das Opfer einer Intrige. Das erzählte er jedenfalls damals häufiger. Und ich habe ihm das geglaubt."

„Weswegen wurde er denn verurteilt?", fragten die Freunde.

„Angeblich hatte Aurelius etwas gestohlen", berichtete Flavius. „Doch das erscheint mir unwahrscheinlich, denn das hatte er nicht nötig. Er kam aus einer reichen Familie. Außerdem hatte er beruflich viel Erfolg, bis die Sache mit dem Diebstahl kam. Das war ein abgekartetes Spiel, wenn ihr mich fragt. Der Richter Cornelius hat damals das Urteil gesprochen." Flavius lachte kurz auf. „Ausgerechnet *Iudex* Cornelius, dieser elende *Ebriosus*, dieser Trunkenbold!"

„Weißt du auch, welches Amt Aurelius bekleidet hat, bevor er Gladiator wurde?", wollte Leon jetzt wissen.

„Du meinst, bevor er zum Tode verurteilt wurde", verbesserte Flavius ihn. „Nein, keine Ahnung, welches Amt er innehatte. Das hat er nie erzählt."

„Schade", meinte Leon. „Aus der Grabinschrift geht das auch nicht hervor. Weißt du denn, ob Aurelius noch Verwandte in Rom hat?"

Flavius verbarg sein Gesicht wieder unter der Kapuze. „Nein, auch das weiß ich nicht. Lasst die alten Geschichten ruhen, Kinder. Aurelius ist tot. Ihr könnt nichts mehr für ihn tun. Wenn ihr weiter Staub aufwirbelt, wird man euch gewaltsam zum Schweigen bringen, verlasst euch darauf. Diejenigen, die Aurelius ausgeschaltet haben, sind bestimmt noch am Leben. Und damit das klar ist, ihr kennt mich nicht. Wir sind uns nie begegnet! Von mir habt ihr nie ein Wort gehört!" Damit verschwand Flavius in der Dunkelheit.

„Was meint ihr: Sollen wir die Sache auf sich beruhen lassen?", fragte Julian.

„Auf keinen Fall!", rief Kim entschlossen.

„Niemals! Jetzt erst recht nicht", sagte auch Leon. „Ich weiß auch schon, wo wir nachhaken können: beim Richter Cornelius."

„Was versprichst du dir davon?"

Leon zupfte wieder aufgeregt an seinem Ohrläppchen. „Menschen, die viel trinken, reden doch oft gern! Wir müssen herausfinden, welches Amt Aurelius bekleidet hat und ob noch Verwandte von ihm in der Stadt leben. Denn ich bin nach wie vor überzeugt, dass Aurelius mit den Anschlägen zu tun hat!"

„Aber Aurelius ist tot!"

„Das weiß ich! Doch vielleicht gibt es jemanden, der ihn geliebt hat!", rief Leon.

Kim schlug sich mit der flachen Hand vor die Stirn. „Ja, das ist gut, Leon: Jemand, der Aurelius geliebt hat und jetzt seinen Tod rächen will!"

Der Richter

Von wegen Ruhetag!, dachte Julian am nächsten Morgen. Androtion hatte ihn und Leon in aller Frühe vom Lager hochgescheucht.

„Aufstehen, ihr kleinen Faulpelze!", kommandierte der Grieche. „Die Tiere brüllen schon vor Hunger. Aber denkt daran: Immer schön knapp halten! Die Ställe sehen auch schlimm aus. Erst füttern und tränken, dann Ställe ausmisten, dann die Gänge kehren. Später könnt ihr den Sand in der Arena rechen. Und wenn ihr damit fertig seid, helft ihr bei der Reparatur der Kriegsschiffe. Mindestens zwei müssen bis morgen flott sein. Denn dann soll es nach dem Gladiatorengemetzel wieder eine richtige Seeschlacht geben! Habt ihr das begriffen?"

Oh ja, das hatten sie. Dennoch wagte Leon zu fragen: „Wie sieht's mit Frühstück aus?"

Androtion glotzte ihn an: „Frühstück?"

„Na klar, wir haben Hunger. Und du hast doch bestimmt schon was gegessen, oder?"

„*Quod licet iovi, non licet bovi*: Das würden die Römer dazu sagen", antwortete Androtion. „Was dem Jupiter erlaubt ist, ist dem Ochsen noch lange nicht erlaubt. Also, meine Herren: Erst arbeiten, dann futtern. Los geht's!", fügte der Grieche hinzu.

„Das ist ungerecht!", begehrte Leon auf.

„War nur ein Scherz", erwiderte Androtion, lächelte aber nicht. Unter seiner Tunika holte er ein Stück Brot hervor und gab es den Jungen. Dann verschwand er, um ein paar andere Arbeiter anzutreiben.

Gegen Mittag schwitzten die Freunde in der prallen Mittagssonne in der Arena. Leon warf den Rechen weg.

„Jetzt reicht's. Mir tun die Arme weh, ich habe Durst und heiß ist mir auch."

Julian sah ihn unsicher an. „Du meinst, wir sollen einfach gehen?"

„Genau das!", sagte Leon entschlossen und spazierte aus der Arena.

Julian stapfte ihm hinterher, auch wenn er damit rechnete, dass Androtion sie jeden Augenblick aufhalten würde. Doch nichts dergleichen passierte. Offenbar war der Grieche in den Tiefen des Kellergeschosses beschäftigt.

So gelangten die beiden unbehelligt auf die Straße vor dem Colosseum, wo sie ihren Durst an einem Brunnen stillten und sich am nächsten *Thermopolium* ein paar *Gerres*, in Salz eingelegte Fische, kauften und sie mit Heißhunger verzehrten.

„He, da seid ihr ja!", rief in diesem Moment eine Mädchenstimme. Kim kam mit Kija auf die beiden zugerannt. „Ich habe euch schon überall gesucht", sagte sie und wischte sich den Schweiß von der Stirn.

Julian bot ihr und Kija die kleinen Fische an. Während Kija sie wegen des Salzes ablehnte, stürzte sich Kim auf den Leckerbissen.

„War gar nicht so leicht, aus der Villa herauszukommen“, berichtete Kim. „Aber jetzt wollte Regina, dass ich ihr ein ganz bestimmtes Öl für die Haare kaufe. Und das ist eine gute Gelegenheit, sich für zwei Stunden zu verkrümeln.“

„Hast du in der Villa wieder etwas Verdächtiges feststellen können?“, fragte Julian.

„Nein, leider nicht“, sagte Kim. „Der Rächer wurde mit keiner Silbe erwähnt. Es herrscht aber eine unheimlich angespannte Atmosphäre in der Villa. Als würden alle darauf warten, dass der Rächer wieder zuschlägt! Vermutlich passiert es morgen, wenn die großen Gladiatorenkämpfe anstehen.“

„Ein Grund mehr, den Richter zu suchen“, schlug Leon vor, während er sich die Hände an dem Brunnen wusch.

Die drei hatten Glück. Ein Stoffhändler wies ihnen den Weg zum Haus des Richters. Cornelius bewohnte ein pompöses Stadthaus in der Via Sacra.

Ein Sklave hielt sie am Tor auf. „Was habt ihr hier verloren?“

„Ave! Wir wollen zum Richter Cornelius“, antwortete Julian und schaute den Sklaven mit großen, unschuldigen Augen an.

„Das möchten viele“, erwiderte der Sklave und wirkte plötzlich bedrückt. „Mein Herr ist schwer krank und jetzt will ihm jeder Glück und Gesundheit wünschen.“

Julian reagierte blitzschnell. „Deswegen sind wir ja hier. Wir bringen eine Nachricht von unserem Vater.“

„Wer ist euer Vater, und warum kommt er nicht selbst?“, fragte der Sklave misstrauisch.

„Unser Vater heißt Aurelius“, behauptete Julian. „Er ist auf einer Geschäftsreise in Antium. Aber er hat erfahren, dass es Cornelius schlecht geht. Und nun schickt er uns, damit wir Cornelius die besten Genesungswünsche überbringen."

„Das kommt vermutlich zu spät. Mein Herr liegt im Sterben. Wartet hier", sagte der Sklave. „Ich will hören, ob euch mein Herr empfängt."

Wenige Minuten später ließ der Sklave die Kinder tatsächlich eintreten und führte sie in einen abgedunkelten Raum. Eine Gestalt lag auf einem Bett und sah die Besucher mit durchdringendem Blick an.

„Ah, Kinder", sagte der alte Mann mit brüchiger Stimme. „Ich liebe Kinder. Sie erinnern mich an meine Jugend und vertreiben die Schatten des nahenden Todes. Und ihr seid die Kinder von Aurelius? Von welchem Aurelius? Es gibt viele in Rom."

Julian beschloss, alles auf eine Karte zu setzen. „Von Aurelius, dem Gladiator."

Cornelius verschluckte sich und begann fürchterlich zu husten. Sofort ging ein Vorhang zum Nachbarraum auf, und ein Arzt erschien mit einer kleinen Flasche.

„Verschwinde, du *Veneficus*!", rief Cornelius heiser.

„Ich und ein Giftmischer?", empörte sich der Arzt. „Du tust mir Unrecht!"

„Geh mir aus den Augen!", befahl Cornelius. „Deine Mittelchen geben mir den Rest."

Als der Arzt fort und der Hustenanfall verebbt war, goss sich Cornelius etwas Wein in den Becher und trank. Seine Stimme gewann an Klarheit, als er sagte: „Aurelius, der Gladiator ... Ihr könnt nicht seine Kinder sein. Als Aurelius starb, hatte er keinen Nachwuchs."

Ratlos blickten Kim und Leon zu Julian.

„Es stimmt, wir sind nicht seine Kinder", gab Julian zu. „Aber wir mussten mir dir sprechen. Es geht um den roten Rächer."

Cornelius ließ ein krächzendes Lachen ertönen. „Der Mann, der die Stadt in Angst und Schrecken versetzt. Ich bewundere ihn."

„Wir vermuten, dass die Anschläge mit Aurelius' Tod zusammenhängen", fuhr Julian fort. Und dann berichtete er dem Richter von ihren Ermittlungen.

Mühsam erhob sich Cornelius von seinem Bett und ging zum Fenster. „Nicht schlecht für drei Kinder", bemerkte er tonlos.

„Drei Kinder und eine Katze", korrigierte Kim ihn.

„Wie dem auch sei", meinte der Richter müde. „Und ihr glaubt, dass ich Aurelius zu Unrecht verurteilt habe?"

„Ja."

Cornelius drehte sich um und starrte die Gefährten an. Seine Augen glühten. „Dafür könnte ich euch verhaften lassen", zischte er. „Und vor ein paar Jahren hätte ich auch nicht gezögert, genau das zu tun, beim Jupiter. Aber jetzt? Ich habe keine Kraft mehr, mich zu verteidigen und noch länger eine Tat zu verbergen, für die ich mich immer geschämt habe."

„Also ist es wahr, dass du Aurelius zu Unrecht verurteilt hast?"

Der Richter kehrte zu seinem Bett zurück und setzte sich. Er zuckte mit den Schultern. „Was soll's?", sagte er matt. „Ich habe nichts mehr zu verlieren. Ja, es stimmt: Aurelius war das Opfer einer Intrige."

„In der du eine entscheidende Rolle gespielt hast", vollendete Julian kühn den Satz.

„Du bist wirklich sehr mutig, mein Junge", sagte Cornelius mit einem Lächeln. „Aber du hast Recht. Aurelius war ein talentierter Beamter aus reichem Haus. Er war auf dem besten Weg, die Beamtenlaufbahn, den *Cursus Honorum*, rasch zu durchlaufen. Die Welt stand ihm offen. Er war gebildet, sprachgewandt und sehr beliebt. Aber genau das rief auch die Neider auf den Plan. Sein schärfster Konkurrent schob Aurelius einen Diebstahl unter. Und er gab mir viel Geld dafür, dass ich Aurelius hart verurteilte."

„Zu einem Leben als Gladiator", flüsterte Julian. „Das kam einem Todesurteil gleich."

„Ja, so war es", sagte Cornelius und wirkte irgendwie erleichtert. „Das Geld habe ich beim Pferderennen verspielt und in Wein investiert. Mir ist nichts geblieben … nur der Tod."

„Wer war der Auftraggeber?"

Noch einmal nahm Cornelius einen Schluck aus dem Weinbecher. „Es kommt jetzt auch nicht mehr darauf an, ob ich diesen Namen verrate oder nicht", meinte er. „Es war Marcus. Er wollte mit allen Mitteln Ädil werden. Und Aurelius war ihm im Weg."

„Marcus?", rief Kim fassungslos. „Dieser Mistkerl!"

„Das ist noch harmlos ausgedrückt", meinte der Richter. „Marcus ist skrupellos und geht über Leichen, um seine Interessen durchzusetzen. Aber es steht mir nicht zu, mich moralisch über Marcus zu erheben, beim Jupiter."

„Hat Aurelius noch Verwandte in der Stadt?", wollte Julian wissen.

Cornelius nickte wissend. „Du meinst, ob es noch Menschen in Rom gibt, die seinen Tod rächen wollen?"

„Ja!"

„Ich kann euch sagen, wo sein Elternhaus liegt. Aber ich weiß nicht, ob die Familie noch dort wohnt. Verständlicherweise hatte ich keinen Kontakt zu ihr." Dann erklärte er den Gefährten den Weg.

„Jetzt geht", sagte der Richter zum Abschied. „Lasst mich in Ruhe sterben. Und wenn ihr den Rächer wirklich aufstöbern solltet, dann entbietet ihm meine Hochachtung."

„Unglaublich!", rief Kim, sobald sie wieder auf der Straße standen. „Ich lebe im Haus dieses Verbrechers Marcus! Ich werde keinen Fuß mehr in die Villa setzen, das schwöre ich!"

Leon legte einen Arm um ihre Schultern. „Das kann ich gut verstehen", meinte er. „Wir werden Androtion bitten, dass du wieder bei uns im Colosseum bleiben darfst."

Kim konnte sich nicht beruhigen. „Dieser Schuft, dieser Mistkerl!", schimpfte sie immer wieder.

„Kommt, lasst uns jetzt das Elternhaus von Aurelius suchen", schlug Julian vor. „Wer außer seiner Familie hätte ein Motiv, Aurelius' Tod zu rächen?"

Kim nickte. „Das glaube ich inzwischen auch. Denn Marcus steckt bestimmt nicht hinter den Anschlägen. Vielleicht wird sogar er selbst als Nächster das Ziel des Rächers." Und in ihrer Wut fügte sie hinzu: „Ich kann den Rächer verstehen!

Es ist doch nicht zu fassen, zu was Menschen fähig sind, wenn es darum geht, sich einen Vorteil zu verschaffen!"

Diskutierend bogen sie in eine breite Straße ein. Rechts lagen einige Schmuckgeschäfte, links die unscheinbaren Büros der Geldverleiher.

„Aber warum tötet der Rächer nicht einfach Marcus, sondern stört die Spiele?", dachte Julian laut nach.

„Das habe ich mich auch schon gefragt", antwortete Leon. „Und ich habe eine Theorie." Er war stehen geblieben. Sein sommersprossiges Gesicht glühte vor Aufregung.

„Aurelius ist in der Arena gestorben", erklärte Leon. „Jetzt dreht der Rächer den Spieß um: Auch Marcus soll durch die Spiele zugrunde gehen. Der Rächer weiß, dass Marcus' Schicksal eng mit dem Erfolg der Spiele verbunden ist. Verlaufen die Spiele weiter so katastrophal, bedeutet dies das Ende von Marcus! Der Rächer will Marcus öffentlich demütigen, vor den Augen von Zehntausenden von Zuschauern. Er will ihn vernichten, die Spiele sollen Marcus zerstören – so, wie sie einst Aurelius zerstört haben!"

Julian und Kim starrten ihren Freund mit offenen Mündern an.

„Nicht schlecht, Leon", sagte Kim anerkennend.

„Ja, deine Theorie hört sich wirklich sehr überzeugend an", stimmte auch Julian zu und sah sich um. „In dem Haus da drüben liegt eine Metzgerei. Laut Richter Cornelius muss dahinter eine Straße nach links abzweigen. Dann kann es nicht mehr weit zu Aurelius' Elternhaus sein."

Kurz darauf standen sie vor einem schmucken Stadthaus, das fast so elegant war wie das von Marcus. Ein Sklave öffnete auf ihr Pochen hin die Tür und sah die Kinder von oben herab an.

„Aurelius? Nein, die Familie wohnt hier nicht mehr. Ist weggezogen", sagte der Mann.

„Weißt du, wohin?"

„Nein, und jetzt schert euch weg!" Der Sklave donnerte die Tür zu.

„So eine Pleite", meinte Julian bedrückt. „Was sollen wir jetzt tun?"

„Nicht so schnell aufgeben", meinte Leon. Sein Blick war auf eine Frau mittleren Alters gefallen. Sie kam gerade aus dem Nachbarhaus, einen Korb mit Wäsche unter dem Arm. Leon ging auf sie zu.

„Ave", grüßte er. „Weißt du, wo die Familie von Aurelius hingezogen ist?"

Die Frau zuckte zusammen, als sie diesen Namen hörte. Ächzend setzte sie den Korb ab.

„Nach Antium. Es ist eine traurige Geschichte", meinte sie. „Die Götter haben es nicht gut mit Quintus gemeint."

„Quintus?"

„Ja, er war der Vater von Aurelius und Papinianus." Ihr Gesicht hellte sich auf. „Tolle Jungs, beim Jupiter. Sie waren der ganze Stolz ihres Vaters und hingen sehr aneinander. Und hübsch waren sie! Aber das Schicksal war gegen sie."

Leon spürte, dass diese Frau jede Menge wusste. Und sie schien zu den Menschen zu gehören, die gern und viel redeten. Leon gab seinen Freunden ein Zeichen, und Julian, Kim sowie Kija kamen heran.

„Was ist passiert?", fragte Leon.

Die Frau hob hilflos die Hände. „Aurelius schlug die Beamtenlaufbahn ein, Papinianus ging zum Militär. Alles begann so verheißungsvoll, bei *Juno*. Aurelius kam gut voran, er war ein kluger Kopf. Bestimmt wäre er eines Tages Senator geworden. Auch Papinianus hatte viel Erfolg. Rasch wurde er Zenturio, dann sogar *Tribunus Militum*. Und er war ein hervorragender Bogenschütze!"

„Bogenschütze?", fragte Leon mit großen Augen.

„Ja", schwärmte die Frau. „Er galt als der Beste. Aber beim Feldzug in Nordbritannien wurde er schwer verletzt. Er musste seine Militärlaufbahn beenden. Aurelius hat es noch schlimmer erwischt. Er soll einen Diebstahl begangen haben und starb in der Arena. Ich persönlich glaube nicht an Aurelius' Schuld, aber die Familie wurde danach gesellschaftlich geächtet. Verbittert zog sie vor Kurzem nach Antium. Seitdem habe ich nichts mehr von ihr gehört."

„Auch nicht von Papinianus?", fragte Leon atemlos.

„Nein, vielleicht ist auch er nach Antium gezogen", sagte die Frau.

„Danke", sagte Leon gedankenverloren und verabschiedete sich. Seine Freunde folgten ihm.

Die Frau nahm den Wäschekorb wieder hoch.

„Einen Moment noch", rief sie. „Wieso fragt ihr eigentlich?"

Doch die Gefährten überhörten die Frage und verschwanden in der nächsten Gasse.

„Papinianus ist unser Mann!", rief Leon, als sie ungestört waren.

„Allerdings!", stimmte Kim zu. „Er hat ein Motiv und ist ein großartiger Bogenschütze. Er muss der Rächer sein! Bestimmt wird er morgen wieder zuschlagen – bei den groß angekündigten Gladiatorenspielen!"

„Vermutlich. Ich frage mich bloß, wie Papinianus immer wieder entwischen kann", meinte Leon. „Es sind doch inzwischen überall Soldaten an den Ein- und Ausgängen postiert."

„Hm", machte Julian. „Es muss aber ein Schlupfloch geben." Plötzlich huschte ein Lächeln über sein schmales Gesicht.

„Ich hab's!", rief er. „Es stimmt zwar, dass die Soldaten die 70 Eingänge für das Publikum überwachen, aber es gibt noch sechs Eingänge, die nur für die Boten bestimmt sind. Und dort habe ich noch nie einen Wachposten gesehen!"

Wie vom Erdboden verschluckt

Kims Abschied aus der Villa des Marcus war kurz und heftig gewesen.

„Ich kündige", hatte Kim einfach zu Regina gesagt.

Ein lautes Lachen war die Antwort gewesen. „Was bildest du dir ein? Ich bin deine Gebieterin. Nur von meiner Gunst hängt es ab, ob du bleibst oder nicht."

„Oh nein, Pupa!", hatte Kim geantwortet. „Ich gehe, wann es mir passt!"

„Wenn du weiter so frech bist, rufe ich die Wachen!", hatte Regina geschrien. „Die werden dich dorthin bringen, wo du herkommst und wo du offenbar auch hingehörst, bei Juno: In die Gosse, in den Staub, in den Dreck! Und nenn mich nie wieder Pupa!"

„Deine Arroganz wird dir noch vergehen", hatte Kim prophezeit. Dann hatte sie Kija auf den Arm genommen und war aus dem Raum stolziert.

„Bleib gefälligst stehen!"

Doch Kim war einfach weitergegangen und hatte die Villa unbehelligt verlassen können.

Androtion hatte nichts dagegen gehabt, dass auch Kim wieder in der Kammer neben den Ställen schlief. Somit waren die Freunde wieder vereint.

Am nächsten Morgen herrschte die übliche Hektik im Amphitheater. Androtion kommandierte die Arbeiter herum, und wieder gab es im Untergeschoss des Colosseums dieses unübersichtliche Kommen und Gehen, das es dem Rächer offenbar leicht machte, unbemerkt zum Tatort zu gelangen.

Gegen Mittag wurde vor dem Colosseum eine üppige Tafel für die Gladiatoren aufgebaut. Bei dieser *Cena Libera* konnten die Kämpfer vermutlich ein letztes Mal gut essen.

Während sie speisten, liefen Neugierige ungehindert zwischen ihnen herum und suchten sich ihre Favoriten für die Wetten aus. Die Gladiatoren genossen das Essen in zynischer Ausgelassenheit.

Am späten Nachmittag erschallten die Trompeten. Die Zuschauer im bis auf den letzten Platz gefüllten Colosseum wussten, dass die Spiele einem neuen Höhepunkt zustrebten.

Julian, Kim, Leon und Kija schauten durch eines der Gitter gebannt dem Einzug der Gladiatoren zu. Unbewaffnet und bekleidet mit purpurfarbenen Kriegsmänteln zogen sie feierlich ein, durchquerten die Arena und machten halt, um Kaiser Titus ihre Ehrerbietung zu erweisen: *„Ave, Imperator, morituri te salutant!"*

Der Kaiser nickte den Männern wohlwollend zu. Dann trat Ädil Marcus vor und eröffnete die Kämpfe. Bis auf zwei Männer zogen sich die Gladiatoren wieder zurück. Die beiden Verbliebenen erhielten dann ihre Waffen.

„Ein Retiarius und ein Murmillo", erkannte Julian, der sich nur zu gut an den Kinofilm erinnerte.

Die Männer umkreisten sich, während sie vom Publikum

angefeuert wurden. Zwei Minuten lang tat sich nichts, doch dann suchte der Murmillo die Entscheidung. Er bückte sich, griff in den Sand und warf ihn dem Gegner ins Gesicht. Der Retiarius wurde von der Attacke überrascht. Rasch wich er zurück, aber offenbar hatte er Sand in die Augen bekommen. Blitzschnell setzte der Murmillo nach, sein Schwert blitzte auf und traf das rechte Bein des Gegners. Der Retiarius brach zusammen, während der Sieger von den Zuschauern gefeiert wurde.

„Mein Gott, ist das grässlich", stammelte Julian. Er sah in die Gesichter seiner Freunde, die nicht minder entsetzt waren.

„Und die Leute klatschen auch noch …", sagte Kim tonlos.

Doch der Kampf war noch nicht zu Ende. Nun entschied das Publikum, was mit dem unterlegenen Gladiatoren geschehen sollte.

„*Iugula!*", skandierte die Menge. Töte ihn!

Der Murmillo blickte zum Kaiser. Titus zeigte mit dem Daumen nach unten und der Murmillo vollstreckte das Todesurteil. Die Leiche wurde aus der Arena geschleift und auf einen Karren geworfen. Der nächste Kampf begann.

„Wie kann ein Volk, das solche prächtigen Tempel baut, nur so roh und unzivilisiert sein?", fragte sich Julian, den die Brutalität empörte.

„Sieh nicht hin", riet Leon, der selbst ganz grün um die Nase war. „Ich tu's auch nicht."

„Keine Sorge", sagte Julian, „ich behalte ab jetzt nur noch die Zugänge im Auge."

„Ich auch", meinte Kim.

Während in der Arena das grausame Gemetzel weiterging, passten Julian, Kim und Leon ganz genau auf. Plötzlich tauchte am gegenüberliegenden, vergitterten Gang ein Schatten auf, kaum auszumachen gegen den dunklen Hintergrund.

„Da!", rief Leon, der den Mann als Erster entdeckt hatte.

Schon schwirrte ein blutroter Pfeil auf die Tribüne mit dem Kaiser zu und bohrte sich in die Schulter eines Beamten, der ganz vorn am Rand der Loge saß. Der Schrei des Mannes gellte durch die Arena. Entsetzen lähmte alles für wenige Sekunden, dann brach erneut ein gewaltiger Tumult im Amphitheater aus.

Nun geschah etwas Unerwartetes: Kaiser Titus stand auf und hob die Hand. Die Menge verstummte.

„Ich, euer Kaiser, bin unbesiegbar. Und ich werde mich nicht einem feigen Angreifer beugen, der aus dem Hinterhalt schießt, beim Mars. Diese Stadt und dieses Amphitheater müssen sicher sein. Und es obliegt einem Mann, für diese Sicherheit zu sorgen: Marcus. Und dieser Mann hat versagt!"

Die Menge heulte auf. Pfiffe gegen Marcus wurden laut. Titus bedachte den Ädil mit einem kalten Blick.

„Und ich brauche fähige Männer. Ich enthebe dich des Amtes, Marcus."

Marcus' Schultern hingen herab, als er am Kaiser vorbei die Loge verließ. Ein gebrochener Mann, der in diesem Moment so gut wie alles verloren hatte.

„Und jetzt werden die Spiele weitergehen! Wer seinen Platz verlässt, wird mit dem Tod bestraft", rief der Kaiser. Das Volk gehorchte, ohne zu murren.

„Lasst uns rüberlaufen!", rief Leon und deutete auf die

Stelle, wo der Schütze gerade noch gestanden hatte. Die Gefährten rannten los. Überall stießen sie auf Soldaten, die die Gänge durchkämmten. Auch diesmal schien sich der Rächer in Luft aufgelöst zu haben.

„Zum Boteneingang!", schlug Kim als Nächstes vor. Dort versperrten ihnen zwei Wachen den Weg.

„Habt ihr hier die ganze Zeit über gestanden?", fragte Julian.

„Ja, auch wenn dich das nichts angeht, du Krümel", erwiderte einer der Soldaten. „Schert euch weg!"

„Das gibt's doch nicht, das gibt's doch nicht", meinte Julian kurz darauf immer wieder. „Der Kerl ist wie vom Erdboden verschluckt."

„Halt!", rief Kim plötzlich. „Was hast du da gerade gesagt?"

„Hä?", fragte Julian verdattert.

„Vom Erdboden verschluckt … Das ist gut, das ist sogar sehr gut!", meinte Kim.

„Wie bitte?" Weder Julian noch Leon verstanden, was Kim meinte.

„Mensch, überlegt doch mal", rief Kim begeistert. „Die Kanalisation! Dort, wo wir zu Beginn dieses Abenteuers gelandet sind! Das Colosseum ist garantiert an die Kanalisation angeschlossen. Und vielleicht ist Papinianus durch den Kanal entkommen!"

Julian und Leon schauten ihre Freundin verblüfft an.

„Das ist eine gute Idee, Kim", meinten sie anerkennend. „Aber wie finden wir den Zugang zum Kanal?"

Gerade, als Kim sagen wollte, dass sie am besten immer der Nase nach gehen sollten, schoss Kija los.

394

„Sie hat eine Spur!", vermutete Kim und sauste mit ihren Freunden hinter der Katze her.

Kija führte sie zu einem düsteren, abgelegenen Gang, in dem verschiedene Geräte abgestellt waren.

„Hat einer von euch mal eine Öllampe?", fragte Leon. „Hier sieht man ja die Hand vor den Augen nicht mehr!" Julian verschwand und tauchte kurz darauf mit einer Lampe auf. Als das Licht den Gang erhellte, prallten die Kinder zurück. Vor ihnen auf dem Boden lagen zwei Legionäre. Der eine war tot, der andere verletzt.

„Endlich kommt mal jemand", sagte der Verletzte schwach. „Wir hatten den Rächer gestellt, aber er hat uns mit dem Schwert niedergeschlagen. Doch ich habe ihn auch am Bein getroffen. Er muss verletzt sein."

„Wo ist der Rächer?"

„Ich weiß es nicht, ich war einen Moment bewusstlos. Der Kerl hat mir mit einem harten Gegenstand auf den Kopf geschlagen", sagte der Legionär. Mühsam rappelte er sich auf.

In diesem Moment maunzte Kija. Sie hatte sich über etwas am Boden gebeugt. Ihr Schwanz war kerzengerade aufgestellt. Kim kniete sich neben die Katze.

„Hier verläuft eine Blutspur!", raunte Kim atemlos. „Sie führt weiter in den Gang hinein!"

„Wartet, bis ich Verstärkung geholt habe", ordnete der Legionär an und wankte zum Hauptgang.

„Von wegen", meinte Kim, sobald der Soldat nicht mehr zu sehen war.

„Sollten wir das nicht lieber den Legionären überlassen?", fragte Julian.

„Quatsch!", erwiderten Kim und Leon und folgten schon der Blutspur. Nach wenigen Schritten erreichten sie ein Loch im Boden, aus dem ein unangenehmer Geruch aufstieg.

„Hier geht's runter zum Kanal!", rief Leon. Er leuchtete in das Loch. „Und da steht auch eine Leiter. Die Sprossen sind voller Blut. Keine Frage, hier ist Papinianus hinuntergeklettert!"

Auge in Auge

Die *Cloaca Maxima* wurde von zahlreichen Öllämpchen erhellt. Von der gewölbten Decke tropfte Wasser. Ratten huschten über den schmalen Steg neben dem Kanal.

„Das stinkt ja wirklich entsetzlich", stöhnte Kim.

„Atme nur durch den Mund", riet Leon.

„Ach ne, was meinst du, was ich schon die ganze Zeit mache?", entgegnete Kim.

Julian winkte die Freunde zu sich. „Hier ist wieder ein Blutfleck. Und da noch einer! Der Rächer ist in diese Richtung geflohen."

Die Gefährten folgten der Blutspur, und schon bald sahen sie einen Mann über den Steg hinken.

„Das ist er!", wisperte Kim. „Der Rächer!"

Julian erkannte, dass der Mann einen Bogen in der Hand hielt. „Er ist bewaffnet, wir dürfen ihm nicht zu nahe kommen", mahnte er.

Also schlichen die Gefährten mit etwas Abstand hinter dem Mann her. Der Rächer wurde immer langsamer. Mehrfach hielt er an und stützte sich auf den Bogen. Dann brach er auf dem Steg zusammen und blieb regungslos liegen.

„Was jetzt?", fragte Julian.

„Wir gehen vorsichtig hin", schlug Kim vor.

„Viel zu gefährlich", lehnte Julian ab. „Was meinst du, Leon?"

„Wir laufen zu ihm und nehmen ihm den Bogen weg. Dann kann er uns nicht mehr viel tun", meinte Leon. „Außerdem ist er verletzt."

Julian ächzte. „Ihr seid wirklich verrückt. Aber ich beuge mich der Mehrheit."

Langsam pirschten sich die Gefährten an den Rächer heran. Er war ein großer Mann mit einem gepflegten Vollbart und einem scharfen Profil. Er lag auf dem Rücken und hatte die Augen geschlossen. Fast schien es so, als ob er schliefe. Seine einfache Tunika unter dem Mantel war ein Stück hochgerutscht und gab den Blick auf eine klaffende Wunde im Oberschenkel frei, aus der Blut strömte.

Leon angelte sich den Bogen und warf ihn in den Kanal. Doch dann erkannte er, dass der Rächer auch noch ein Schwert an seinem Gürtel trug. Schweißperlen traten auf Leons Stirn. Sollte er versuchen, die Waffe aus der Scheide zu ziehen? Ganz vorsichtig beugte er sich über den Mann und streckte schon die Hand nach dem Knauf des Schwertes aus. In dieser Sekunde schlug der Rächer die Augen auf. Mit einem Schrei machte Leon einen Satz zurück.

„Wer ... wer seid ihr?", stammelte der Mann. Er richtete den Oberkörper auf und zog das Schwert.

„Drei kleine Arbeiter und eine Katze aus dem Amphitheater", antwortete Kim kühn. „Und du bist Papinianus, der rote Rächer!"

„Papinianus?" Trotz seiner Schmerzen lächelte der Mann. „Oh nein, der bin ich nicht."

„Natürlich bist du der rote Rächer!"

Der Mann versuchte aufzustehen, doch es gelang ihm nicht. Er stöhnte vor Schmerzen.

„Sieht so aus, als wäre meine Flucht zu Ende", sagte er und klang irgendwie müde. Er schob das Schwert in die Scheide zurück. „Viele Soldaten haben mich gejagt, aber drei Kindern und einer Katze gelingt es, mich aufzustöbern. Mit vielem hätte ich gerechnet, aber damit nicht, beim Mars!"

„Du bist der rote Rächer!", sagten die Freunde noch einmal.

„Das schon", gab der Mann jetzt zu. „Aber ich bin nicht Papinianus."

Verwirrt sahen sich die Gefährten an.

„Ich bin Aurelius", sagte der Mann.

„Aurelius? Der ist doch tot!"

„Nein, aber ich werde es bald sein, wenn ich die Blutung nicht stoppen kann", meinte Aurelius.

„Man hat uns gesagt, dass du in der Arena gestorben bist", beharrte Julian.

„So hat es damals auch ausgesehen", erzählte Aurelius. „Das war ja auch mein Plan! Aber ..." Er brach den Satz ab. Sein Oberkörper begann zu schwanken, sein Gesicht war leichenblass. „Die Blutung", murmelte er.

„Gib mir dein Schwert", sagte Kim entschlossen. Ungläubig sahen ihre Freunde, wie Aurelius gehorchte. Dann schnitt Kim mit dem Schwert einen Streifen von Aurelius' Mantel ab und legte damit einen Druckverband auf der Wunde an.

„So", meinte sie zufrieden. „Das hätten wir!"

„Warum, warum helft ihr mir?", fragte Aurelius. „Und wie habt ihr mich überhaupt gefunden?"

„Wir werden es dir verraten, wenn du uns deine Geschichte erzählst!", sagte Julian.

„Und dann liefert ihr mich den Soldaten aus, nicht wahr?"

Die Freunde blickten sich an. Das war keine leichte Entscheidung. In diesem Moment machte Kija ein paar Schritte auf den verletzten Mann zu und beschnüffelte ihn. Langsam streckte Aurelius die Hand nach dem Kopf des schönen Tieres aus, berührte ihn aber nicht. Die Katze sah hoch und stupste die Hand an. Und nun, vorsichtig und zärtlich zugleich, begann Aurelius die Katze zu streicheln.

Kim räusperte sich. „Nein", sagte sie, „wir werden dich nicht verraten."

„So ist es", meinte auch Leon. „Denn Marcus hat dir übel mitgespielt. Er wollte dich vernichten, um an deinen Posten heranzukommen."

Aurelius zog verdutzt die Augenbrauen hoch. „Das wisst ihr?"

Nun berichteten die drei Zeitdetektive von ihren Ermittlungen.

„Es wird dich vielleicht freuen, dass Marcus seines Amtes enthoben wurde. Der Kaiser hat ihn nach deinem letzten Anschlag gefeuert!", schloss Leon die Erzählung ab.

„Tatsächlich? Das freut mich wirklich sehr!", rief Aurelius, dessen Gesicht wieder etwas Farbe bekommen hatte. „Das war mein Ziel: Ich wollte diesen Kerl vernichten! Die großen Spiele sollten sein Untergang sein ... und so ist es zum Glück gekommen, beim Jupiter! Gleichzeitig wollte ich ein Zeichen setzen gegen diese widerwärtige Brutalität in der Arena. Ich wollte die Spiele stoppen, damit nicht noch mehr Menschen in der Arena abgeschlachtet werden, nur damit ein paar Zehntausend auf den Rängen ihren Spaß haben. Dieses Blutvergießen sollte ein Ende haben. Deswegen wählte ich auch die blutroten Pfeile. Wir Römer sind eigentlich ein zivilisiertes Volk, aber im Amphitheater benehmen wir uns wie die Barbaren!"

Julian runzelte die Stirn. „Die Spiele werden sicher weitergehen", sagte er. „Du kannst sie nicht stoppen. Niemand kann das."

Aurelius sah düster zu der kleinen Flamme, die in einem Öllämpchen tanzte. „Ich habe es wenigstens versucht!", flüsterte er.

Eine Minute herrschte Stille in der Cloaca Maxima, die nur durch das Gurgeln und Rauschen des Kanals unterbrochen wurde.

Kim brach das Schweigen. „Wie hat dein Plan damals in der Arena funktioniert? Wie kam es, dass alle dich für tot hielten?", wollte sie wissen.

Ein feines Lächeln erhellte Aurelius' Gesicht. „Marcus hatte mir fast alles genommen. Meinen Beruf, mein Ansehen, meine Freiheit. Aber er hatte mir nicht meine Freunde genommen, jedenfalls nicht alle. Nein, ich hatte trotz allem noch ein paar Menschen, die zu mir hielten. Einer davon war der Gladiator Androtion, den ich in der Kaserne kennenlernte. Er hat ..."

„Androtion, der Grieche?"

„Genau der!", bekräftigte Aurelius. „Das Volk hat ihn geliebt, er war ein begnadeter Kämpfer. Zum Lohn durfte er die Arena lebend verlassen und bekam Arbeit im Amphitheater.

Aber zuvor stand auch ich ihm einmal gegenüber. Vor Tausenden von Zuschauern, die unser Blut sehen wollten. Aber unser Kampf war abgesprochen. Androtion hat mir geholfen, aus der Arena herauszukommen. Zum Schein hat er mich niedergestreckt und getötet. Man hat mich hinausgetragen und auf einen Karren mit anderen Toten geworfen. Nachts wurde ich zu einem Massengrab gebracht, wo die Leichen hineingekippt werden. Ich sprang vorher vom Wagen und floh. Androtion sorgte dafür, dass meine Familie meine Asche erhielt. Dass in der Urne nur ein bisschen Asche aus einem Backofen war, hat natürlich niemand gemerkt."

„Wo bist du untergetaucht?"

„Oh, das ist in einer Stadt wie Rom kein Problem. Ich mietete unter einem falschen Namen ein Zimmer in einer Insula, hielt mich mit Handlangerarbeiten über Wasser. Ich wartete auf die Eröffnungsfeiern, um den nächsten Schritt meines Plans in die Tat umzusetzen. Es war nicht schwierig, ins Amphitheater zu gelangen. Hunderte von Arbeitern und Laufburschen gehen dort ständig ein und aus. Pfeil und Bogen versteckte ich unter meinem Mantel. Dann schlich ich zu einem der Zugänge der Arena und schoss die Pfeile ab. Tja, und wie ich immer wieder aus dem Amphitheater fliehen konnte, habt ihr ja selbst herausgefunden …"

„Und ich habe eine Zeit lang Marcus selbst verdächtigt, hinter den Anschlägen zu stecken", meinte Kim. „Marcus und einige seiner einflussreichen Freunde hassen den Kaiser und ich glaubte, dass ihnen etwas daran gelegen sei, die Spiele scheitern zu lassen, um den Ruf des Kaisers zu schädigen."

„Nein, dafür wäre Marcus zu feige", glaubte Aurelius und versuchte erneut aufzustehen. Leon und Julian griffen ihm unter die Arme, und dann stand der rote Rächer leicht schwankend vor ihnen.

„Ein Stück weiter führt eine Leiter nach oben zu einem Geräteschuppen", erzählte er. „Über diese Leiter habe ich immer das stinkende Loch hier verlassen. Und diesmal werde ich es für immer tun, beim Jupiter. Ich werde zu meiner Familie nach Antium reisen, denn mein Racheplan ist ausgeführt und geglückt. Marcus ist am Ende." Aurelius blickte den Freunden der Reihe nach in die Augen.

„Ich werde jetzt gehen", sagte er. „Wenn ihr die Legionäre rufen wollt, werde ich euch nicht daran hindern können. Es ist eure Entscheidung. Und danke für den Verband. Mögen die Götter mit euch sein." Mit diesen Worten drehte sich der rote Rächer um und humpelte über den Steg tiefer in die Cloaca Maxima hinein.

„Unsere Entscheidung steht bereits fest", sagte Julian leise. „Viel Glück, Aurelius."

Die Gefährten warteten, bis die schwankende Gestalt verschwunden war.

„Wollt ihr noch länger in diesem grauenhaften Gestank ausharren?", fragte Kim.

„Nö", antwortete Leon.

„Ich auch nicht", meinte Julian. „Ich bin dafür, dass wir nach Siebenthann zurückkehren. Der Fall ist gelöst und für unsere Geschichtsarbeit über Rom wissen wir auch genug. Außerdem müssen wir ganz in der Nähe des Ortes sein, wo uns Tempus zu Beginn unserer Reise ausgespuckt hat. Aurelius hat schließlich gerade eine Leiter erwähnt, die zu einem Geräteschuppen führt!"

„Dann war die Gestalt, die wir bei unserer Ankunft bemerkt haben, mit ziemlicher Sicherheit Aurelius", bemerkte Leon und grinste in sich hinein.

„Tja, wenn wir das gewusst hätten", lachte Kim. „Und jetzt kommt, Jungs: Ich halte es hier unten nicht mehr aus!" Mit Kija auf dem Arm lief das Mädchen los.

Eine Woche später saßen die Gefährten vor dem Eiscafé *Venezia* in der Sonne. Kim, Leon und Julian hatten je einen gewaltigen Eisbecher vor sich, während Kija ein Schälchen mit Milch leer schleckte. Die Freunde beobachteten das träge, vertraute Leben in ihrem beschaulichen Städtchen. Wie ruhig und verträumt war Siebenthann doch verglichen mit der hektischen Metropole Rom.

„Die fünf Kugeln habe ich mir verdient", erklärte Leon jetzt und schob sich einen Löffel mit Nusseis in den Mund.

„Ja, das haben wir alle", ergänzte Kim. „Immerhin hat Tebelmann unsere Arbeiten jeweils mit einer glatten Eins benotet! Die Texte seien wieder so anschaulich gewesen."

„Wenn der wüsste", sagte Leon mit vollem Mund.

Julian streckte seine Beine unter dem Tisch aus. „Tja, aber unser kleines Geheimnis darf er nie erfahren."

„Ist klar", sagte Leon. „Das bleibt natürlich unter uns."

Kim gab Leon einen freundschaftlichen Klaps. „Möchtest du eigentlich immer noch Gladiator werden?"

„Ich?"

„Ja, du", bekräftigte Kim. „Zu Beginn unseres Abenteu-

ers hast du noch von einer Karriere als Gladiator ge-
schwärmt."

Leon zwickte sich in den Bizeps. „Na ja, eigentlich bin ich
für so was tatsächlich geboren, oder?"

Kim und Julian verdrehten die Augen und lachten.

Nun begann auch Leon zu grinsen. „War nur ein kleiner
Scherz,", sagte er und winkte ab. „Nein, Gladiator steht nach
unserer Reise nun wirklich nicht mehr auf meiner Liste der
Traumberufe."

„Und was dann?", wollte Julian wissen.

Leon versenkte den Löffel tief im Eisbecher. „Vielleicht Eis-
verkäufer im alten Rom. Da hätte ich bestimmt bessere Zu-
kunftsaussichten als ein Gladiator gehabt!"

Das Colosseum – ein Gigant aus Stein

Die Bezeichnung Colosseum stammt aus dem 8. Jahrhundert nach Christus und bezog sich auf die Kolossalstatue von Kaiser Nero, die ursprünglich vor dem Theater stand. Der richtige Name des Colosseums lautete „Amphitheatrum Flavium", denn den Auftrag zum Bau dieses grandiosen Bauwerks gab der beliebte Kaiser Vespasian (69 bis 79 n. Chr.) aus dem Hause der Flavier. Vespasian ließ einen kleinen See trockenlegen und darüber das Amphitheater bauen. Dafür wurden Steinblöcke herantransportiert, die so groß waren, dass für ihren Transport eine neue, sechs Meter breite Straße angelegt werden musste. 400.000 Tonnen Steinmörtel hielten das Mauerwerk zusammen.

Nach Vespasians Tod am 24.6.79 n. Chr. vollendete sein Nachfolger, Kaiser Titus, den Bau und weihte ihn im Jahr 80 n. Chr. mit hundert aufeinanderfolgenden Spieltagen ein.

Die Gesamtbauzeit des Giganten aus Stein betrug etwa zehn Jahre.

Das Colosseum hatte 50 Sitzreihen, die in einem Winkel von 37 Grad anstiegen, sodass jeder Besucher eine gute Sicht auf das Geschehen in der Arena hatte. Das Theater verfügte über insgesamt 45.000 Sitzplätze und über 5000 Stehplätze für Sklaven und Arme. Das Colosseum war 188 mal 156 Meter groß und 48 Meter hoch. Die Arena umfasste eine Fläche von 3600 Quadratmetern. Über dem Prachtbau konnte mittels einer spinnennetzartigen Seilkonstruktion ein gigantisches Sonnensegel (Velum) gespannt werden.

Die Zuschauer betraten das Theater durch 70 nummerierte Eingänge (sechs weitere waren dem Personal vorbehalten). Die Nummer des Eingangs sowie die der Reihe, in der man saß, standen auf der Eintrittskarte. Der Eintritt war frei. Die gewaltigen Kosten trug der Kaiser, denn die Spiele hatten einen politischen Zweck. Sie sorgten für den Ruhm des Kaisers und auch dafür, dass das Volk sich abreagieren konnte. Dadurch glaubte man, die Gefahr von Unruhen oder Aufständen verringern zu können.

In den Augen vieler Römer war das Amphitheater jedoch mehr als eine reine Vergnügungsstätte: Ihnen galt das Theater als ein Symbol des Sieges des Guten über das Böse, als ein Ort der Gerechtigkeit. Verbrecher wurden hier mit dem Tode bestraft, Feinde in grausamen „Spielen" vernichtet. Mit unnachgiebiger Härte zeigte Rom seinen Gegnern, was mit denen geschah, die sich gegen Rom erhoben.

Zum „Programm" im Colosseum gehörten neben den populären Gladiatorenkämpfen, Wagenrennen oder Tierhatzen die „Wasserspiele": Mit einem ausgeklügelten, weitverzweigten Kanalsystem konnte ein Teil der Arena in kurzer Zeit geflutet und in eine sogenannte „Naumachie" verwandelt werden. Dem Publikum wurden regelrechte Seeschlachten geboten, wobei die Besatzungen auf Leben und Tod kämpften.

Unter der Arena befand sich ein verwinkeltes Untergeschoss mit vielen Käfigen, Ställen, Lagerräumen, Gängen, schräg angelegten Fußböden, Lastenaufzügen für die schnelle Beförderung der wilden Tiere in die Arena und Zellen für zum Tode verurteilte Kriminelle.

Gladiatorenspiele fanden im Colosseum bis Mitte des 6. Jahrhunderts n. Chr. statt, bis die ersten christlichen Kaiser die grausamen Spektakel abschafften. Dann wurde es ruhig im Colosseum. Teile des Baus stürzten ein. Obdachlose und Handwerker fanden dort Unterkunft. Es wurde aber auch als Steinbruch genutzt, wo sich Arme und Reiche bedienten. Heute ist das Colosseum jedoch eine der wichtigsten Touristenattraktionen in Rom.

Glossar

Ädil hoher Beamter, Leiter der öffentlichen Spiele. Weitere Aufgaben: Aufsicht über die Instandhaltung der Straßen, Regelung des Verkehrs, der Wasserversorgung, Überprüfung der Maße und Gewichte, Beaufsichtigung der Märkte

Amphitheater bedeutet „Rundtheater" wegen seiner ovalen Form

Amphore großes Tongefäß zum Lagern von Wein oder Öl

Aquädukt römische Wasserleitung

Arena 1. Kampfplatz im Amphitheater, 2. Sand

Ares griechischer Kriegsgott

Atrium Innenhof eines römischen Hauses

Augur Seher, der aus den Eingeweiden von Tieren die Zukunft deutete

Bacchus römischer Gott des Weins

Basilika lange, von Säulenreihen unterteilte Halle

Caupona Wirtshaus

Cena Abendessen, Hauptmahlzeit der Römer

Cena Libera öffentlicher Festschmaus für die Gladiatoren vor den Kämpfen (für die meisten eine Art Henkersmahlzeit)

Cloaca Maxima Hauptabwasserkanal im alten Rom

Columbarien einfache Grabanlagen für Urnen

Cursus Honorum römische Beamtenlaufbahn

Diana römische Göttin der Jagd

Dionysos griechischer Gott des Weins

Ebriosus Trunkenbold

Gerres in Salzlake konservierte Fische

Gladiator Fechter, Kämpfer in der Arena (von Gladius = lat. Schwert)

Insula Wohnblock mit mehreren Wohnungen

Iudex Richter

Juno römische Göttin, Schwester und Gattin von Jupiter, Himmelskönigin

Jupiter wichtigster Gott der Römer

Laren Hausgötter

Ludi „Spiele" im alten Rom

Mappa weißes Tuch, mit dem ein Rennen gestartet wurde

Mars römischer Kriegsgott

Murmillo Gladiator, bewaffnet mit Schwert und Schild

Nemausus das heutige Nîmes in Südfrankreich

Nequissimus Nichtsnutz

Ornatrica Friseurin

Ostia Küstenstadt an der Mündung des Tiber, 25 Kilometer von Rom entfernt

Palus Holzpuppe, an der Gladiatoren trainierten

Papyrus „Papier" der Römer, das aus den Stängeln einer Wasserpflanze, der Papyrusstaude, hergestellt wurde

Patrizier Adelige, oberste Klasse in der römischen Gesellschaft

Peristyl überdachter Säulengang

Porta Esquilina Stadttor in Rom

Pupa Püppchen

Quadriga römischer Rennwagen, vor den vier Pferde gespannt wurden

Retiarius Gladiator, der mit einem Netz und einem Dreizack kämpfte

Sesterz römische Silbermünze

Stola Kleidungsstück der vornehmen Römerin. Das lange Stück Stoff wurde in der Taille befestigt und über die Schulter gelegt.

Stultissimus Blödmann

Therme römisches, öffentliches Bad

Thermopolium Garküche, in der fertige Gerichte angeboten wurden

Titus römischer Kaiser (79 bis 81 n. Chr.)

Tribunus Militum Militärtribun, hoher römischer Offizier

Triclinium Speisezimmer

Tunika Dieses ärmellose Kleidungsstück bestand aus zwei rechteckigen Stoffstücken aus Wolle, die an den Seiten und auf der Schulter zusammengenäht wurden und Öffnungen für Beine und Arme freiließen. Die Tunika reichte bei Frauen bis zu den Knöcheln, die Männer trugen sie meist kürzer.

Valde bona Sehr gut!

Velum 1. Segel; 2. Decke, Vorhang, Tuch

Venatio(nes) Tierhatz(en)

Veneficus Giftmischer

Zenturio römischer Offizier

Zeus höchster Gott der Griechen

Ravensburger Bücher

Die Zeitdetektive
Spannende Reisen durch die Zeit

Fabian Lenk/Almud Kunert

Geheime Zeichen in Pompeji

Band 27

Pompeji – 80 vor Christus. Vergifteter Wein im Wirtshaus, ein Mordversuch in den Thermen: Seit Kurzem leben einflussreiche Bürger der Stadt sehr gefährlich. Die Zeitdetektive verfolgen die Täter, doch das ist äußerst riskant.

ISBN 978-3-473-**36975**-1

HC_12_028

www.ravensburger.de

Ravensburger

Die Zeitdetektive
Spannende Reisen durch die Zeit

Diese Abenteuer der Zeitdetektive sind bereits erschienen:

Habe ich			ISBN 978-3-473-
◯	Band 1	Verschwörung in der Totenstadt	34518-2
◯	Band 2	Der rote Rächer	34519-9
◯	Band 3	Das Grab des Dschingis Khan	34520-5
◯	Band 4	Das Teufelskraut	34521-2
◯	Band 5	Geheimnis um Tutanchamun	34522-9
◯	Band 6	Die Brandstifter von Rom	34523-6
◯	Band 7	Der Schatz der Wikinger	34524-3
◯	Band 8	Das Rätsel des Orakels	34525-0
◯	Band 9	Das Silber der Kreuzritter	34526-7
◯	Band 10	Falsches Spiel in Olympia	34527-4
◯	Band 11	Marco Polo und der Geheimbund	34528-1
◯	Band 12	Montezuma und der Zorn der Götter	34531-1
◯	Band 13	Freiheit für Richard Löwenherz	34532-8
◯	Band 14	Francis Drake, Pirat der Königin	34533-5
◯	Band 15	Kleopatra und der Biss der Kobra	34534-2
◯	Band 16	Die Falle im Teutoburger Wald	34535-9
◯	Band 17	Alexander der Große unter Verdacht	34536-6
◯	Band 18	Das Feuer des Druiden	34537-3
◯	Band 19	Gefahr am Ulmer Münster	34538-0
◯	Band 20	Michelangelo und die Farbe des Todes	36984-3

Ravensburger Bücher

Die Zeitdetektive
Spannende Reisen durch die Zeit

HC_12_026

Ravensburger Bücher

Die Zeitdetektive
Spannende Reisen durch die Zeit

Fabian Lenk/Almud Kunert

Der Betrüger von Lübeck

Band 26

Lübeck – 1400 nach Christus. Der angesehene Kaufmann Veckinchusen wird auf offener Straße überfallen, sein Warenlager ausgeraubt. Will ihn jemand ruinieren? Die Zeitdetektive finden heraus, dass gleich drei Verdächtige ein gutes Motiv haben.

ISBN 978-3-473-**36978**-2

Ravensburger

HC_11_077

www.ravensburger.de

Die Zeitdetektive
Spannende Reisen durch die Zeit

Fabian Lenk/Almud Kunert

Das Auge der Nofretete

Band 25

Ägypten – 1356 vcr Christus. Der Pharao Echnaton und seine schöne Frau Nofretete sind in höchster Gefahr! Wer trachtet ihnen nach dem Leben? Die Zeitdetektive haben den Künstler im Verdacht, der Nofretetes berühmte Büste fertigte.

ISBN 978-3-473-**36980**-5